金融博士论丛·第十七辑

本书受安徽财经大学著作出版基金资助

全球失衡问题研究

——基于金融结构的视角

曹 强 著

中国金融出版社

责任编辑：王　君　王晨曦
责任校对：张志文
责任印制：张也男

图书在版编目（CIP）数据

全球失衡问题研究——基于金融结构的视角（Quanqiu Shiheng Wenti
Yanjiu：Jiyu Jinrong Jiegou de Shijiao）/曹强著．—北京：中国金融出版社，
2017.5
ISBN 978－7－5049－8953－6

Ⅰ.①全…　Ⅱ.①曹…　Ⅲ.①金融结构—研究②世界经济—研究
Ⅳ.①F830②F11

中国版本图书馆 CIP 数据核字（2017）第 061621 号

出版
发行　　中国金融出版社
社址　　北京市丰台区益泽路 2 号
市场开发部　　（010）63266347，63805472，63439533（传真）
网上书店　http：//www.chinafph.com
　　　　　　（010）63286832，63365686（传真）
读者服务部　　（010）66070833，62568380
邮编　　100071
经销　　新华书店
印刷　　北京市松源印刷有限公司
尺寸　　169 毫米 ×239 毫米
印张　　13.25
字数　　228 千
版次　　2017 年 5 月第 1 版
印次　　2017 年 5 月第 1 次印刷
定价　　39.00 元
ISBN 978－7－5049－8953－6
如出现印装错误本社负责调换　联系电话（010）63263947
编辑部邮箱：jiaocaiyibu@126.com

前　言

自 2008 年国际金融危机爆发以来，全球失衡问题逐渐成了学术界的一个热点话题。布雷顿森林体系崩溃后，全球出现三次大规模的失衡：第一次是发生在 20 世纪 70 年代的美国逆差和德国顺差的失衡，第二次是 20 世纪 80 年代的美国逆差和日本顺差的失衡，第三次则是 1990 年以来的美国逆差和中国顺差的失衡，在前两次失衡中，美国和德国、日本进行协调后，很快得到了调整。然而第三次失衡持续的时间特别长，一直到目前都没有得到解决。在第三次失衡过程中伴随发生了 1997 年亚洲金融危机和 2008 年美国次贷危机以及全球金融危机。因此学术界开始高度关注为什么第三次全球失衡没有解决，并伴随发生了两次金融危机呢？在第三次失衡中，中国主要表现为盈余国并受到国际上的关注，那么是否只要解决了中国的经常账户盈余，就能化解美国的贸易赤字，从而可以解决全球性的失衡问题呢？本书从深层次对全球失衡问题进行分析，认为中国的经常账户之所以盈余，主要是由于中国处在全球价值链的低端，使得亚洲的经常账户盈余集中表现为中国的经常账户盈余，因此如果仅仅在中国和美国之间进行政策和贸易调整，对解决第三次全球失衡问题毫无意义。而事实上自 2005 年 7 月 21 日中国进行人民币汇率机制改革后，汇率确实无法解决中美之间的贸易失衡问题。因此，第三次失衡的核心国家虽然表现为中国和美国，但如果想解决这种长期的失衡，必须要通过全球大部分国家的共同努力才能实现。

在第三次失衡的核心国家中国和美国存在"资本流动的怪圈"现象。按照古典经济学理论，资本应该从边际生产力低的国家向边际生产力高的国家流动，即资本应该从美国流向中国。然而现实却是中国常年盈余累积了巨额外汇储备，这些外汇储备又以购买美国国债的形式重新回流了美国，我们把这种现象归结为"资本流动的怪圈"。之所以出现这种现象主要是因为中国没有发达的金融市场来消化这些外汇储备，从而导致官方持有比较多的外汇储备。金融市场主要包括股票市场、债券市场、外汇市场，这些市场与金融中介的相对比值是否发达体现了一国的金融结构状况。因此，一国的金融结构不仅可以反映该国的金融市场，还可以反映金融中介与金融市场的相对情况。本书基于金融结构视角对全球失衡问题进行研究。本书的创新之处体现在以下四个方面。

第一，首次提出基于金融结构视角进行全球失衡问题研究，研究了金融结构以及金融结构与金融全球化的交互项对经常账户失衡和一国对外净资产的重要影响，得出了金融结构与经常账户呈现正相关关系，金融结构与一国对外净资产也呈现正相关关系的结论，提出金融结构比较劣势会导致贸易盈余，所以金融结构的改善会增加赤字的可能性。第二，在理论方面建立了两个理论模型：一个是金融因素与经常账户的理论模型，通过这一模型可以直观明了地看出金融结构与经常账户的关系，并且分别在封闭经济和开放经济两种情形下讨论二者的关系；另一个则是金融因素与一国对外净资产的理论模型，研究结论得出无论是在封闭经济还是开放经济情况下，金融因素均是造成一国对外净资产的关键因素。第三，使用最合适的实证方法对模型进行参数估计，如使用了Driscoll 和 Kraay（1998）估计方法对经常账户进行研究，该方法可以克服面板数据的异方差、序列相关和截面自相关问题；使用动态面板最小二乘法对一国对外净资产的非平稳性进行研究。第四，根据经济理论和文献归纳，本书对结构向量自回归模型设置了 10 个约束以及 5 个内生变量和 3 个外生变量，结果发现中国贸易盈余的原因来自于自身的贸易特征，而这种特征主要是由经济结构或者金融结构形成的。

作者期望通过本书的创作，能够帮助读者全面把握全球失衡的过去、现状和未来，能够帮助读者深入了解导致全球失衡的原因，重视从金融结构视角对全球失衡研究，并且逐步考虑一国对外净资产与全球失衡的关系，不断推进扩展全球失衡中的估值效应研究，深化该领域的定量研究方法，在充分认识金融结构因素对全球失衡的重要影响基础上，推动中国进行改革并以此推进真正意义上的全球改革。

作者
2017 年 3 月

目　录

第一章
导　论

第一节　研究背景及意义

　　1970 年以来，全球有三次大规模的失衡，第一次是 1970 年以德国顺差和美国赤字为代表的全球失衡，第二次是 1985 年以日本贸易盈余和美国赤字为代表的全球失衡，第三次则是 1990 年之后以中国持续的经常账户盈余和美国的赤字为代表的全球失衡。前两次失衡持续的时间比较短，而第三次失衡持续的时间比较长，涉及的范围也较大，其间伴随发生了两次金融危机，分别是 1997 年东南亚金融危机和 2007 年美国次贷危机。从目前来看，第三次全球失衡不仅没有得到有效的调整，反而呈现出持续扩大的趋势。如果从全球视角来看，目前全球处于新常态经济背景下（New Normal），实则是全球经济整体表现为衰退；如果是从经济大国美国和中国的视角看待本次全球失衡问题，美国的量化宽松政策虽然有所松动，但是利率依然相对较低，整体上而言，美国的货币政策是扩张型的。而中国经济虽然在经济新常态背景下进行了供给侧改革，但仍然处于 U 形的底部甚至可以说在较长的一段时间内都处于经济的 L 形状态，因此无论是从全球视角还是经济大国视角，第三次失衡都没有得到有效缓解。不同于前两次失衡的是前两次中心国均是发达国家，[①] 而第三次失衡的中心国是中国和美国，分别是发展中国家和发达国家，两国也具有一些共同点，如领土面积大，经济庞大，对世界经济的影响力亦大。在传统的国际金融领域中，大多数理论都是基于小国模型进行研究的，而以"小国模型"为理

---

　　① 本书所指国家均为国家和地区。

论基础的国际金融学说无法解释大国之间的失衡问题,所以应通过"大国模型"对当前本轮全球失衡进行解释。特别需要注意的是,如果第三次全球失衡真的只是表现为中美两国之间的失衡,一方面中国在 2005 年以来就不断进行汇率改革,人民币逐渐升值,在 2008 年也实施了四万亿元财政刺激计划;另一方面美国在次贷危机爆发之后也启动了量化宽松政策;除此之外中美两国最近几年也进行了无数次有关国际经贸政策的协调与合作,那么从理论上来说,两个大国的这些做法如果不能彻底解决失衡问题但至少可以缓解失衡。然而从目前的数据来看结果却并非如此。李扬和张晓晶(2013)认为中美、中欧之间的贸易顺差本质上代表了东亚、东南亚全部地区对欧美的贸易顺差。从全球价值链的角度看,中国处于该全球价值链的最低端,苹果手机就是一个例子,每部苹果手机在欧美售价约 650 美元,但中国内地代工生产一部苹果手机只赚 30 元人民币。

综合来看,1990 年以来的以中美两国为中心的全球失衡问题具有重要的研究意义,然而目前有关此问题的理论与实证研究仅仅选取中美两个国家作为研究样本,并没有考虑到其他国家对全球失衡也有影响,因此不利于深入分析全球失衡问题。中国处于全球价值链的低端导致了中美之间的失衡,中国的贸易顺差也代表了整个东南亚地区的贸易顺差,而东南亚的贸易又是和全球各国联系在一起的,因此本书认为不能局限于对中美两国进行分析,应该从全球视角对第三次全球失衡的原因进行研究,才能发现全球失衡的本质,准确找到全球失衡的决定性因素,抓住全球失衡的本质,从而得出正确的结论和有益于中国结构性改革的政策建议。

本书围绕决定全球失衡问题的相关因素进行研究,认为金融结构与金融全球化及其交互作用是重要决定因素,汇率等传统的宏观变量虽然对全球失衡有影响但不是决定因素。在进行实证检验时不仅基于全球面板数据进行分析,而且以中国为特例进行了人民币汇率与贸易盈余之间的关系研究。全球失衡包括贸易失衡和一国对外净资产两个方面,其中,主要基于估值效应对一国对外净资产进行研究。例如,本书基于全球面板数据研究中国对外净资产的估值效应而非基于一国角度(时间序列)。因此在本书中作者不再关注单个国家的估值效应,对该选题进行研究不仅有重要的理论意义,还有着重要的实践意义。

一、理论意义

第一,丰富了目前全球失衡影响因素的理论研究。无论是从中期的经常账户视角,还是从长期的一国对外净资产视角,目前的文献考虑金融结构因素对全球失衡进行研究的较少。1990 年以前世界各国金融市场并不发达，全球金融全球化进程也比较缓慢，然而 1990 年以来，全球迅速发展的股票市场使金融全球化过程不断加快，中国等亚洲新兴市场的金融市场（股票市场）更是如此。中国从 1978 年就开始进行改革开放，1992 年邓小平南方谈话之后改革进一步深化，特别是金融市场。大多数亚洲市场国家也都是在 1990 年前后才开始进行市场化、自由化式的金融改革，逐渐开放资本账户并进行汇率市场化改革，1998 年爆发的亚洲金融危机也暴露出亚洲国家金融市场化速度过快的问题。本书认为金融市场以及金融全球化进程会对全球失衡产生影响，然而现有文献很少考虑到金融结构因素对全球失衡进行研究，那么金融结构因素对全球失衡的影响是单向还是双向的，以及二者之间是否存在交互效应，更少有学者进行研究，因此本书丰富了目前全球失衡因素的理论研究。

第二，目前有研究认为金融发展因素或者金融业的比较优势（通常用金融市场的总市值与制造业增加值之比来衡量）是决定经常账户失衡的重要因素。一方面，大多数文献在衡量金融发展因素时往往过度强调金融中介的总量，但不可否认的是在大多数国家中，股票市场也具有融资作用，而且发达国家的股票市场融资额占社会总融资额的比例非常大，因此本书认为在考虑金融发展因素时忽视了股票市场、债券市场等金融市场的巨大作用。另一方面，比较优势理论只能说明国际分工不同，并不能用来证明经常账户顺差的合理性和必然性，因此金融业相对于制造业的比较优势理论具有局限性，比如，美国金融市场承担了中国国内储蓄转化为投资的功能，金融业具有比较优势，那么从理论上来说，中国对美国的服务贸易逆差将会下降而不是上升，然而事实并非如此，因此本书认为金融业相对于制造业的比较优势理论有局限性。目前只有OECD 国家的数据可以对该问题进行实证并支持该结论，本书基于全球面板数据获得金融结构（金融中介资产与金融市场总市值的比值）变量，不仅有利于研究金融结构与全球失衡之间的关系，也进一步扩展了金融发展与金融比较优势两个因素的内涵，具有一定的理论意义。本书将全球失衡概括为货币金融视角和实体经济视角两大类，基于充分论证创造性地在实体经济视角下的结构因素中引入货币金融视角，认为单纯考虑实体经济视角无法对第三次失衡进行解释，特别是实体经济视角下的国际分工体系、劳动生产率变化等因素，不能成为第三次失衡的原因，因此本书基于金融结构视角建立统一框架研究全球失衡问题是一个理论创新。

第三，本书构建两种类型的全球失衡模型，分别是经常账户与金融发展模型、一国对外净资产与金融发展模型。在经常账户与金融发展模型中，分别在封闭经济条件下和开放经济条件下构建理论模型，认为资本既可以作为信息中间品生产创新型资本，也可以作为普通资本生产最终品，体现了资本在经济发展中的二重性，同时建立均衡模型，发现金融发展因素在降低企业风险方面起到了重要作用。在一国对外净资产的失衡模型中，也同样分别讨论了封闭经济和开放经济条件下的情况，基于估值效应对全球失衡中的一国对外净资产进行研究，不仅体现出金融市场的功能，而且对现有理论进行了补充。目前学术界在研究失衡到危机的调整、全球再平衡的机制时，大多数文献是基于贸易失衡进行研究，本书提供了一个新的理论基础，起到抛砖引玉的作用。

二、实践意义

第一，自1990年以来，第三次全球失衡的典型特征是中国国际收支的持续盈余和美国的持续赤字，基于全球角度找出影响中国未来的经常账户和一国对外净资产走势的关键因素不仅有助于进行未来有关外部平衡的研究，而且有助于为我国平衡国际收支选择合适的政策对策。樊纲等（2010）指出，中国处在全球失衡中一个很重要的位置，尤其中国的外部失衡存在资本账户和经常账户双顺差的现象，并且内部失衡表现为高储蓄和低消费，但不能仅停留在失衡层面来解决问题，而应该深入到内部并寻找结构性因素，才能选择最好的政策对策。因此，本书从金融结构视角研究全球失衡具有重要的政策意义。

第二，优化中国金融结构有利于调整全球失衡。中国外部失衡主要是由于内部结构的问题，进行金融市场的供给侧改革可以缓和当前的贸易顺差，改善金融市场结构，提高金融效率，不仅是中国迈入世界强国之列的必要条件，还有利于解决全球失衡问题。然而目前中国金融市场相对不发达，特别在长期强制结售汇政策下，中国的经常账户盈余所产生的外汇无法进行更有效率的投资，只能通过各种途径流向发达国家的金融市场，成为资本外流的主要原因。在全球失衡问题中，如何优化一国对外净资产是一个很重要的问题，所以政府需要高度重视国内的金融结构优化以及微观金融市场的改革。

第三，金融结构因素改革有利于调整国际货币体系的不合理因素。杨盼盼和徐建炜（2014）基于1885—2008年全球各国经常账户的实证研究得出国际货币体系的变革与全球失衡（经常账户）之间存在着显著关联性结论，而本书认为金融结构与全球失衡之间有密切的关系，因此可以推断金融结构因素和国际货币体系的变迁有重要的关系。1990年以来的全球失衡之所以持续时间较长，已经常态化，根本原因在于货币霸权触发了全球失衡问题的本质，即货币金融因素。本书考虑到货币霸权论，认为之所以第一次失衡（1970年以德国顺差和美国赤字为代表的全球失衡）和第二次失衡（1985年以日本贸易盈余和美国赤字为代表的全球失衡）很快得到调整，是因为布雷顿森林体系崩溃后，美国货币霸权衰落，即货币霸权的消失能够改善失衡，然而1990年以来的全球失衡无法实现迅速调整，可能的原因就是美国的货币霸权再次得到巩固。具体来说，虽然1990年以来美元在不断贬值，但随后发生了两起具有重要影响力的事件，进一步强化了美元的霸权地位：一是亚洲国家的货币与美元普遍保持紧密的联系，而且大多数亚洲国家实行盯住美元的固定汇率制度，因此即使美元在贬值，但美元的霸权地位仍旧存在；二是苏联解体后，原社会主义阵营中的大多数国家脱离了对卢布的需求，从而增加了对美元的需求，再次巩固了美元的霸权地位。因此本书研究全球失衡时考虑到金融结构因素，有利于调整国际货币体系中美元霸权地位问题。

综上所述，本书的研究无论是基于经常账户角度还是基于一国对外净资产的角度，都有助于加深对全球失衡的理解，更有助于把握影响全球失衡的决定因素。在研究全球失衡问题时，本书分为中期视角下的经常账户和长期视角下的一国对外净资产，着重研究了金融结构、金融全球化进程以及二者的交互作用这三个变量对经常账户失衡和一国对外净资产失衡的影响。在本书的研究过程中，作者发现汇率并不是导致中国贸易盈余的主要因素，因此美国认为中国存在对汇率进行操纵的现象这一说法并没有理论基础。同时本书认为中国在推进人民币国际化进程中协调国际政策时，要较多关注国际货币金融格局变迁中的"中国力量"。本书认为即使关注汇率因素，汇率的波动所造成的结果也并不是贸易失衡，而是会产生估值效应等其他问题。在中国的外部失衡问题迫切需要改善的背景下，本书选题不仅具有重大的理论价值，而且具有重要的实践意义，即主要以内部经济问题，也就是金融结构方面作为研究的出发点，为政府解决外部失衡问题提供可行的政策建议。

第二节　研究目标以及相关概念解释

一、研究目标

本书的研究目标是全球失衡问题，从时间属性角度将全球失衡分为两类：经常账户作为全球失衡分析的中期视角、一国对外净资产作为全球失衡分析的长期视角。由于以往研究受到数据收集限制，因此现有文献中很少对一国对外净资产问题进行研究，大多数文献把经常账户的失衡作为研究对象。本书建立了一个统一框架——从金融结构视角研究全球失衡问题，通过金融结构、金融市场一体化进程及其交互项对经常账户和一国对外净资产进行分析，并且从短期视角研究中国的贸易盈余影响因素，结论表明金融因素是决定一国贸易盈余的因素之一，而贸易盈余的自身特征因素对一国的贸易盈余起到重要作用。

本书之所以特别强调金融因素对全球失衡的影响，是因为在全球失衡中中国表现出较为严重的内部失衡问题，主要体现在就是货币供给增加了，却没有流到实体经济中，产生虚拟经济与真实经济相背离的现象。具体来说，则是中国的金融机构越开越多，货币供给量也越来越多，但是中国经济真正的增长点在哪里却是一个值得深思的问题，更糟糕的表现则是金融机构迅猛增加的时候，实体经济却在不断地恶化。因此，本书研究金融结构对全球失衡的影响，强调金融结构在全球失衡问题中的重要性，从表面上看是研究全球失衡，却能够为中国解决实体经济和虚拟经济相背离的问题提供有价值的指导作用。

二、相关概念解释

（一）全球失衡①

一般而言，全球失衡（global imbalance）是指一国存在大量的贸易赤字，而另外一些国家则出现与该国家的贸易赤字相对应的贸易盈余。很多经济学家和政策制定者都认为全球失衡与经济危机有一定的关系，例如，Bernanke（2009b）、Caballero 等（2008b）都认为全球失衡问题是导致金融危机的重要原因。学术界认为第三次全球失衡表现为美国的经常账户赤字和部分新兴市场国家（如中国）的经常账户为盈余，且这次失衡的规模巨大、持续的时间特别长（而且还包括 2008 年美国金融危机）。对于失衡的成因，学术界争论颇多，传统的观点有以下几种代表：（1）储蓄过多论。持有这种观点的学者有Clarida（2005）。（2）资本流动学说。有 Caballero 等（2008b）的资本逆转论，范从来和邢军峰（2013）的资产短缺说，鲁保林（2015）资产累积说。最新的观点有这几种：（1）全球价值链学说。持有这种观点的学者有：白宇飞等（2015）认为基于要素的价值链分工是导致第三次全球失衡的根本因素，具体而言，主要是产业机构的调整、贸易的统计和贸易利得这三大决定因素。谭人友等（2015）认为强化全球价值链分工加剧了全球经济失衡的程度，要想解

---

① 关于全球失衡，国内外学者都认为重点是在"全球经济失衡"，因此，本书出于习惯，使用"全球失衡"来表明是全球经济失衡，而非全球政治失衡等。

决目前的失衡状况，只有通过调整分工带来的产业结构失衡。（2）美元霸权论。这是最近几年有些学者从金融货币的层面对全球失衡问题作出的解释，与此类似的话题还有：美元的特殊地位在全球失衡中的作用、金融失衡（financial imbalances）、特权（exorbitant privilege）、暗物质（dark matter）、霸权收益、估值效应（evaluation effect）、美元成本收益的测算、美元的特权与责任。例如，王栋贵（2013）认为从美国视角出发，美国过度特权造成了全球失衡这个说法是不成立的。张淑芹和王玉凤（2014）从美元作为货币发行国的中心地位视角出发，研究货币储备国会受到美元作为国际储备的冲击，这种冲击势必会对全球失衡和其他国家的经济福利产生影响，并且提出中国积极推进人民币国际化是应对美元霸权的最好对策。丁志杰和谢峰（2014）认为美元特权作为一种暗物质，主要通过对发展中国家的掠夺实现，要想解决全球失衡，务必要解决国际间的经济秩序不公平，可以通过南南合作等区域性的变革推动全球治理来解决全球失衡问题。（3）从时间属性上对全球失衡进行划分。Chinn 和 Prasad（2003）、Chinn 和 Ito（2007）以及 Chinn 和 Lee（2009）认为关于全球失衡的理解，多数学者认为从短期或者中期（Medium – Term）来看，使用经常账户的变动作为全球失衡的替代；而从长期来看，考虑到估值效应以及跨国公司的无形资产投资效应，则应该使用一国对外净资产来衡量，持有这一观点的学者有 Lane 和 Milesi – Ferretti（2002b）、Lane 和 Milesi – Ferretti（2001）、Lane 和 Milesi – Ferretti（2007）。例如，Durdu 等（2013）则认为全球失衡从长期来看，它与外部清偿力相一致，而且说明了从一国对外净资产角度来衡量全球是否失衡有重要意义，这实际上是与 Lane 和 Milesi – Ferretti（2001）、Lane 和 Milesi – Ferretti（2001）的观点一致的。

　　综上所述，国外学者在研究全球失衡问题时，往往是从中期和长期时间属性方面对全球失衡进行考虑，一是反映中期时间属性的经常账户失衡，研究方法经常假定模型和数据具有平稳性，强调储蓄—投资传导机制，变量之间的关系最终通过储蓄机制来影响经常账户的盈余；二是反映长期时间属性的一国对外净资产失衡，其实证研究方法往往是从面板数据的不平稳性来考虑。例如，使用动态最小二乘法以及混合组间平均法（Pooled Mean Group）进行研究，均体现了长期的特征。本书则认为这样做的好处在于基于时间属性考虑全球失衡，可以把经常账户和一国对外净资产置于一个统一的框架去研究全球失衡。而且第三次全球失衡还伴随着这种现象：发展中国家的资本大量流入发达国家，导致某些发达国家（如美国）的资本账户、经常账户双赤字，而发展中国家（如中国）则出现两个账户的双顺差。所以，本书以中期作为考查对象时，使用经常账户失衡来研究全球失衡问题，但是在长期中，涉及估计效应以及跨国公司的无形资产投资效应，则使用一国对外净资产来研究全球失衡问题。

（二）经常账户

经常账户衡量了一国国际收支的状况，记录了该国与其他国家进行经济交易时所发生的情况，由于是记录经常发生的项目，因此被称为经常账户。一般包括对外贸易收支（即有形的商品进出口和无形的服务贸易收支——旅游以及金融服务等）、非贸易往来、无偿转让三个部分，经常账户在国际收支平衡表中是非常重要的项目。国外学术界在研究全球失衡问题时，一般都是以经常账户为例进行研究，集中表现为经常账户的失衡是否可以持续，以及影响经常账户失衡的主要因素是汇率变量还是汇率制度。例如，Mu 和 Ye（2013）以发展中国家为例，得出固定汇率制度中，一国的经常账户赤字高，会延迟经常账户的调整，从而论证了经常账户与汇率制度存在一定的关系。Chinn 和 Wei（2013）使用 170 个国家 1971—2005 年数据进行实证研究，发现弹性汇率制度和经常账户的快速调整之间并没有显著的稳健性和单调性关系。所以，汇率、汇率制度与经常账户的关系变得模糊起来，使得我们对于经常账户与汇率的关系不仅要从全球视角出发——如本书第四章的实证研究，而且还要从一个国家的时间序列进行研究——如本书第六章的研究，这样做的好处就是由全球面板数据得到一般性的规律可供借鉴，也能够针对中国的具体问题进行具体分析。既然金融因素会对全球失衡因素产生影响，那么全球失衡的另外一个表现——一国对外净资产也是不容忽视的，因为全球失衡中一个很重要的表现就是某些国家持有高额的外汇储备。需要注意的是，经常账户并没有考虑长期一国资产的价值和投资的现金价值问题，本书把这些内容放到一国对外净资产问题上。

（三）一国对外净资产

从本质上来说一国对外净资产就是一国存在货币错误配置（currency misalignment），通过一定的传导机制影响实体经济的发展。例如，Allegret 和 Sallenave（2014）以 15 个新兴市场国家和发达国家为研究对象，基于 Global VAR 方法，对美元、欧元和人民币进行了实证研究，发现货币错误配置会显著影响全球的实体经济，但是低估和高估汇率作为一种冲击却不能对全球实体经济产生相同的影响。因此，我们需要深入研究这种货币错误配置现象。例如，在以美元为作为国际储备货币的情况下，各国都会储备美元作为国际货币，这就会使得各国国内的货币政策会与外部的储备货币紧密联系起来，从而使得关注内部问题的同时，要密切关注外部冲击。因此，一国对外净资产就是表明一个国家对外有多少资产和负债之后的东西，简单来说，一国对外净资产是一个国家对外表现的"家底"。更为学术化的定义如下：一国对外净资产主要以该国的国际投资头寸（IIP, International Investment Position）的形式体现出来，资产主要包括：一国对外直接投资、证券投资、其他投资以及储备资产四个方面，而负债则包括外国来该国的直接投资、证券投资以及其他投资。如果外国资产的资本收益超过了它们的外国负债，则该国表现为持续的经常账户赤字，同时它的对外净资产头寸也正在被改善，这种效应被称为估值效应。关于如何计算估值效应，Devereux 和 Sutherland（2010）认为传统的经常账户在衡量一国对外净资产头寸方面的变化是不合适的，并且以两国模型中的一般均衡理论为基础对估值效应进行估计，发现要准确估计估值效应的大小，关键是要区分难以预料到的和未预料到的估值效应，而且未预料到的估值效应会很大，会影响一国对外净资产的波动。更为重要的是，估计效应渠道会影响一国外部资产的动态调整过程。所以从长期视角来看，一国对外净资产更适合用于作为全球失衡的替代变量。同时，由于汇率波动和资产价格的剧烈变化，估值效应逐渐被重视起来。与之相对应的这种估值效应使得一国对外净资产发生了巨大变化，但却没有体现在该国的经常账户中。因此，在考虑到估值效应的情况下，采用一国对外净资产来解释"资本配置之谜"有着重要的作用。

（四）金融结构

金融结构是相对于金融发展而提出的，金融发展侧重于总量研究，而金融结构则侧重于银行业与金融市场的相对比值（虞文美等，2014a）。那么，为什么一定要侧重金融结构而不是总量研究呢？曹强（2014a）使用全球面板数据得出来金融发展的总量研究对经济增长往往是有害的，所以，细化到结构问题就极其重要。林珏和曹强（2014）也从中国的角度论证了一国的银行业与股票市场的相对作用。Demirgüç – Kunt 等（2013）使用面板数据的分位数回归方法得出结论，认为在一国经济体的产出增长时，银行业的作用在下降，而股票市场的作用越来越显著，否则存在市场的扭曲。

既然金融结构相对于金融发展变量而言更重要，那么选取何种指标衡量金融结构就成为本书的一个重要内容。那么金融结构是指什么呢？国外学者Goldsmith（1969）最早提出金融发展就是金融结构的变化，并提出了很多衡量金融结构的指标。Caballero 等（2008a）认为在影响全球失衡时，整个金融系统的作用，特别是金融市场是最重要的金融因素，该文侧重金融资产的供给能力。Ju 和 Wei（2010）认为国内金融机构是影响资本流动的重要因素，具体体现在无效率的金融体系使得国内储蓄过多以及国内投资（以内流的 FDI 形式）增加，侧重金融体系的复杂性。Herrmann 和 Winkler（2009）认为金融发展水平低使得储蓄转化为投资的效率低下，投资小于标准的理论值，造成经常账户盈余。Mendoza 等（2009）则认为各国金融发展存在差异（强调了金融中介）这一问题导致一国投资增加、经常账户恶化以及随之而来的逆差。Ju 和 Wei（2010）认为国内金融机构影响国际资本流动的模式，从而对一国的经常账户产生影响，而无效率的金融体系会对内流的 FDI 产生影响，由于资本流动主要是通过金融市场来反映，而金融发展反映的则是整体的金融状况，因此，这里已经隐含金融市场（股票市场）和金融发展（金融中介）的相对比例可以作为很好的代理指标来衡量金融因素。徐建炜和姚洋（2010）认为真正参与国际分工的是金融市场而不是金融中介（如银行），可以用金融市场总市值/银行存款余额代表金融结构来反映该国是偏向于市场主导型的金融结构还是银行主导型的金融结构。谭之博和赵岳（2012）强调银行业的内部结构对于企业的投资行为和储蓄行为具有影响，进而影响了经常账户。

从以上文献可以看出，由于不同金融机构所提供的金融服务存在差异性，这种差异性一方面表现在金融中介相对于金融市场的重要性，另一方面则表现为整个银行业的垄断程度或者银行业市场的竞争程度。前者可以用金融中介总资产与金融市场（股票市场）的总市值之比作为代理变量，如 Bhattacharyya（2013）的研究；而后者则可以采用一国银行业资产排名前三名的银行资产总和占全部银行业资产的比重作为代理变量，如谭之博和赵岳（2012）的研究。

本书使用金融中介相对于金融市场的重要性作为金融结构的衡量指标。这表明，如果一国越偏向于金融市场（股票市场）为主导的融资，则该国金融结构的比值就越小，表现出金融结构优势；反之，如果一国越偏向于银行业为主导的融资，则该国金融结构比值就越大，表现出金融结构劣势。

当一国金融结构表现出劣势时，该国的经常账户出现赤字的可能性就在增大。从理论上而言，金融结构的系数预期符号为正。本书为了体现金融结构对经常账户的作用表现出稳定性，所以采用银行储蓄与一国 GDP 的比值作为衡量金融中介的指标，使用股票成交额与 GDP 的比值反映一国股票市场的流动性。因此，一国的金融结构可以表示为银行储蓄与股票成交额的比值。本书之所以没有使用债券市场总值来替代金融市场，除了债券市场数据较难搜集这个原因，还考虑到对于大部分国家而言（除了美国以外），股票市场的发展程度要远大于债券市场的发展程度。

（五）金融市场一体化进程

金融市场一体化进程反映一国融入全球化的进程，有不少学者提出使用一国所接收的海外汇款与该国 GDP 的比值来作为金融市场一体化的衡量，然而一国所接收的海外汇款往往是来自该国居民移民到海外所汇回到国内的款项，在当前资本高度流动的情形下，尚未观测到大规模的人口流动，所以该指标并不能确切地衡量金融全球化的程度。因此本书主要从整体上对一体化进行衡量，提出金融全球化指标等于一国对外总资产与负债之和除以该国 GDP，一国对外总资产是该国的股票资产存量与该国的 FDI 存量资产之和，一国对外总负债是该国的股票负债存量与该国的 FDI 存量负债之和。之所以考虑这个指标，是因为在现有的文献中，很多学者认为汇率和经常账户之间关系不显著的可能原因是二者之间存在非线性效应，可能有门槛效应，但是在研究过程中经常采用线性模型来研究经常账户，因此本书认为可能遗漏了重要解释变量，即全球金融市场一体化。例如，Akdogan（2014）以 29 个国家为例，研究了经常账户的非线性调整问题，认为经常账户的赤字相对较高的国家，存在经常账户调整过程中的门槛效应（threshold effect），对于这些比较危险的经济体（danger zone economics），由于门槛效应的存在使得经常账户变得可持续。Chen 和 Xie（2015）以 9 个欧洲国家为例，在研究经常账户的可持续性问题时，论证了其存在非线性和光滑的突变点问题。Gnimassoun 和 Mignon（2015）论证了经常账户的失衡和汇率之间的非线性关系，因此我们提出这里遗漏了全球金融市场一体化进程指标，具体原因我们将在具体的实证研究的第四章和第五章再做介绍，这里不再赘述。

第三节 研究框架和分析工具

一、研究框架

本书基于金融结构视角对全球失衡问题进行全面研究，分别从贸易、经常账户和一国对外净资产三个渠道进行分析。考虑到全球失衡具有不同表现形式以及进行不同视角分析时使用的数据类型不同，因此本书分别选择不同但是最适合的研究方法进行参数估计，并且考察了短期、中期和长期的时间属性，研究了金融结构、金融全球化进程以及交互项对经常账户失衡、一国对外净资产的影响，最后以中国为特例进行分析，从而为改革中国的金融结构提出相应的政策建议。本书的研究突破了国内对于该领域的研究思路，不仅在理论分析而且在实证研究方法上进行了有益的探索。具体而言，本书共分为七章：

第一章导论，介绍了研究此选题的背景和意义，以及研究思路和使用的分析工具，对本书可能的创新以及存在的不足进行了总结。

第二章是对现有文献进行理论与实证方面的综述。在理论方面，归纳总结出储蓄—投资恒等式模型、微观主体的利润最大化模型、动态一般随机均衡模型、比较优势的国际分工模型以及金融市场视角的模型共五个模型，并对其进行了评价。在实证方面，主要从经常账户与金融结构、一国对外净资产与金融结构以及贸易盈余与实际汇率三个方面对现有文献进行了归纳总结。

第三章主要研究了全球失衡与金融结构的关系，首先分析了全球失衡的不同表现形式及特点，然后建立了本书的两个理论模型，分别为经常账户与金融发展模型、一国对外净资产与金融发展模型。具体来说，在经常账户与金融发展模型中分成三种情形：封闭经济模型、开放经济模型以及扩展模型，说明了金融发展（金融结构）是影响全球失衡的根本因素；在一国对外净资产与金融因素模型中，论证了在长期中金融因素是影响一国对外净资产的关键因素；这两个模型都为本书后续的实证研究提供了理论基础。最后对经常账户、一国对外净资产与金融结构的关系做了现状分析，充分说明了理论模型的适用性以及开展实证研究的必要性。

第四章对经常账户失衡与金融结构之间的关系进行了实证研究，基于Driscoll 和 Kraay（1998）提出的具有空间截面自相关特征的方法，使用全球 91 个国家在 1990—2011 年的面板数据，实证检验了金融结构、金融结构与金融全球化进程的交互项对于经常账户失衡的影响，得出金融结构与经常账户之间存在显著的正向关系，并且进行稳健性检验以保证这一结论的可靠性。

第五章对一国对外净资产与金融结构之间的关系进行了实证研究，基于动态面板最小二乘法，使用 1970—2011 年的全球面板数据，对基准模型（解释变量只有人均 GDP、抚养比、政府支出）进行检验，发现在发达国家人均产出与一国对外净资产在发达国家呈现线性关系，在发展中国家二者存在 U 形的非线性关系，验证了经济发展阶段论。而在扩展模型中，得出一国对外净资产的决定因素不仅包含传统的三大因素（人均 GDP、抚养比、政府支出），而且金融结构、金融全球化进程以及交互项也对其有决定性作用，并且为了保证这一结论的可靠性还进行了稳健性检验。

第六章以中国为特例，对贸易盈余与人民币汇率之间的关系进行了实证研究，基于结构向量自回归模型，使用中国 1996—2013 年的月度数据，得出结论认为贸易盈余的决定性因素并不是实际汇率，而是贸易盈余自身的特征，可能的原因是我国金融结构具有比较劣势或者劳动力具有比较优势。

第七章对全书进行总结，并提出了若干政策建议。在进行理论与实证分析的基础上，本书认为全球失衡问题的根源在于经济内部，因此，金融结构改革具有必要性和紧迫性，并提出相关政策建议，如可以通过金融规模、金融效率以及提升金融业竞争力等方面的改革，来实现金融结构的优化目标，从而解决外部失衡问题。最后，本书认为解决全球失衡问题不能仅依靠中美两国之间的调整，更重要的是要加强国际间的协调与合作。

本书的创新之处在于：第一，首次提出基于金融结构视角进行全球失衡问题研究，研究了金融结构以及金融结构与金融全球化的交互项对经常账户失衡和一国对外净资产的重要影响，得出了金融结构与经常账户呈现正相关关系，金融结构与一国对外净资产也呈现正相关关系的结论，提出金融结构比较劣势会导致贸易盈余，所以金融结构的改善会增加赤字的可能性。第二，在理论方面建立了两个理论模型：一个是金融因素与经常账户的理论模型，通过这一模型可以直观明了地看出金融结构与经常账户的关系，并且分别讨论在封闭经济和开放经济两种情形下二者的关系；另一个则是金融因素与一国对外净资产的理论模型，并讨论得出封闭经济和开放经济情况下金融因素是造成一国对外净资产的关键因素。第三，在研究方法上分别使用最合适的实证方法进行参数估计，如使用了 Driscoll 和 Kraay（1998）估计方法对经常账户进行研究，该方法可以克服面板数据的异方差、序列相关和截面自相关问题；使用动态面板最小二乘法对一国对外净资产的非平稳性进行研究。第四，根据经济理论和文献总结，设置了 10 个约束对 5 个内生变量和 3 个外生变量建立结构向量自回归模型，结果表明中国贸易盈余的原因来自于自身的贸易特征，而这种特征是由经济结构或者金融结构造成的。全书研究的框架结构如图 1.1 所示。

二、分析工具

根据本书的研究框架，需要采用相应的分析工具对经验事实进行理论建模，并进行数据收集完成实证研究，这样才能发挥经济学理论作为思想实验室的作用。随着统计学、计量经济学（宏观计量）、概率论等的发展，研究者在研究问题时获得了新的分析工具，改变了模型检验、实证方法，特别是面板数据技术和时间序列数据技术的发展更是大大有助于本书的实证研究。

本书在第三章构建了两种类型的理论模型，主要使用了一般均衡理论的建模思想，为下文分析金融因素对于经常账户和一国对外净资产衡量的全球失衡的重要性提供了理论基础。而在实证研究方法上，针对不同的数据类型提出了不同的方法，具体如下：

全球失衡问题——基于金融结构的视角
问题的提出

```
┌─────────────────────────────────────┐
│         相关理论与实证文献综述          │
└─────────────────────────────────────┘

┌─────────────────────────────────────┐
│  全球失衡与金融结构的关系研究：理论分析与实证分析  │
└─────────────────────────────────────┘

┌──────────────────┐        ┌──────────────────┐
│  中期视角：经常账户   │        │  长期视角：一国对外净资产 │
└──────────────────┘        └──────────────────┘

┌──────────────────┐        ┌──────────────────┐
│ 考虑截面相关的实证方法 │        │  面板数据的动态最小二乘法 │
└──────────────────┘        └──────────────────┘

┌─────────────────────────────────────┐
│      中国的贸易盈余与汇率：结构VAR         │
└─────────────────────────────────────┘

┌──────────────────────┐
│ 结论一：贸易盈余不是由汇     │
│ 率决定的，由自身特征决定     │
└──────────────────────┘

┌──────────────────────┐
│ 结论二：金融结构的比较劣势    │
│ 决定了这种贸易结构特征      │
└──────────────────────┘

┌─────────────────────────────────────┐
│            总结与政策建议              │
└─────────────────────────────────────┘
```

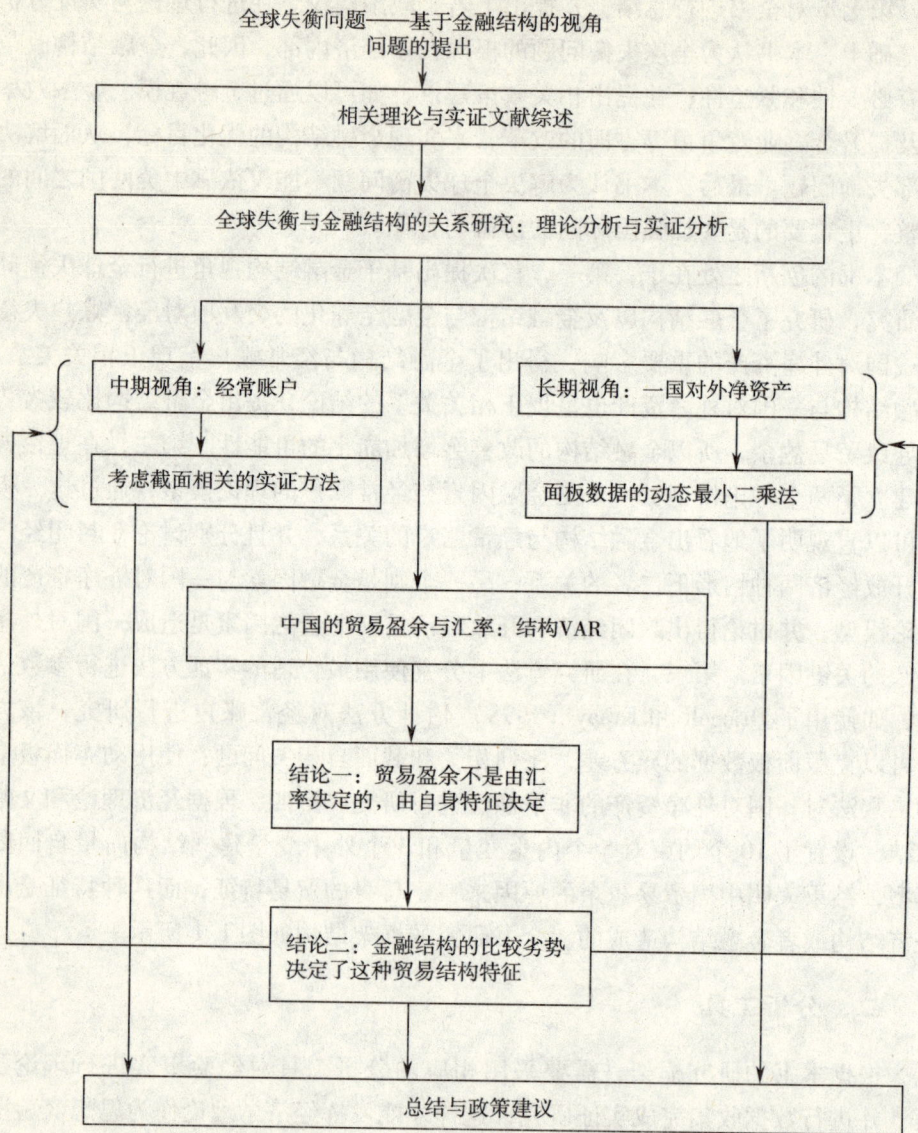

图 1.1　全书研究的框架结构示意图

　　本书使用 Driscoll 和 Kraay（1998）的估计方法进行经常账户失衡与金融结构实证，该方法最大的特点在于综合考虑面板数据的异方差、序列相关和截面自相关问题。对于国家层面的宏观面板数据，国家之间是相互影响的而非独立的，这必然导致随机误差项存在异方差问题。由于研究该问题时使用的数据样本期是 1990—2011 年，跨度 22 年，较长的时间可能会导致各个年度的序列相关问题，因此需要进行更加可靠的计量检验。同时，在各国金融全球化进程中，各国之间的行为策略存在互相影响，这也会带来各国之间存在截面相关的可能性。另外，由于面板数据中每个截面（国家）之间还可能存在内在的联系（如政治、经济或军事的），所以，在进行研究时必须要考虑到数据之间截面的相关性，一般而言，横截面的自相关可能是由某些共同因素引起的，会导致面板的固定效应，随机效应的系数值仍然保持一致性，但是其有效性将会下降，严重的后果将会导致所估计的变量系数不显著，甚至其表现还不如混合效应（Pooled OLS）。由于各国金融结构往往会受到一些共同因素的影响，从而对经常账户产生影响。这些共同因素如果被忽略了，将会造成估计值有偏且不一致。所以，本书采用 Driscoll 和 Kraay（1998）的方法，针对面板数据中存在异方差、序列相关和截面相关问题，提出了一个综合的解决办法，并且使用 Hoechle（2007）提出的程序对系数的估计值的标准误进行调整，以期能够得到一致且有效的估计结果。

本书使用动态面板的最小二乘法对一国对外净资产与金融结构之间的关系进行实证研究。因为考虑到研究此问题使用的数据类型是 N 大于 T，而且 T 跨度为 1970—2011 年，长度达到 42 年，尤其是对于宏观数据而言，平稳性将是影响结果的一个重要问题。考虑到大多数变量都存在非平稳性，所以要通过严格的计量检验才能得出是否存在非平稳性。对待面板数据的非平稳变量，估计方法不能采用之前静态面板数据实证方法或者动态面板数据实证方法，因为这些方法的应用前提就是平稳变量。而对待非平稳面板数据的估计方法一般有以下两种方法：第一种是把时间序列的误差修正模型的建模方法应用到面板数据中，分析长期中的相关均衡关系和短期中的动态调整关系，一般而言是从截面的角度考虑，由三种估计量组成的：①MG（Mean Group）估计量，假设各个截面的长期和短期系数均不同，即完全的截面异质性；②FE 估计量（Dynamic Fixed Effects），即动态固定效应，走到了另一个极端，假设各个截面具有相同的短期和长期系数，但有不同的截距项（个体效应）；③PMG 估计量（Pooled Mean Group），对以上两个估计量做了一个综合，假设各个截面的长期系数都相等，即误差修正速度和短期动态系数具有截面异质性。建立误差修正模型最大的缺陷就是变量不能超过六个，一般在实际运算中也就是三个变量或者四个变量，五个变量的情况收敛性往往都很难保证。因此，建立面板误差修正模型的思路显然不适合用于本书的研究。第二种使用基于变量之间协整关系的动态最小二乘法。该方法的具体使用好处详见本书的第五章。

构建包含五个变量的 SVAR 模型进行贸易盈余与人民币汇率实证研究，主要研究了贸易平衡与汇率、通货膨胀率、供给冲击以及需求冲击之间的关系，重点是研究汇率与贸易平衡，以及汇率与通胀率之间的关系。由于宏观变量之间往往是存在相互影响的，这会导致变量之间存在很强的内生性问题，解决此类问题往往采用组建一个 VAR 模型系统的方法。但是如果向量自回归模型的待估参数个数较多，那么经济学家在进行研究时更加愿意使用 SVAR 模型，因为 SVAR 模型可以根据相关理论设定变量之间的因果关系并考虑内生变量的"同期"相关性，具有经济理论基础；此外还可以避免裘氏分解引发的内生变量排序对结果的敏感影响，不存在终点样本偏差的问题；并且通过设定更加符合经济理论的长期约束，使得 SVAR 模型估计结果不仅可以提高宏观政策的可操作性，而且更加具有实际意义。

第四节　主要贡献和研究展望

一、主要贡献

第一，本书首先以一个统一的框架研究了全球失衡问题，包括以经常账户为视角的中期分析和以一国对外净资产为视角的长期分析。之前的研究大多数是在讨论经常账户，往往把经常账户的失衡作为全球失衡，而 2001 年以来，出现少部分学者讨论一国对外净资产的决定时，并没有从全球失衡的角度考虑。在全球失衡的框架下，本书特别提出金融结构和金融全球化进程是影响经常账户和一国对外净资产的最重要因素，并且论证了金融结构、金融全球化对经常账户、一国对外净资产的作用，通过各种稳健性检验论证了这一结果的可靠性。另外，因为经常账户与金融结构之间关系往往是受到金融全球化进程的影响，因此把金融全球化与金融结构的交互作用作为解释经常账户失衡的重要因素。股票市场总市值侧重从微观的角度来理解，金融中介（银行业）总资产则偏向于从宏观金融总量的角度考虑。所以，本书选取金融结构，以及金融结构与金融全球化的交互项作为解释经常账户失衡和一国对外净资产的重要因素，丰富和发展了之前的研究。

第二，本书建立了两种理论模型，对金融因素与经常账户、金融因素与一国对外净资产进行研究。在金融因素与经常账户衡量的全球失衡模型中，讨论了封闭经济和开放经济的情形。在封闭经济情况下，企业家所支配的资本数量小于获得最佳比例的创新资本投入数量，则认为金融发展不足，这也的确是发展中国家的真实情况；在开放经济情况下，存在贸易成本时，只有金融发展差异足够大，才能产生贸易流动。而根据理论模型中的金融发展情况，企业家根据信息中间品来创新资本，通过金融市场来完成，这明显地强调了金融市场的作用。而在金融因素与一国对外净资产衡量的全球失衡模型中，通过发展 Mendoza 等（2009）建立的模型，对国内金融发展与一国对外净资产之间的传导机制进行解释：当金融市场发展时，即金融结构处于优势，这会导致一国对外净资产下降，净股权增加，净债务头寸下降。

第三，本书的贡献还体现在实证方法上。本书使用了 Driscoll 和 Kraay（1998）估计方法研究经常账户的决定因素，该方法是克服面板数据的异方差、序列相关和截面自相关问题的最优计量方法；在一国对外净资产的问题研究中，使用动态面板最小二乘法对一国对外净资产的非平稳性进行研究，在考虑供给冲击和需求冲击的情况下，建立 SVAR 模型来研究中国的实际汇率、贸易平衡与通货膨胀之间的关系，在保证 SVAR 模型估计的有效性和可靠性的前提下，通过脉冲反映和方差分解分别获得了动态效应和各自的贡献度大小。

第四，在模型的设定上，本书在对经常账户的研究过程中加入了很多控制变量，并且为了突出强调金融结构和金融市场的重要性，把金融发展因素也作为控制变量，可以体现实证结果的稳健性。而在一国对外净资产的决定上，特别强调了发展中国家和发达国家的国家属性对于一国对外净资产的决定是不同的，所以首次提出人均 GDP 与一国对外净资产在发达国家呈线性关系，而在发展中国家却是倒 U 形关系。在中国贸易盈余实际汇率中，依据五大理论：实际经济周期理论、长期中货币中性论、货币主义模型、长期中实际汇率的决定以及贸易盈余的波动理论对 SVAR 模型进行了约束设置。

二、研究展望

本书从三个渠道结合时间属性的考虑对全球失衡问题进行分析，在该研究领域进行了有益探索，然而仍然存在不足之处，具体如下：

第一，理论上的建模过于粗糙。关于全球失衡问题的研究，本书首次提出金融结构因素对其影响，然而在理论上的建模有些粗糙，只是分别建立模型（经常账户和一国对外净资产）。在经常账户与金融因素模型中，得出在开放经济中金融市场的效率会影响全球失衡，而在封闭经济中金融发展会影响产出，而这种产出在进行对外贸易时又会导致外部失衡，因此得出金融中介与金融市场的比值定义为金融结构，从而认为金融结构会影响经常账户。此外，虽然在扩展模型中考虑了两国之间的贸易成本等摩擦因素，但是该模型过于简单，并未考虑两国之间的国际投资如果存在摩擦的情形下，将会出现何种情况。而在一国对外净资产与金融因素模型中，对于金融因素与一国对外净资产则进行非线性效应的考查（这有点类似于金融因素与经济增长的非线性效应），如多重均衡的存在性等。这两个方面都是本书在未来的研究方向。另外，理论方面的发展方向将是建立动态随机一般均衡模型（DSGE），可以为该问题研究提供更坚实的理论基础，但是 DSGE 模型无法处理模型的精美性与数据的现实性之间的关系，因此，这里也存在一个权衡（Trade Off）。

第二，没有使用系统 GMM 估计。在经常账户的实证方法上，虽然本书得到的结果相当稳健，但是金融全球化是以交互项的形式进入计量方程，这种稳健的形式对于理论建模是否有帮助？这值得进一步思考。虽然本书使用静态面板数据已经很好地处理了内生性，如找到法律起源作为工具变量，但是，现有的数据无法使用动态面板系统 GMM 估计，笔者曾经尝试使用动态面板系统 GMM 估计，但是因变量的一阶滞后系数很接近于 1，这点与计量理论是相悖的，随着数据收集的不断完善，在获取高质量的数据情况下，未来也许可以使用动态面板系统 GMM 估计，以更好地克服可能存在的内生性问题。

第三，面板协整的方法选择存在一个权衡（Trade Off）。在一国对外净资产的问题上，由于缺乏理论基础，是基于假设对一国对外净资产进行研究，并且把一国对外净资产与经常账户联系起来，认为金融结构等因素应该会对一国对外净资产发生作用。如果能够建立关于二者关系的坚实理论基础，则会更有说服力。另外在实证方法的选择上，是采用可以容纳很多变量的动态面板最小二乘法还是使用一个较为精简的面板误差修正模型（Pooled Mean Group），这是在处理非平稳面板时需要考虑的问题，虽然本书已经详细说明了使用动态面板最小二乘法的原因，但是，面板误差修正模型也是未来研究一国对外净资产与金融结构的一个方向。因此，在实证方法的选择方面，动态面板最小二乘法和较为精简的面板误差修正模型到底哪一个更适合，这些问题都有待更深入的研究和完善。

第二章

相关理论与实证文献综述

第一节　相关理论文献综述

本章主要梳理了目前有关全球失衡与金融结构的相关理论文献，总结出五个主要的理论模型，分别是储蓄—投资恒等式模型、微观主体的利润最大化模型、动态一般随机均衡模型、基于比较优势的国际分工模型以及基于金融市场视角的模型，然后就这五个理论模型进行了述评。

一、全球失衡的理论文献

（一）储蓄—投资恒等式模型

1. 模型产生背景

自 1990 年以来，我国国际收支账户表现为经常账户和资产账户的"双顺差"并持续多年，特别是在 2000 年之后国际收支失衡尤为明显，外汇储备规模迅速扩大。一般而言只有在金融危机时期，一国出于维护宏观经济稳定的目标，才可能会允许该时期内存在双顺差现象，但是中国的现实情况却是自 1994 年以来，外汇储备持续不断增加。2014 年，中国开始调整外汇储备结构中的美元数量，然而截至 2015 年中国持有的外汇储备量仍然是全世界第一，持有的外汇储备中美元的数量为 32010.57 亿美元（更为详细的外出储备数量的走势详见图 2.1），中国持有巨额外汇储备，不仅要承担美元贬值的汇率风险，而且本国货币政策还会受到来自美国加息货币政策等外部冲击，导致本国货币政策的独立性很弱。

针对以上现象，目前已有文献在理论上进行阐述的代表作有两篇，余永定和覃东海（2006）基于国民经济核算恒等式视角分析了中国的双顺差现象，认为双顺差情况是由于国内金融市场无法有效利用这些资本，所以资本从中国流向美国等发达国家是为了得以充分有效利用。徐忠等（2010）通过实证模型检验了储蓄—投资恒等式模型的正确性和可靠性。本书提出以下模型对余永定和覃东海（2006）的模型进行了提炼。

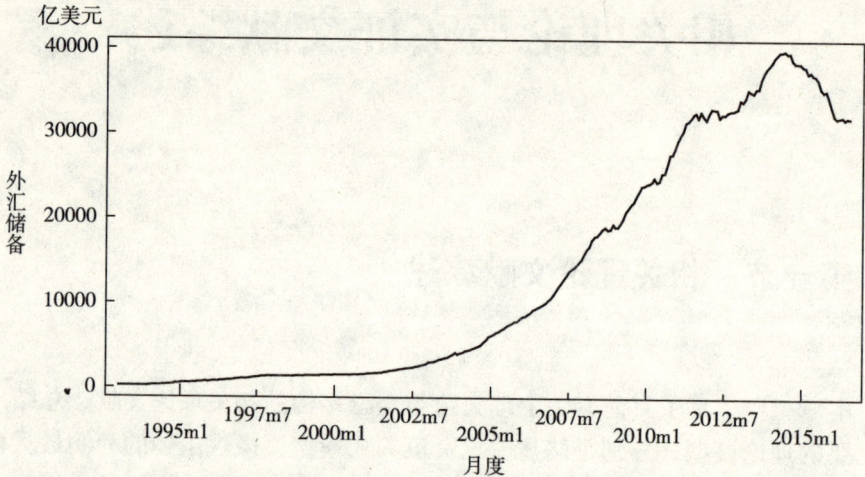

图2.1　中国外汇储备持有数量（1993.1－2016.7）

2. 模型假设

第一，开放经济条件下存在国内和国外两个市场，当国内资源不足时可以从国外吸引资源，同样，当国内资源过剩时可以向国外输出资源。从优化全球资源配置的视角出发，有式（2.1）。

$$s_f = s_t + s_r \tag{2.1}$$

其中，s_f 是外国净储蓄与本国 GDP 的比值。

s_t 是跨境的外国储蓄利用率，s_r 是外资企业的再投资率。

第二，在开放经济条件下，对国内投资和国内储蓄进行分解，得到式（2.2）。

$$i = i_e + i_g + i_f = s_p + s_g + (s_t + s_r) \tag{2.2}$$

其中，i_e 表示本国的企业投资率，i_g 表示政府投资率，i_f 表示外资企业投资率，s_p 表示国内私人储蓄率，s_g 表示政府储蓄率。

第三，假设国民经济核算恒等式成立，得到

GDP ＝国内私人储蓄＋政府储蓄＋外国投资者储蓄＋消费

　　　＝投资＋消费＋出口－进口

其中，外国投资者储蓄等于再投资利润与投资收益汇出之和；投资等于本土企业投资＋政府投资＋外资企业再投资＋新的 FDI 流入。

整理后，得到储蓄投资恒等式（2.3）：

（国内私人储蓄－本土企业投资）＋（政府储蓄－政府投资）＋（进口－出口＋投资收益汇出＋再投资利润－FDI）＝0　　　　　　　　　　　　（2.3）

3. 模型推导

我们可以定义经常项目的差额等于进口－出口＋投资收益汇出＋再投资利润，得到，$ca = s_f = (i_e + i_g + i_f) - (s_p + s_g)$　　　　　　　　　　　　（2.4）

再根据 $BP =$ 进口－出口＋投资收益汇出＋再投资利润

得出经常账户逆差为 $CA = s_t + s_r$

最终通过一系列的运算可以得出储蓄投资缺口和外汇储备之间的表达式（2.5）：

$$(s_p - i_e) + (s_g - i_g) = i_f - ca \qquad (2.5)$$

4. 模型的政策启示

将模型应用到中国结合实际情况具体研究双顺差现象，为了方便讨论，这里不引入政府部门，所以，式（2.5）就简化为式（2.6）。

$$s_p - i_e = i_f - ca \qquad (2.6)$$

这样就可以利用式（2.6）的左边来解释式（2.6）的右边，即用储蓄投资缺口来解释双顺差现象，或者用双顺差现象来解释储蓄投资缺口。还可以用第三者来同时解释等式的两段，这里的"第三者"就是中国的引资政策。具体来说，中国引入外资的形式主要是 FDI，本书把 FDI 细分为以下三类。

第一种类型：技术导向型 FDI。在这种情况下进入我国的 FDI 会带来资本项目的顺差，导致外汇资金流入，然而这些资金又会以购买国外先进技术的方式流出本国市场，造成经常项目逆差，总之技术导向型 FDI 会产生经常项目的逆差，这是发展中国家或者新兴市场国家较为常用的利用外资的方式。本书认为该类型企业由于购买了国外先进技术从而具备较强的出口能力，会转变成出口导向型企业，又创造了出口顺差，在一定程度上为中国发生经常账户和资本账户的双顺差提供了可能分析。从长期看，该类型企业的利润和投资收益从中国汇出，那么这些企业是否能够继续保持经常项目的长期顺差，本书认为不能仅仅在理论上进行判断，还需要在实证数据中进行验证。

第二种类型：出口导向型 FDI。自 2001 年加入 WTO 以来，中国为了应对未来可能的金融危机，实施强制结售汇制度，使得外汇储备量逐年上升。中国政府引入的出口导向型 FDI 大多是劳动密集型模式，一方面在中国快速推进城市化进程背景下可以为涌入城市的农民工提供大量的就业岗位，另一方面可以形成以加工贸易为主导的出口导向型经济，如"三来一补"。在生产能力不同的时期，FDI 对中国国际收支会产生不同的影响：在早期生产能力初始形成时，加工贸易型的 FDI 能够带来贸易顺差，而在中后期生产能力较成熟，"两头在外"的加工贸易会把其中一部分利润通过金融市场外流进行再投资，使得资本账户也表现为顺差。以上是针对中国出现经常账户和资本账户双顺差的第二种解释，同时本书认为发展中国家在改革开放背景下，出口导向型 FDI 战略和由此形成"两头在外"的贸易模式确实符合国家发展战略的时代要求。

第三种类型：市场寻找型 FDI。后 WTO 时代，尤其是 2006 年以后，中国逐步放开国内的金融市场，FDI 中部分厂商在中国建立工厂不是把产品销售到国外去，而是在中国国内寻找市场进行销售。这些 FDI 进入中国后，可以带来外汇资金的流入，造成中国资本账户顺差，而流入的外汇资金用于购买欧美国家的先进技术或者引进一流的外国管理经验，又会导致经常账户的逆差。市场寻找型 FDI 缺乏创汇的能力，只有中间投入品的进口，他们还会把外资投资产生的收益汇出，又由此造成经常账户的逆差，所以市场寻找型 FDI 表面上看会带来长期的外汇流入，但其实对中国经济的影响等同于短期资本流动，应更多关注市场型 FDI 导致的逆差。

综上所述，中国的国际收支状况是由两种效应综合决定。第一种是双顺差的正向效应，由技术导向型 FDI 和出口导向型 FDI 决定，类似于替代效应，即加工贸易型的主导的中国 FDI 格局，不仅不会逆转中国"双顺差"格局，还可能会继续强化这种双顺差。第二种是"双顺差"的逆向效应，由市场寻找型 FDI 决定，类似于收入效应，2008 年由于美国金融危机，市场寻找型 FDI 占比越来越大，如果这种状况持续发生，将会改变中国的"双顺差"局面。总之，中国之所以出现"双顺差"是因为国内金融结构存在不合理，在短期内政府无法通过宏观经济政策调整等需求关系政策改革解决国际收支的失衡。

（二）微观主体的利润最大化模型

1. 模型产生背景

新凯恩斯主义学者认为研究宏观问题需要把微观经济主体作为研究对象，该学派的理论认为需要从均衡学派的角度来研究。均衡分析方法包括狭义上的瓦尔拉斯均衡分析方法（Walrasian Equilibrium）和广义上的非瓦尔拉斯均衡分析方法（Non-Walrasian Equilibrium），前者是指经济行为人只依赖市场价格来实现市场的出清，即使出现暂时的供求失衡，市场也会根据价格进行自动调整；后者是指经济行为在做最优决策时，仅根据价格无法实现市场出清，还需要实施数量调整才能实现市场的均衡。

从本质上看全球失衡是由国际货币体系的非均衡性造成，美元处于全球货币支配地位，即世界美元本位制（International Dollar Standard），这种国际货币体系的非均衡性以及美元在全球货币中的支配地位都会对全球失衡造成非常大的影响，特别是对全球经济失衡造成严重影响。相关的学术研究围绕着美元霸权论①展开讨论，这种货币霸权的最大特征在于霸权国家的货币和其他国家的货币在国际货币体系中的地位不同造成了权利和责任的不对称。例如，李扬和张晓晶（2013）指出货币霸权在某个特定的时期可以稳定经济，全球大稳定时期，美元霸权能够在某种限度之内控制失衡，自1990年苏联解体后，由于缺少了对美元霸权的约束，美元霸权进一步得到强化，而美国过度利用这种特权，实施扩张性财政政策和扩张性的货币政策，导致全球失衡。

目前文献中有关微观主体利润最大化模型的代表性的论文有两篇，黄晓龙（2007）假设国家的经济行为服从利润最大化行为，运用非瓦尔拉斯分析方法对全球经济失衡进行分析，得出失衡的本质是当前货币体系的非均衡性，主要因为美元在国际货币体系中居于主导地位，美元贬值或升值和美元利率的上升或下降会引发全球资本流动，造成新兴市场国家的货币危机。中国经济增长与宏观稳定课题组等（2009）基于美元的霸权视角，建立全球失衡与金融危机的数理模型，得出2008年全球金融危机本质上是全球失衡问题的集中表现，不仅与美元所拥有的货币霸权地位有关，而且美国的量化宽松政策也有推波助澜的作用。接下来本书针对微观主体的利润最大化模型，根据黄晓龙（2007）的论文进行了提炼。

2. 模型假设

第一，基于古诺模型的假设对国际货币体系进行分析。由于当前的国际货币体系呈现出非均衡的特征，美元霸权使得美元充当了最重要的货币，美国在调节国际收支失衡时与其他国家进行相互合作的过程中，不仅存在着价格信号，也存在数量信号。因此表明国际收支调节是基于不完全竞争的理论进行的，而古诺模型作为不完全竞争模型，正是把产量作为核心变量，研究双寡头相互牵制下的数量决定和价格决定。

---

① 除了美元霸权以外，还有以下词语被学术界使用，如特权（exorbitant privilege）、暗物质（dark matter）、霸权收益、估值效应、美元的成本收益的测算、美元的特权与责任。

第二，国际货币体系中有 N 个主要经济体和 N 种占据主要市场份额的货币。因为真实世界中的美元占据世界货币体系的霸权地位，还有其他国际货币在世界货币体系中占有一定的地位，如欧元、日元、英镑等。之所以做这样的假设是为了较好地匹配模型。

第三，假设宏观经济中的微观服从个体追求利润最大化的行为。q_i 表示为第 i 种货币在国际金融市场中的份额，假设美元在市场中的占有率为 $S_1 = \alpha$，假设其余国家的货币实力大致相当，则每一种货币的市场占有率为 $S_i = \dfrac{1-\alpha}{n-1}$，$i = 2, 3, \cdots, n$。

3. 模型推导

假设 $q_1 + q_2 + q_3 + \cdots + q_n = q$ 　　　　　　　　　　　　　(2.7)

其中，q 为第 i 种货币在各个国际外汇市场的使用总数量。

假设货币的需求函数为式（2.8）

$$e = f(q) \tag{2.8}$$

e 为汇率，一阶导数大于零，二阶导数小于零。

由于获得外汇需要支出换汇成本，其函数为式（2.9）

$$c_i = c_i(q_i) \tag{2.9}$$

根据宏观经济问题利润最大化的决定，得到式（2.10）

$$\pi_i = ex_i - c_i(q_i) \tag{2.10}$$

其中，π_i 是某个国家持有第 i 种货币的利润（profit or welfare）

对式（2.10）求一阶导数和二阶导数①，可以得到式（2.11）。

$$\frac{\partial \pi_1}{\partial q_1} = e + q_1 \times \frac{\partial e}{\partial q_1} - \frac{dc_1(q_1)}{dq_1} = 0$$

$$\frac{\partial \pi_2}{\partial q_2} = e + q_2 \times \frac{\partial e}{\partial q_2} - \frac{dc_2(q_2)}{dq_2} = 0$$

$$\cdots\cdots \tag{2.11}$$

$$\frac{\partial \pi_n}{\partial q_n} = e + q_n \times \frac{\partial e}{\partial q_n} - \frac{dc_n(q_n)}{dq_n} = 0$$

把式（2.7）代入式（2.11）中，可以得到式（2.12）

---

① 本书对二阶条件不再证明，过程复杂，如果有需要，请与作者联系。

$$f(q) + q_1 \times f(q) - \frac{dc_1(q_1)}{dq_1} = 0$$

$$f(q) + q_2 \times f(q) - \frac{dc_2(q_2)}{dq_2} = 0 \qquad (2.12)$$

······

$$f(q) + q_n \times f(q) - \frac{dc_n(q_n)}{dq_n} = 0$$

更为具体的可以得到式（2.13）

$$e\left[1 + \frac{de}{dq} \times \frac{q_i}{e}\right] = c_i'(q_i) \qquad (2.13)$$

由式（2.7）和式（2.8）可以得到反应函数，基于反应函数可以得到每种外汇的均衡数量为 q_i^*。经过一系列复杂的运算，可以得到式（2.14）。

$$c_i' + \frac{1}{n-1}c_1' = e\left[1 + \frac{1}{n-1} - \frac{1}{(n-1)\varepsilon}\right] \qquad (2.14)$$

式（2.14）表明由于国际货币体系的非平衡性，各种货币在外汇市场的状况不同，其价格也存在差异性。具体而言，美元是国际市场中所占份额最多的货币，由于市场中的美元按照高于边际成本的价格提供，所以美元汇率被高估；相反，在外汇市场中所占份额较少的其他货币，存在被低估的可能性。所以，无论是债券发行还是外汇交易，美元作为贸易中的计价货币具有绝对优势，特别是基于微观主体利润最大化的角度构建理论模型，均得出结论认为美元汇率定价被高估。

4. 模型的政策启示

第一，全球失衡情况下美国和主要经济体需要政策调节。如果美国先行调整国际收支失衡，由于美元汇率存在高估，且经常项目持续逆差，那么美国采用增加国内货币供给的方式调整贸易逆差，就表现为联邦基金的利率下降。在美国存在外部逆差的情况下，作为其他经济体也必然将选择调整。例如，美国存在贸易逆差的情况下，其他经济体存在顺差从而外汇流入，该经济体的央行实行干预外汇市场稳定汇率的政策，将会导致信贷扩张和投资加速等现象，该经济体的汇率有升值的预期，存在资产泡沫的可能性。但是，任何外部失衡的调整都需要最终通过内部失衡的调整来完成。尤其是 2008 年美国发生次贷危机之后，随后的几年中美两国国内仍存在着较为严重的内部失衡。如果美元加息持续进行，这将会导致美元利率相对于其他国家持续上升，将会导致美元资本回流到美国国内，这会导致其他经济体的顺差减少、资本流入逆转和货币贬值的预期，从而可能带来信贷紧缩和泡沫破灭，最终可能会引发其他经济体的货币危机和金融危机。

第二，美国和其他货币体系中居于重要地位的货币需要积极推动国际货币的非国家化。由于美元在全球货币体系中居于主导地位，所以，如果美国不进行调整，而是中国等亚洲国家进行单方面的调整，是不可能单单通过调整汇率、利率这两个变量解决问题的。全球失衡需要建立超越国家主权的国际货币或者以当前的某一种货币为准，积极地进行国际化。

第三，重新建立国际间的政策协调机制。虽然在全球失衡的调整过程中美国具有绝对的战略性主导地位，而中国等亚洲新兴市场国家居于市场的从属地位，但是在进行国际间的政策协调机制时考虑到国与国之间地位的不平等，需要建立一种平衡和补偿机制。改革国际货币体系不仅需要弱化美国的美元霸权程度，还需要约束美元的过度特权，真正切入改革国际货币体系和完善全球治理结构，才能够从根本上解决全球失衡问题。

（三）动态一般随机均衡模型

1. 模型产生背景

任何经济学的研究最终都需要理论支撑，能够解决现实问题并且能够提出合适解决方案的模型才是好模型。例如，奥伯斯特弗尔德和罗格夫（2010）建立古典的早期模型都是假设资本市场完全竞争、资本市场完全流动，金融市场不存在流动性约束。但是这些早期的古典模型不符合现实世界。所以，需要对古典模型进行修正。当前学术界进行开放宏观经济理论建模时选择标准，到底是以理论建模为主的 DSGE 模型还是以数据导向为主并考虑经济理论的 SVAR 模型为主，这其实是选择精简模型（SVAR）还是复杂模型（DSGE）的问题。韩剑和李林艳（2012）建立动态一般均衡模型研究流动性约束下的跨时贸易，从金融发展视角对全球失衡问题进行分析，认为金融发展的差异是贸易余额的重要解释变量，建议缩小各国的金融发展差异才能从根本上解决全球失衡，还建议构建多元化的国际金融体系。Herz 和 Hohberger（2013）认为欧共体中使用欧元的国家丧失了独立的货币政策，加入货币联盟使经济更容易受到生产力冲击的影响，并且导致经常账户的调整有更高的持续性。本书这里所论述的动态一般随机均衡模型是对奥伯斯特弗尔德和罗格夫（2010）的发展。

2. 模型假设

第一，假设国际经济是小国开放经济，这是所有探讨国际问题的基础。

第二，假设微观加经济主体决策期限是无限期的情况。

第三，假设金融市场中存在流动性约束。本质上引入不完全金融市场从而引入金融发展。

第四，假设消费者分成两类，具有流动性约束的消费者和不具有流动性约束的消费者。这是根据 Campbell 和 Mankiw（1989）对消费者进行分类的标准。

3. 模型推导

最大化消费者终身的效应函数：

$$U = E_t \Big[\sum_{s=t}^{\infty} \beta^{s-t} \mu(C_t) \Big] \tag{2.15}$$

其中，$0 < \beta < 1$，β 是贴现因子，具有主观性。式（2.15）方括号中的是期望值，$\mu(.)$ 是严格递增函数，其一阶导数大于零，二阶导数小于零。

使用贸易余额为经常账户和全球失衡的替代指标，得出式（2.16）

$$TB = y_t + rb_t - g_t - i_t - c_t \tag{2.16}$$

假设一国的国际收支是平衡的，可以得到资本账户的变化使用一期末净外国资产的持有量的变化值。得出式（2.17）。

$$b_{t+1} - b_t = y_t + rb_t - g_t - i_t - c_t \tag{2.17}$$

使用迭代法对式（2.17）进行迭代之后，并结合式（2.17），可以得到

$$b_t = \frac{c_t + g_t + i_t - y_t}{1 + r} + \frac{c_{t+1} + g_{t+1} + i_{t+1} - y_{t+1}}{(1 + r)^2} + \frac{b_{t+2}}{(1 + r)^2} \tag{2.18}$$

在最大值原理的应用中，考虑到横截条件式（2.19）

$$\lim_{t \to \infty} \Big(\frac{1}{1 + r} \Big)^r b_{t+T+1} = 0 \tag{2.19}$$

对约束条件进行一系列推导并代入总效用函数得到一个复杂的表达式，应用欧拉方程，可以分别得到第一类消费者和第二类消费者的最优消费水平。得到式（2.20）。

$$\begin{aligned}
TB_t &= y_t + rb_t - g_t - c_t^* \\
&= y_t + rb_t - g_t \\
&\quad - \alpha \Big\{ \frac{1}{1+r} E_t \Big[\sum_{s=t}^{\infty} \Big(\frac{1}{1+r} \Big)^{s-t} (y_s - g_s - i_s) \Big] + b_t \Big\} \\
&\quad + \Big(\frac{\alpha}{1+r} \sum_{s=t}^{\infty} y_s - y_t \Big) \delta
\end{aligned} \tag{2.20}$$

因为 $\frac{\alpha}{1+r} \sum_{s=t}^{\infty} y_s - y_t$ 大于零，在其他变量不变化的情况下，得到 TB_t 和 δ 之间是正相关关系。得出 δ 反映金融市场的流动性越小，δ 就越小，得到贸易余

额 TB_t 也就越小。

4. 模型的政策启示。第三次全球失衡为什么会出现无法自动达到均衡的情况，很重要的原因就是美国的逆差非常巨大，之所以在美国会发生金融危机，就是因为美国虚拟经济的发展远远超过了实体经济的发展。目前，中国也存在这种情况，而且呈现出不断扩大的趋势。在中国，信贷供给不断增加，但是每次事后检验都发现投放的信贷以各种途径流入了房地产市场，主要还是因为中国的房地产市场在一定程度上承担了金融市场的功能。同时，美国之所以发生金融危机也有监管不断放松以及利率发生逆转的原因，同样这些现象在中国也存在。所以中国如果想摆脱这种失衡的状态，一定要注意贸易失衡和金融市场的关系，防范金融危机。

（四）基于比较优势的国际分工模型

1. 模型产生背景。大卫·李嘉图提出比较优势理论，后来国内外学者对比较优势理论不断进行了扩展，同样国内学者也对解释全球失衡原因作出了重要贡献。例如，茅锐等（2012）构建三个理论模型，分别是封闭经济、两国开放经济和扩展模型（考虑国际投资的摩擦因素），这三个模型均是在规模报酬不变的李嘉图框架内，至少会有一个国家将出现完全分工。我们主要介绍茅锐等（2012）提出的开放经济条件下两国模型的三种均衡模式。

2. 模型假设

第一，假设两部门模型，即金融部门和制造业部门。金融部门中的银行具有同质性，银行为企业和居民之间提供中介服务，制造业部门中的企业具有异质性。

第二，企业的生产包含两个时期。第一期，企业负责投资；第二期，企业生产最终产品。

第三，企业进行投资，成功的概率是 θ。银行通过对企业的信贷进行甄别，从而控制住行业的信贷风险。具体而言，如果企业获得成功的概率高于临界值 θ，则企业就会获得一笔贷款，但是如果低于临界值 θ，该企业就不可能获得贷款。

第四，企业的生产规模报酬不变。例如，$M = F^\alpha (A^M l^M)^{1-\alpha}$。

第五，两个国家可以生产制造业产品和生产性资本，然后进行贸易。假设国家 1 在制造业具有比较优势，但是国家 2 在金融业具有比较优势。

3. 模型推导

（1）开放经济情况下的三种均衡模式分析

第一，国家 1 不完全分工，国家 2 完全分工。

$$\alpha A_1^F > (1 - \alpha)A_2^F \qquad (2.21)$$

第二，国家 1 完全分工，国家 2 不完全分工。

$$\alpha A_1^M < (1 - \alpha)A_2^M \qquad (2.22)$$

第三，国家 1 和国家 2 都是完全分工。

$$\alpha A_1^F \leqslant (1 - \alpha)A_2^F，而且 \alpha A_1^M \geqslant (1 - \alpha)A_2^M \qquad (2.23)$$

经过一系列的理论论证，能够得到一个著名定理。

在开放经济中的两国模型，如果一国的制造业相对于该国的金融业具有相对较高的实力，则该国会产生经常账户盈余；相反，一国的金融业相对于该国的制造业具有相对比较优势，则该国产生经常账户赤字。所以，基于金融业和制造业之间比较优势对全球失衡进行解释具有很强的说服力。

（2）扩展模型。如果对李嘉图模型进行扩展，则表明至少有一个国家进行完全的分工。如果在开放模型中引入国际投资作为摩擦，则两个国家可能同时出现不完全分工的情况。如果考虑制造业—金融业比较优势基础，则这种比较优势的基础逐渐变强时，全球失衡的规模就会逐渐扩大。

4. 模型的政策启示。全球失衡中各国之间的调整主要围绕不合理的结构性差异进行展开，为了在未来可以更好地促进全球各国的协商和调整，需要高度重视国与国合作的重要性，最好的选择是在不危害各个国家福利的基础上进行谈判和磋商。本书认为存在经常账户逆差的国家要逐步提升制造业的实力，经常账户顺差的国家要逐步提升金融市场的能力，如此第三次全球失衡才有可能进行再平衡。

（五）基于金融市场视角的模型

1. 模型产生背景。随着国际贸易全球化和国际资本流动程度不断加大，经典的国际贸易理论俄林—赫克歇尔—蒙代尔模型无法合理解释这些新现象。这些新问题包括：传统的理论假设资本边际收益在不断递减，因此资本应该是从资本较多的发达国家流向资本较少的发展中国家，然而现实情况却是资本从发展中国家流向发达国家，这是资本流动怪圈。针对这一现象，很多学者都基于金融市场视角建立模型，从理论上对这一现象进行了解释，由于这一现象是根据国际资本在不同国家之间的流动对全球失衡现象进行解释，所以也引发了有关一国对外净资产和一国净头寸的研究问题。例如，陆建明等（2011）、陆建明和杨珍增（2011）基于垂直分工的情况，研究了金融市场发展与全球失衡的关系。结论为金融发展的差异会导致截然不同的国际分工，得出当金融发展超过临界值时，国际分工的模式将会由水平分工转为垂直分工，使得经常账户和贸易出现失衡。用行业层面的数据进行实证得出金融发展与某些行业的进出口之间是倒 U 形的非线性关系。Antras 和 Caballero（2009）认为北方国家的资本流动和商品流动具有替代性，但是南方国家的资本流动和商品流动却具有互补性，这将减少南方国家的出口，进而会阻碍南方国家的资本流入，从而进一步加剧了发展中国家的资本账户的逆差。尤其是在全球经济萧条时期，如果发达国家进行贸易保护主义，不仅无法解决全球失衡问题，反而会加剧。本书基于贸易和金融的典型模型是对 Antras 和 Caballero（2009）的模型进行提炼，具体如下。

2. 模型假设

第一，对模型中的基本参数进行设定。例如，经济体中使用两种生产要素，资本 K 和劳动 L；生产两个同质性产品 1 和产品 2；μ 表示衡量一国的企业家才能或者企业家创新能力，$1-\mu$ 表示剩余的另外一个国家的企业家才能；资本的租金率是 δ，劳动的工资率是 w。

所有的代表性消费者都具有柯布—道格拉斯偏好，金融摩擦为 η，

$$U = \left(\frac{C_1}{\eta}\right)^{\eta}\left(\frac{C_2}{1-\eta}\right)^{1-\eta} \tag{2.24}$$

所有的代表性企业都有同质的柯布—道格拉斯生产函数。

$$Y_i = Z(K_i)^{\alpha}(L_i)^{1-\alpha} \tag{2.25}$$

假设该国部门 1 的金融摩擦为 η，部门 2 的金融摩擦为 $1-\eta$，当该国面对一个外生性的价格 p，如果部门 1 实施完全专业化的情况则表明价格 $p<1$，如果部门 2 实施完全专业化的情况则表明价格 $p<2$。

第二，对金融摩擦 θ 的约束进行设置。

企业家的投资受到式（2.26）的约束。

$$I^i \leq \theta K^i = \theta K, \theta < 1 \tag{2.26}$$

不管约束情况如何，θ 都是足够大，在部门 1 中，企业家总是基于金融摩擦的情况进行融资，如果对于一个无摩擦的经济体而言，公式（2.26）需要进行修正。假设 θ 是在小于 1 的范围内足够低，则必须附加一个约束式（2.27）。

$$\mu\theta < \eta \tag{2.27}$$

3. 模型推导。这里的理论模型分为两个部分，第一是基于自给自足的封闭经济状态进行讨论，第二则是基于开放经济状态进行讨论。

第一，封闭经济均衡。假设劳动能够跨部门自由流动，消费者的一阶条件（First Order Condition）等于零、商品市场能够自动出清，并且考虑到金融摩擦的显著效应 δ，经过一系列复杂的推导，得到式（2.28）。

$$\lambda = \left[1 - \frac{\mu\theta(1-\eta)}{(1-\mu\theta)\eta} \right] \alpha Z \left(\frac{\mu\theta}{\eta} \frac{K}{L} \right)^{\alpha-1} \tag{2.28}$$

其中，在 $\mu\theta < \eta$ 的假设下，λ 是严格为正且 θ 递减。因此，企业使用资本的影子价格越高，则该国的金融市场就越不发达。结论如下：在封闭经济均衡中，金融约束参数 θ 增加，将会导致无金融约束参数的部门价格上升，而且资本的实际租用金率上升，也会减少了企业资本的影子价格。

第二，开放经济均衡。

（1）加入贸易一体化进程变量和资本的租金使用率变量，得到式（2.29）。

$$\delta = \alpha Z p \left\{ \left[(1-\mu\theta) + \mu\theta p^{-1/\alpha} \right] \frac{K}{L} \right\}^{\alpha-1} \tag{2.29}$$

由于贸易的资本租金使用率和部门的劳动生产率紧密相关，所以，p 增加会导致 L_1 减少，但是可以保持 K_1 不变，这样使得 $\frac{K_1}{L_1}$ 增加，$\frac{K_2}{L_2}$ 减少，从而使得部门 2 的资本边际生产力增加。结论是贸易一体化进程增加了资本租金使用率，尤其是在金融不发达的南方国家。

（2）租金率的跨部门使用。经过一系列的推导，得到式（2.30）。

$$(k_2 - k_1) d\psi_1 = \psi_1 dk_1 + (1 - \psi_1) dk_2 \tag{2.30}$$

式（2.28）的左边大于零，因为 θ 越高，与部门 1 的专业化程度越有关，与部门 2 相比，金融约束导致部门 1 具有较少的资本密度。劳动边际产品价值在部门 1 和部门 2 相同，dk_1 和 dk_2 具有相同符号。因此，得出在自由贸易达成的均衡中，南方不但生产商品，也是商品 1 的金融的进口者。而且，自由贸易并不会导致要素价格均衡化。

第三，比较优势的讨论。基于封闭经济均衡得到一般模型，金融合同 θ 的增加和资本劳动比率的增加将会提升 p 的相对价格，当且仅当式（2.31）成立。

$$\frac{\alpha_1}{(1-\alpha_1)\sigma_1} - \frac{\alpha_2}{(1-\alpha_2)\sigma_2} > 0 \tag{2.31}$$

其中，α_i 是 1 减去各个部门的劳动份额，σ_i 是资本和劳动部门的替代弹性。

由式（2.31）可以得到，相对于不能存在金融约束的国家而言，金融发展程度较低的国家增加产量具有比较优势。

4. 模型的政策启示。从上面的推导可知，金融发展的变化和金融相关性显著性受一国比较优势的影响，尤其是当金融发展没有受到任何限制的时候，贸易和资本的跨国流动会逐渐变得完全。例如，南方国家实施深度的贸易自由化会增加它们获取和吸引外国资本的能力，这意味着贸易保护主义政策可以弱化所谓的全球失衡，我们的分析框架也表明，发展中国家在开放资本账户之前，如果可以避免资本向外流动，那么实施贸易自由化政策是非常重要的。

二、文献述评

储蓄—投资恒等式模型并不是从经济理论推导得到的，而是基于定义得到，因此该模型过于宏观和笼统，并不适合用来做理论研究。利润最大化模型往往适用于微观经济主体的分析，因为经济学理论总是假设这些微观行为主体服从满足利润最大化行为，然而考虑到国家的行为包含着政治、博弈以及军事等行为，使得国家很难服从理性人假设的要求，因此这类模型在应用时会受到很大的限制。动态随机一般均衡模型虽然可以全面地刻画经济变量之间的关系，但这类模型最大的缺点就是离现实世界较远，更多的是要求使用数据生成过程（DGP）来满足它的建模要求。比较优势的国际分工模型本质上是李嘉图模型的发展，但是将劳动力比较优势理论应用于全球失衡做研究并不合适，本书非常认同余永定（2010）的观点，从极端来看，如果美国完全从事金融业，中国完全从事制造业，那么中国经常账户中的服务贸易需要全部从美国进口，那么中国的经常账户不会顺差而会发生严重的逆差。比较优势的国际分工模型分别从货币金融层面和实体经济层面对全球失衡问题进行了较为全面的阐述。具体而言，从货币金融层面来看，认为货币霸权的兴衰导致了全球失衡，典型代表是美元区的不断强大和卢布区的逐渐衰退，而从实体经济层面来看，国际分工体系的变化导致了全球失衡，如果考虑到长期因素，不断推进的技术创新和不断提高的劳动生产率也能够体现和证明全球失衡与实体经济有关。

但是，本书的目的是要寻找当前影响全球失衡的最重要因素。自 1990 年以来出现的第三次全球失衡，直到目前都没有出现走向均衡状态的趋势，而且在此期间 2008 年还伴随发生了美国金融危机，这些种种现实至少表明了全球失衡已成为一种常态。那么，全球失衡的决定因素是什么？本书核心观点认为：全球失衡的根源在于货币霸权，主要是考虑到在更长时间范围内对该失衡进行考察时，如 1929 年美国大萧条、1970 年布雷顿森林体系崩溃、1997 年亚洲金融危机等，均表明在资源配置过程中金融是最为重要的资源，从这个视角出发，可以看到目前各国的金融发展和金融结构存在巨大差异，本质上归因于货币霸权和金融结构深化。余永定（2010）提出的扭曲因素才是造成全球失衡的关键，一国的外部失衡必须要从内部经济结构的视角来研究。本书赞同一国的外部失衡是表象，而实质却是内部失衡，这种内部失衡主要是由一国的经济结构或者金融结构造成的。而经济结构调整这一概念过于宽泛，相比之下，金融结构调整更加具体，更具有可操作性和实践性。

本书认为在建立模型时，考虑金融发展因素对全球失衡的影响至关重要，现有的研究已有一些使用金融发展因素，而且在建模中也确实说明了金融发展会带来创新型资本活动，显然这种创新型资本活动大多来自于金融市场，并不是来自于银行等金融中介的活动。本书考虑金融业的结构问题时，是因为银行业的集中度、企业储蓄以及经常账户之间存在重要关系，银行业集中度越高的国家储蓄率就越高，从而经常账户的顺差的可能性就越大[①]。除此之外，根据李宏等（2010）论文的启发，深入研究了国际分工的比较优势学说和金融市场因素，可以肯定加入这两个因素的理论模型可以较好地解释全球失衡问题。因此，对全球失衡与金融结构问题进行分析时构建理论模型是非常重要的，本书将在第三章中构建全球失衡与金融结构的理论模型。

第二节　相关实证文献综述

本书主要从金融结构与经常账户、金融结构与一国对外净资产、贸易盈余与实际汇率三个方面进行文献梳理。第一，整理经常账户与金融结构文献时，不仅总结了经常账户的影响因素，还重点梳理了经常账户与金融结构的实证文献。第二，梳理了一国对外净资产与金融结构的实证文献，剖析了研究一国对外净资产的原因，以及一国对外净资产的影响因素。第三，归纳了有关贸易盈余与实际汇率的实证文献，贸易盈余经常和实际汇率联系在一起，且大多文献使用向量自汇率模型。此外本书还分别对以上实证文献的研究现状从经常账户和一国对外净资产角度进行评述。

一、经常账户与金融结构

（一）经常账户的影响因素

在研究经常账户失衡的问题时，Cheung 等（2013）使用 1973—2008 年的 94 个跨国面板数据，把影响全球外部失衡的因素归纳为结构性因素和周期性因素。结构性因素包括人口结构差异、财政赤字、对石油的依赖程度、经济发

[①] 详见谭之博和赵岳（2012）的论文。

展阶段、金融市场发展、政治制度的好坏等因素；周期性因素包括产出的增长、石油价格、汇率等因素，该文对目前影响外部失衡的现有因素做了一个全面性的总结。所以，本书在此分别从财政政策、经济基本面、汇率政策、汇率制度以及非经济因素这五个方面对现有文献进行归纳。

1. 财政政策。大多数学者认为财政政策对经常账户的影响非常重要，Chinn 和 Ito（2007）认为财政导致孪生赤字。Bernanke（2009a）认为随着时间的推移，可持续财政政策能够大幅降低联邦赤字。Blanchard（2007）认为富国赤字的本质是国内的扭曲，而政策才是解决不平衡的源头，例如，中国应该给予公众良好的社会保障，比如退休金和健康保险，而美国应该减少预算赤字，这些做法都有利于降低扭曲程度。Gibson 等（2012）指出希腊在 2001 年加入欧元区之后，急剧扩大的财政支出是导致经常账户赤字的主要原因。Chihi 和 Normandin（2013）以 24 个发展中国家为例，得出结论认为一国预算赤字的增加将会导致该国的外部平衡恶化。目前现有的文献主要考虑了财政政策影响经常账户的传递机制，对财政政策和经常账户之间的关系进行解释。本书对现有有关研究财政政策与经常账户之间关系的文献总结为五类，第一类文献是传统的实证模型，第二、第三、第四类文献中，主要是广泛使用跨期的方法，第五类文献则是针对模型使用的方法和数据。

第一类文献是传统实证模型。早期的实证模型都是静态的，没有跨期传导机制基础，如 Salter（1959）的论文、Mundell（1960）的研究。比较有代表性的模型有两个：蒙代尔—弗莱明模型和斯旺—索尔特模型，其中在蒙代尔—弗莱明模型中，提高国内需求和提高利率的扩张性财政政策会使得流入国内的资本量增加，从而带来实际汇率升值；在斯旺—索尔特模型中，如果政府增加在非贸易品方面的支出，汇率会影响贸易品和非贸易品的相对价格，从而导致实际汇率升值，减少了国内生产贸易品的数量下降，那么生产贸易品的能力也在逐渐减弱，最终恶化贸易平衡。

第二类文献基于跨期模型的实证得出政府支出与经常账户之间是正向关系，如 Baxter（1995）、Frenkel 和 Razin（1996）的论文。在跨时期的机制模型中，扩张型的债务融资使得政府支出增加，按照李嘉图等价定理，将会增加未来的税收，因此只有通过减少消费和增加劳动力来提高当前的收入以抵消未来的税收支出，从而改善经常账户。

第三类文献基于跨期模型的实证得出政府支出与经常账户之间是负向关系。发达国家基于跨期机制模型的实证研究表明，积极的政府支出的冲击会导致私人消费的增加和实际汇率的升值，恶化贸易平衡。例如，Monacelli 和 Perotti（2006）建立了具有不可分离偏好的开放经济模型，政府支出增加的速度减慢，会带来负面财富效应并产生积极的消费效果。特别是当国内商品和进口商品之间替代弹性足够小时，实际汇率贬值和政府支出冲击会恶化贸易平衡。Ravn 等（2007）提供了另一种解释，在居民的习惯机制下，国内经济变好，政府支出的增加，国内利润相对于国外利润有所下降，从而导致实际汇率的贬值。同时，国内利润的下降会增加劳动力的需求，引起国内实际工资的增加。反过来，工资增加导致家庭更愿意增加他们的休闲消费，从而能够抵消源于政府支出增加所产生的负面财富效应，以此促进私人消费的均衡增长。Kumhof和 Laxton（2013）指出财政刺激计划是否有效取决于非李嘉图储蓄行为的有效性。大国的财政赤字如果高到一定程度可能就变成永久性的财政恶化，这不仅会显著提高了世界利率水平，还会恶化该国短期的经常账户。具体的实证研究结果表明财政赤字会在较长时期内恶化经常账户，在美国等大型经济体内，这种影响程度几乎为 75%，即财政赤字如果有 1 万亿，那么经常账户会恶化将近 7500 亿，而对于一个小型开放经济体来说，影响程度几乎是 100%，也就是说财政赤字数额有多少，那么经常账户就会恶化多少。

第四类文献基于跨期模型的实证结果表明政府支出与经常账户之间的关系很弱或者关系不大。具体的文献有，Chinn（2005b）、Kopcke 等（2006）、Oksteil（2006）、Chinn 和 Ito（2007）、Chinn 和 Lee（2009）、Bussière 等（2010）、Gagnon（2011）。

第五类文献，政府支出和经常账户之间的实证模型使用的数据和方法存在很大区别，主要是由于不同的学者使用的计量方法不同造成的。比如 Chinn 和 Prasad（2003）基于面板回归方法的研究检验了财政政策对经常账户的变化的影响，得出结论财政扩张恶化了经常账户。Ravn 等（2007）以 1970—2009 年 42 个微型国家（人口数不足 200 万）为研究对象，采用面板回归模型得出财政预算占国内生产总值的比值每提高 1%，会使经常账户收支相应提高 0.4%。但是使用面板向量自回归（PVAR）却发现在微型国家中却得出财政政策对经常账户几乎没有影响。

总体而言，在微型国家内，相对价格的疲软使得对经常账户进行财政调整变得更加困难。例如，Beetsma 等（2008）分析了政府支出对经常账户的影响，结果表明政府支出的增加会恶化经常账户，然而对于美国这样的大国，政府支出的增加对经常账户的效果是混合的，如 Kim 和 Roubini（2008）也论证了这样的结果。更为详细的文献总结见表 2.1。

表 2.1　　　　　　　　　经常账户与财政预算关系的文献总结

论文作者	样本和方法	结论
Endegnanew 等（2013）	42 个微型国家，1970—2009 年度数据，面板向量自回归	财政预算（CAPB）增加 1% 使得在全样本中经常账户增加 0.35%，但是在子样本小型国家中却可以使经常账户增加 0.4%
Abbas 等（2011）	124 个国家，1985—2007 年度和季度数据，面板回归和面板向量自回归	（1）财政预算（CAPB）增加 GDP 的 1%，会使经常账户增加 0.3%；（2）政府消费增加 GDP 的 1%，会使经常账户恶化 0.3%
Abiad 等（2009）	135 个国家，1975—2004 年度数据。每五年做一次平均，面板回归	预算平衡增加 GDP 的 1%，使经常账户增加 0.3%
Beetsma 等（2008）	14 个欧盟国家，1970—2004 年度数据，面板向量自回归	政府支出增加 GDP 的 1%，使财政平衡恶化 0.5%，2 年后达到下降的高峰，为 0.8%
Chinn 和 Prasad（2003）	89 个国家，1971—1995 年度数据，面板回归。其中，澳大利亚、加拿大、英国和美国使用 1975—2001 季度数据，向量自回归（VAR）	平均而言，财政平衡增加 GDP 的 1%，使经常账户增加 0.25%~0.4%。政府支出增加 GDP 的 1%。具体到国家而言，对英国会恶化贸易平衡 0.5%，在加拿大会恶化 0.17%，在美国和澳大利亚的贸易平衡的影响无意义
Monacelli 和 Perotti（2006）	澳大利亚、加拿大、英国和美国，1975—2006 季度数据，向量自回归	政府支出增加 GDP 的 1%，在澳大利亚、加拿大、英国和美国等不同的国家使贸易平衡恶化 0.4%~0.9%
Ravn 等（2007）	澳大利亚、加拿大、英国和美国，1975—2005 季度数据，面板向量自回归	政府支出增加 GDP 的 1%，大约使贸易平衡恶化 0.03%（相对 GDP 的比例），一年后达到峰值为 0.05%
Bianchi 等（2013）	G7，面板 VAR	周期性的财政赤字会影响财政赤字与经常账户之间的关系

　　2. 经济基本面。在经常账户的众多影响因素中，到底哪一个才是最关键的决定因素？Gehringer（2015）认为主要包括跨期预算约束、增长的可能性（Growth Potential）、经济一体化（Economic Integration）三个方面。依据这种观点，我们认为需要把影响经常账户的经济基本面分为两个方面来看，一个是传统的宏观基本面因素，一个是现代的影响因素，这种因素就是 Gehringer（2015）所提到的增长的可能性因素和经济一体化因素。下面详见介绍三个重要因素的相关实证文献。

第一，传统的宏观经济变量因素和经常账户。如人均 GDP、劳动生产率、技术进步以及生产投资效率等。如 Chinn 和 Prasad（2003）提出经常账户与人均 GDP 存在 U 形关系。茅锐等（2012）使用 OECD 国家面板数据再次证实了该 U 形关系。黄海洲等（2012）指出中国只有提高劳动生产率和投资效率，并且在国内实行结构性改革才能解决中国的中长期外部失衡问题。王君斌和郭新强（2011）提出了技术进步论，在资本账户存在管制的情形下，基于结构向量自回归模型（Structure – VAR）发现技术进步引起人民币升值，进而造成经常账户盈余，而扩张性的货币政策则可以适度平衡经常账户。王昱和成力为（2012）提出生产性投资论，认为经常账户失衡虽然是外部失衡，但其根源还是内部失衡，主要表现为金融市场效率低下引起企业的生产性投资和研发性投资的比例不同，造成企业投资行为也不一样，研发投资更具有持续性。

第二，经济增长的潜力和经常账户。在一国的外部失衡研究中，学术界重点区分了可贸易品和不可贸易品，尤其是加强了不可贸易品在投资中的作用。例如，Gehringer（2015）认为在某些不可贸易品部门进行的投资也能够间接影响可贸易品的生产。因此，生产性服务业（与商业相关的服务业）能够有力地支持制造业部门的发展。同样，基础设施的建设也应该有助于整体经济状况的发展。所以，这些不可贸易品的部门是经济生产潜力或者是出口能力的一部分。论证经济增长的潜力和经常账户的具体文献有：Barro 和 Sala – I – Martin（2003）、Blanchard 和 Giavazzi（2002）从长期经济增长的动态学出发，得出结论一国国内的财政赤字和外部盈余是保证该国经济增长收敛的条件之一。Engel 和 Rogers（2006）建立跨期的经常账户模型，得出正向的经济增长预期有助于平滑跨期消费的数量，更加有助于促进当前的投资，使得经常账户出现赤字。Gourinchas 和 Rey（2007）认为在发展中国家的早期发展阶段，通过资本积累和技术进步可以追赶发达国家。其他发达国家将会成为这些发展中国家的直接投资者，而且，这些发展中国家将会出现经常账户盈余。BBelke 和 Dreger（2013）认为虽然出现财政赤字时需要国家去支付他们的债务，但是只有通过更有效率的工业生产，一个国家才有可能改善未来的出口。

第三，经济一体化和经常账户。推进经济一体化进程也可以影响经常账户，典型的例子就是欧盟一体化进程。（1）对于一体化进程的定义，Gehringer（2013）、Gehringer（2015）、Lane 和 Milesi – Ferretti（2008）都认为一体化进程包括商品、服务和生产要素在内的一体化进程，同时也包括经济政策的一体化进程。（2）对于一体化进程的作用，Blanchard 和 Giavazzi（2002）、Herrmann 和 Winkler（2009）都指出各国的一体化进程提高了内部市场的活力，同时，这也有助于减少资本流动的摩擦，降低利率，从而降低交易成本，并且减少了有关物质上、技术上和融资上的各种障碍。引入共同的货币政策机构和货币，消除了各国之间的汇率风险，从而提高了经常账户的分散度。（3）利率较高的国家加入经济一体化进程尤其有利。Belke 和 Dreger（2013）、Breuss（2002）、Schmitz 和 Von Hagen（2011）认为在一体化进程的国家中，经常账户的失衡往往不再作为宏观经济政策错误配置的信号，而是体现了一国金融开放和经济一体化的推进程度。

综上所述，影响经常账户的因素中的经济基本面因素可以分为三个方面，只要合适的经济政策信号是正确地传递给市场，那么以上经济基本面的三个方面就能对经常账户产生有效的影响。此外，从 Gehringer（2015）提到的欧盟例子中可以看到，影响经常账户基本面的因素都是合理的，也可以用于欧元的推广。

3. 汇率政策。大多数学者从实证方面对实际汇率和经常账户之间的关系进行研究，例如，Mckinnon 和 Schnabl（2009）指出中国政府对汇率进行操纵从而导致了全球失衡。Ge（2013）认为解决美国的赤字问题，不能把中美之间的汇率作为调节手段，更不能把中美之间的失衡归结为"以邻为壑"的情形，而是需要对美国经济进行结构性调整，这需要一个综合的、一致的长期政策。Gnimassoun 和 Mignon（2015）指出之所以实际汇率和经常账户之间的关系被研究，最主要的原因是全球失衡。

第一，集中讨论实际汇率贬值和经常账户失衡的可维持性（sustainable）。大多数研究认为经常账户的调整与经济增长的减速、实际汇率的贬值有关系。例如，Freund（2005）使用发达国家的面板数据，得出经常账户的可维持性方面存在一个面板的门槛效应：当经常账户赤字与 GDP 之比达到 5% 的时候，经常账户会发生逆转（reversals），这就会带来产出增长的显著下降，该国货币实际贬值约 10% ~ 20%。Debelle 和 Galati（2007）也有同样的结论，该文使用发达国家的面板数据，在经常账户的调整时期，发现经常账户的逆转与该国国内经济增长、实际汇率的贬值有非常大的关系。但是，有些学者也得到了相反的或者并不一致的结论。如 Croke 和 Kamin（2005）认为在经常账户调整的某些阶段，虽然会带来经济增长的下滑，但是却不会出现该国货币的剧烈贬值；相反，在经常账户的调整时期，如果出现实际汇率的显著贬值，却不一定能够导致经济增长的下滑。Obstfeld 和 Rogoff（2007）使用一般均衡模型来研究美国的经常账户赤字，发现美国经常账户的逆转将会出现美国实际有效汇率的贬值，并且导致经济增长率可能上升或下降。

第二，集中研究如何计算均衡汇率，并用得出的均衡汇率研究其与经常账户的关系。均衡汇率被定义为可观测的实际汇率和它的均衡值之间的缺口，即实际汇率偏离长期均衡的实际汇率。有关均衡汇率的计算，既有短期的市场论，也有基于长期的购买力平价理论①，有两种最主要的汇率测算方法。（1）基本均衡汇率 FEER（Fundamental Equilibrium Exchange - Rate Approach）。该方法既能考虑内部均衡，也能考虑外部均衡，这是由 Williamson（1983）提出并加以推广。（2）行为均衡汇率 BEER（Behavioral Equilibrium Exchange - Rate Approach），该方法由 Faruqee（1995）提出并加以推广，考虑变量之间长期内的协整关系，并被用来研究实际汇率和其他宏观经济变量（例如，经常账户）之间的长期均衡关系。在以上两种计算均衡汇率的方法选择时，FEER 的方法主要应用在调整贸易失衡、国际货币体系的弹性和可供选择的调整变量上，然而现在大多文献使用面板数据而且引入了先进的计量方法，BEER 的方法逐渐被学术界广泛使用。总之，在研究汇率与经常账户的关系上，更加注重直接使用均衡汇率而非基本均衡汇率则被间接使用。

第三，汇率与经常账户失衡之间的非线性关系研究。传统的观点认为，当名义汇率贬值时，在短期内贸易平衡有可能会恶化，但是从长期来看，贸易平衡还是能够被改善。马歇尔—勒那条件和 J 曲线效应就是其中的著名论证，然而在有关实证检验的文献中，既有支持这个结论，也有否定这个结论文献。（1）贸易平衡和货币贬值之间有着强烈的正向关系。例如，Narayan（2006）基于自回归分布滞后模型得出无论在短期还是长期内，人民币实际贬值都将会改善贸易平衡。Groenewold 和 He（2007）认为由于中美之间的贸易失衡经常受到人民币低估的影响，改进贸易均衡可能是稳健的正向关系。Chiu 等（2010）使用美国及其 97 个贸易伙伴 1973—2006 年的面板数据，得出低估美元将会恶化与其进行贸易的 13 个贸易伙伴国的经常账户，但是可以改善 37 个贸易伙伴国的经常账户，尤其是中国。（2）贸易平衡和货币贬值之间的关系不显著或者存在负向关系。例如，Nadenichek（2000）使用结构向量自回归研究美国与日本的双边贸易赤字，发现汇率对经济周期很重要，但是对贸易平衡却并不重要。Wilson 和 Tat（2001）对汇率的弹性变化、汇率的波动以及汇率的偏离与贸易平衡之间的关系进行研究，得出其效应是不确定的。Chinn

① 有大量的文献研究了均衡汇率的相关概念，与此相关的文献集中体现在 Macdonald（1998）、Egert 等（2006）。

（2005a）使用约翰逊极大似然函数法（Johansen Maximum Likelihood Approach）对美国 1975—2001 年季度数据的进口和出口需求函数的稳定性进行研究，得出汇率的价格弹性不显著，而且美元贬值无法充分调整美国贸易赤字。Cheung 等（2009）认为中国在未来的制造业不景气的趋势下，再加上其他国家经济不断地缓慢增加，会对中国的出口有实质性的影响，研究得出结论认为中国的汇率政策并不能够减少中国的贸易盈余。Wang 等（2012）使用中国和其贸易密切联系的 18 个贸易伙伴国的 2005—2009 年的面板数据，基于面板协整检验和完全修正的面板协整模型（FMOLS，Fully Modified OLS）建立面板误差修正模型，发现人民币实际汇率的升值弱化了人民币汇率的长期贸易平衡效应。但是，其中有 5 个国家的数据显示，人民币实际汇率的升值也强化了人民币汇率的长期贸易平衡效应，其余国家则表现为混合效应。（3）贸易平衡和货币贬值之间存在着非线性关系。一般来说贸易平衡和汇率之间之所以存在非线性关系，主要是由于忽视了某些变量作为门槛变量的可能性。例如，Gavin（1991）认为实证中的汇率和贸易平衡的数据无法满足严格的理论建模要求，最大的可能是遗漏了储蓄者的行为等变量，这会导致汇率和贸易平衡之间表现为某种形式的非线性关系。Endegnanew 等（2013）使用 42 个国家的 1970—2009 年的面板数据，基于面板 VAR 模型得出实际有效汇率对经常账户没有显著影响。Chiu 和 Sun（2016）基于 76 个国家 1975—2010 年的跨国面板数据，使用面板平滑转换回归模型发现储蓄率和经常账户之间的关系受到汇率作为门槛变量的影响[1]。

4. 汇率制度的因素。汇率制度从狭义上理解就是固定汇率制度和浮动汇率制，更为宽泛的定义则是汇率的弹性区间。Friedman（1953）最早详细阐述了具有弹性的名义汇率制度可以促使经常账户均值反转，向均衡进行调整的速度更快[2]，也是首次提出汇率制度和经常账户之间的关系。特别是自 2008 年美国发生金融危机后，公众和政策制定者重点考虑长期范围内全球失衡和汇率制度的弹性。截至目前，有关汇率制度和全球失衡的文献主要从以下三个方面展开。

第一，汇率制度与经常账户之间的关系。代表作是 Chinn 和 Wei（2013）

---

① 由于面板数据更能够解释经济学领域和全球领域的一般现实问题，所以该结论对未来的研究更有启示意义。

② 该假说认为固定汇率制度是非常典型的，显示了经常账户必然导致不平衡性，且经常账户失衡的绝对值还非常大，这表明对这二者之间的关系缺少一种修正。

通过系统的实证检验，发现经常账户和汇率制度之间存在关系，但是该关系缺少稳健性。该领域的学者大多基于汇率分类制度上的灵活性研究汇率制度，这主要是来自于 Levy – Yeyati 和 Sturzenegger（2005）的论文中的汇率制度的分类方法——基于事实（de – facto）的汇率分类制度。Ghosh 等（2010）用国际货币基金组织对汇率所做的分类，得出事实上的汇率分类制度与经常账户是非线性关系。

第二，使用不同的方法进行创新。这类文献主要是基于 Clower 和 Ito（2012），从经常账户的决定因素入手，使用的方法是基于马尔科夫转换机制识别暂时性和持久性，然后基于非线性的 probit 模型求解局部非平稳时期的概率[1]。Herrmann（2009）从欧洲寻找同质性的国家作为样本数据，而不是像以往那样使用哑变量的方法对汇率制度的分类赋予值。

第三，汇率制度面纱论。Ghosh 等（2014）认为汇率制度分类就像覆盖在各国面貌上的一层面纱，使得不同国家的汇率制度具有异质性。只有双边的汇率制度安排和贸易流动，然后估算该汇率的波动性，得出较为灵活的双边汇率制度有助于更快地对汇率的失衡进行调整。

5. 非经济因素。除了政策层面和经济基本面因素以外，国内外学者开始逐渐重视起非经济因素，当前非经济因素主要包括人口因素、性别因素、收入分配因素、劳动力市场因素以及储备货币的选择。Kim 和 Lee（2008）使用面板 VAR 模型验证了人口结构趋向于老龄化会带来储蓄率的下降，进而恶化经常账户。Aizenman 和 Sengupta（2011）认为中国和德国的经常账户盈余可以由人口结构所解释，并且人口结构效应对德国经常账户盈余效应要大于对中国的经常账户盈余效应，虽然目前欧元区是平衡的，但是未来欧元区将会出现经常账户的盈余。朱超和张林杰（2012）考虑经常账户动态机制的情形，使用系统广义矩估计分析得出老年人口的结构效应比少年人口的结构效应更显著。Wei 和 Zhang（2011）认为性别比率上升是解释竞争力储蓄动机之谜的新视角，而且性别因素可以解释中国 1990—2007 年的家庭实际储蓄的 50% 左右，高储蓄导致中国经常账户的失衡。Guiso 等（2006）指出美国对投资者产权保护很好以及资产回报率较高，很多外国投资者到美国来投资，这都造成了美国经常账户的赤字，使得制度因素成为影响经常账户失衡问题的重要因素。Kaufmann 等（2009）把言论自由和责任、政治稳定性、政府管理的有效性、

---

① 另一方面，Mu 和 Ye（2013）使用道德风险模型，使用新兴市场的数据，找到固定汇率制度增加了经常账户调整的久期（duration）。

规制的质量、法律规则、腐败的控制这六个变量作为衡量政府的制度好坏的指标，随后，Henisz（2013）对政治风险进行了定量衡量，Keefer（2013）则对政治机构进行了定量衡量，但是通过实证研究，发现制度因素并未获得一致性的支持。Fotourehchi 和 Panahi（2012）以土耳其为例，发现用 Gini 系数和 Theil 指数衡量的收入分配对经常账户的失衡有着显著负向作用，这是因为收入分配可以改善并提高居民的消费能力，从而对经常账户产生负向影响。Wei和 Ju（2007）使用跨期分析方法，研究了国内劳动力市场结构通过贸易渠道（intra‐temporal trade）来影响经常账户的调整，得出一国的经常账户调整不仅取决于该国的劳动力市场结构因素，还取决于其他国家的情况。Steiner（2014）指出全球多数国家把美元作为储备货币将会使得美国的经常账户赤字上升 1% ~ 2%，而全球的经常账户持续不平衡主要是由于各国把美元作为主要储备货币。

（二）经常账户与金融结构

一般而言，金融因素主要是从三个渠道对经常账户发生作用，这三个渠道分别是消费渠道、储蓄—投资渠道以及比较优势假说渠道。具体如下。

1. 消费渠道。金融因素影响消费，再影响经常账户的传导机制。基于 Obstfeld 和 Rogoff（1995）所开创开放宏观经济学视角，主要有平滑消费的路径（Adedeji（2001）；Nason 和 Rogers（2006））和跨期的方法（Sachs（1981）；Obstfeld 和 Rogoff（1996）；Singh（2007）；Campa 和 Gavilan（2011））。当前的研究更多的是把消费与跨期结合起来，金融影响经常账户的机制如下：金融发展的初始阶段，居民的不确定因素增加，大部分储蓄会被累积起来，从而增加经常账户的盈余，但是当金融发展高过临界值，财富效应开始发挥作用，消费开始增加，从而经常账户赤字进一步扩大。这种研究范式基于传统的国民收入恒等式，研究经常账户与跨期消费之间的关系。例如，Abiad 等（2007）认为新兴市场的消费平滑受到阻碍，关键是因为金融发展的不足，这主要是通过财富效应和风险规避效应来传导，财富效应反映在高效率的金融市场上，居民的财富效应会得到增强，一般认为，居民的消费率会随着财富效应的增加而得到提高；风险规避效应是指居民持有金融资产可以降低预防性储蓄需求，从而降低总体储蓄，带来消费的扩大。韩剑和李林艳（2012）建立基于流动性约束的跨期模型，阐述了金融发展差异、贸易余额及消费能力之间的关系。翟晓英和刘维奇（2012）运用联立方程对中国的金融发展、消费和经常账户失衡实证研究，得出我国的消费率对经常账户存在显著的负向影响，而金融发展对消费率存在显著正影响。

2. 储蓄—投资渠道。从宏观角度储蓄—投资缺口对经常账户失衡问题进行解释，根据国民收入恒等式的定义，经常账户等于储蓄减去投资。

学者们在研究储蓄与投资的关系问题时，更加看重储蓄，目前的全球不平衡主要是由美国低储蓄和亚洲高储蓄所造成的，寻找到底什么原因造成了亚洲当前的高储蓄率，传统观点认为中国经常账户之所以盈余是由于企业的储蓄率过高所导致。谭之博和赵岳（2012）对传统观点进行了补充，在引入银行集中度的情形下，再次证实了企业的储蓄与经常账户余额是正比例关系，尤其是银行集中度高的国家，更是放大了企业储蓄与经常账户比值的系数，从而导致这些国家的经常账户失衡更为严重。但是 Fan 和 Morck（2012）通过中国上市公司的数据无法实证这一结论，得出经常账户的失衡应该基于家庭和政府储蓄的视角的结论。田丰等（2012）则进一步认为家庭和政府的行为中，金融约束的视角才是真正理解全球经常账户的根源所在。

因此，金融因素成为该传导机制解释储蓄率差异的关键因素和重要视角。例如，Chinn 和 Ito（2007）认为国家之间的金融市场差异会带来储蓄率的差异，在发达国家，金融市场越发达，储蓄就越少，但在发展中国家，随着金融发展程度的提高，储蓄率不仅没有下降反而会上升，导致经常账户出现顺差，这是由不发达国家的法律体系不完善以及金融市场不开放所造成的。Mendoza等（2009）在金融市场发展与私人储蓄之间建立多国动态随机一般均衡模型，得出当全球各国金融市场发展到一定程度时，金融全球化必然导致全球失衡。如果一国拥有较高级的金融市场，则该国的债务则是一个逐渐、长期的累积。Pakravan（2011）认为金融全球化和全球不平衡是一个现象，金融创新是解释全球失衡的重要因素，因此，帮助制造业进行恢复则需要利用好金融约束这个条件。Obstfeld（2012）从金融的角度来看，需要特别关注各国的总资产和负债的结构。祝丹涛（2008）指出各个国家金融体系效率的差异是全球不平衡的关键原因，在失衡的表现上，储蓄体现在经常账户不平衡上，投资则体现在该国的对外净资产上。雷达和赵勇（2009）通过引入金融发展的新视角来解释中美经济失衡。田丰等（2012）从储蓄—投资框架来研究居民、企业和政府的储蓄行为，得出金融资产的不完备程度是造成居民储蓄率过高的原因，而从企业视角来看，金融市场则是把国内储蓄转化为本国企业投资的重要场所。

3. 比较优势假说渠道。由于金融市场的差异导致国际分工模式的不同，进而决定制造业的分工模式，最终带来经常账户的失衡。在国际收支恒等式的基础上加入了微观传导机制来探索储蓄、投资和经常账户失衡之间的关系。在目前现有的微观传导机制中，一方面是金融发展影响国际分工模式进而带来经常账户失衡；另一方面则认为金融业与制造业的比较优势是造成经常账户失衡的根源。前者认为金融发展因素是造成经常账户失衡的根源，具体的传导机制为：在考虑贸易成本以及结构调整成本的情形下，用融资成本来衡量的金融发展导致了国际分工[①]的新模式，而这种新模式较为复杂，导致了经常账户的不平衡。例如，杨珍增和陆建明（2011）研究了金融发展差异是如何导致截然不同的国际分工，得出当金融发展超过临界值时，国际分工的模式将会由水平分工转为垂直分工，使得经常账户和贸易出现失衡，即金融发展与某些行业的进出口之间是倒 U 形的非线性关系。后者则认为是金融业与制造业的比较优势导致了经常账户的失衡，例如，徐建炜和姚洋（2010）用金融市场总市值与制造业的年度增加值的比值来衡量比较优势，这种比较优势解释了经常账户的失衡问题，并使用了四个非对称指标进行稳健性检验。茅锐等（2012）认为金融业和制造业的比较优势是经常账户失衡的根源。

二、一国对外净资产与金融结构

正如 Ghironi 等（2008a）所言，关于一国对外净资产的文献主要集中讨论两个问题，一是 NFA 的决定因素是什么，二是如此大规模的国际资产头寸会在短期内和长期内导致什么样的后果[②]。首先，我们分析了一国对外净资产的原因，然后再继续探讨决定一国对外净资产的因素有哪些，一国对外净资产在短期内和长期内造成的影响，我们将在本书的第五章的实证研究中再阐述。

（一）研究一国对外净资产的原因

一国对外净资产与一国的国际投资头寸（International Investment Position, IIP）紧密联系，国际投资头寸记录的是一国外部金融资产和负债或者是某个时点上国际收支平衡表的某个科目。类似于国际收支统计，外部资产和外部负债都被归类到直接投资头寸、证券组合投资头寸以及其他投资头寸。自 1985 年以来中国的外部净资产头寸发生了极大的变化，在 1999 年中国是净债务国，债务总量占 GDP 约为 9%，后来中国逐渐成为净债权国，2007 年的债券总量占 GDP 约为 30%，尤其是 2008 年美国爆发金融危机后，中国的对外净资产头

---

① 国际分工分为五种：（1）内部装配、加工和制造环节；（2）美元的霸权地位；（3）垂直专业化；（4）中国劳动力比较优势；（5）美国资本要素所带来的比较优势。

② 例如，Lane 和 Milesi - Ferretti（2001）、Lane 和 Milesi - Ferretti（2002a）、Lane 和 Milesi - Ferretti（2002b）、Obstfeld（2006）这四篇文献都提供了详细的文献综述以及相关的讨论，感兴趣的可以参考。

寸是世界第二大债权国，仅次于日本的 2.82 万亿美元。德国 2015 年对外净资产为 1.62 万亿美元，中国 2015 年的对外净资产 1.6 万亿美元，排世界第三。截至 2016 年 6 月，中国的国际投资头寸表明，中国对外金融资产 63114 亿美元，对外负债为 46477 亿美元，对外净资产为 16637 亿美元[①]。自 2008 年起中国的对外净资产总量处在日本之后，和德国差不多，从长期角度来看，本书认为研究全球失衡问题，需要考虑一国对外净资产，主要有四点原因：

第一，一国对外净资产是否会小于零，在未来是否会变为负值。按照古典的经济增长理论，对于人均收入和人均资本还很低的国家而言，资本具有高回报率，应该是吸引资本内流；相反，对于低收入国家而言，尤其是追赶型的新兴经济体则应该是净债务国，他们应该从发达国家借入外国的储蓄，但是中国却出现相反的情况。因为与理论相反，针对这一现象，Dollar 和 Kraay（2006）认为中国的资本流动之谜是由于中国国内的各种扭曲（distortion）造成的，从而导致了更大的经常账户盈余和净资本外流。按照这样的趋势，使用动态随机一般均衡模型并校准数据，预测中国将在 2025 年变为净债务国，大约所欠债务约为中国净财富的 17%[②]。但是在国外学者的研究中也出现过相反的结论，例如 Mckibbin（2006）、Peng（2008）强调了人口转变会对宏观经济带来的后果，同样是基于新古典模型的假设，在未来的十年左右，中国仍然有可能经历着经常账户的盈余和维持着相当大的一国对外净资产头寸。因此，学术界不断地关注着中国未来的一国对外净资产是正还是负，这是我们研究一国对外净资产的首要原因。

第二，经常账户赤字不一定是危险的，对于缺乏资本但劳动生产率高的国家而言，这些国家是吸引投资的好地方，这时经常账户赤字可能是有益的。例如，Wei（2006）指出对于大多数发展中国家来说，资本会内流，从而这些国家经历着经常账户的赤字。然而中国却并不是这样的现状，因为在中国的对外净资产构成中，官方储备资产占据着非常大的比例。另外，有些国家的高消费导致的经常账户赤字无法维持，这些经常账户的逆转会对宏观经济活动有着破

---

① 在对外金融资产中，直接投资资产 12515 亿美元，证券投资资产 3065 亿美元，金融衍生工具资产 61 亿美元，其他投资资产 14441 亿美元，储备资产 33032 亿美元，分别占对外金融资产的 20%、5%、0.1%、23% 和 52%。在对外负债中，直接投资负债 29082 亿美元，证券投资负债 7839 亿美元，金融衍生工具负债 119 亿美元，其他投资负债 9437 亿美元，分别占对外负债的 63%、17%、0.3% 和 20%。按 SDR 计值，2016 年 6 月末，我国对外金融资产 45119 亿 SDR，对外负债 33226 亿 SDR，对外净资产 11893 亿 SDR。

② 如果使用非结构性回归模型，预测中国的 NFA 头寸在 2025 年占 GDP 负的 5%~10%。

坏性效果。例如，Craighead 和 Hineline（2013）指出经常账户逆转之后，该国的产出水平出现下降，就业数量也持续减少。

第三，当前一国对外净资产的最优水平很难确定。因为当一国处在对外净资产的非均衡水平时，会根据长期负债的较高水平来调节经济，所以可以维持经常账户赤字，导致一国对外净资产的最优状态不确定。例如，Edwards 和 A. Frankel（2002）指出在转型时期，该调整进程会导致相当大的经常账户赤字。Wei（2006）指出计算资本流出项目时，有相当大的私人资本流出未被记录，虽然已被归为错误与遗漏项，且最近几年的官方数据也显示数值很小，但是这些资本流向的逆转都会影响投机资本、一国对外净资产的重新估算。在中国的对外总负债中，到中国的直接投资占中国对外总负债的很大比例，这些都会影响我们对一国对外净资产最优规模的测算。

第四，资产的估值效应也应该被考虑。估值效应是指一国对外净资产头寸的市场价值会随着汇率和资产价格等因素的变化而变化。例如，Lane 和 Milesi‐Ferretti（2006）认为如果外国资产的资本收益超过了它们的外部负债，则该国经历着持续的经常账户赤字，但同时它的对外净资产头寸也被改善。Gourinchas 和 Rey（2007）认为研究外部失衡问题应该从贸易渠道和估值渠道来研究，而且要注重一国外部平衡的动态调整进程，由于估值渠道等因素更能体现动态调整进程，所以从长期视角来看，一国对外净资产更适合用于研究全球失衡问题。同时，汇率波动和资产价格的剧烈变化使得估值效应逐渐被重视起来，相对应的，这种估值效应使得一国对外净资产也发生了巨大变化，但是该国的经常账户却没有得到相应体现。Devereux 和 Sutherland（2010）对估值效应进行分解，对未预期到和预期到的估值效应分别测算，得出未预期到的估值效应对一国对外净资产影响比预期到的估值效应大得多。Deer 和 Song（2013）认为资产价格和汇率变动引起的估值效应会导致整个国家国际资产负债表中会发生相对持久的净财富变化，所以在衡量外部失衡时，需要使用估值方法估计一国对外净资产，由于估值效应的存在，在长期看来也应该从一国的对外净资产角度来考虑全球失衡问题。

（二）一国对外净资产的决定因素

在研究一国对外净资产的影响因素时，首要考虑的是是否应该把经常账户作为解释变量进入计量方程。部分学者认为一国对外净资产与经常账户之间存在一定联系，因为二者都与资本流动有关，但是也存在一定的区别，Guo 和 Jin（2009）认为一国对外净资产的变化值与资本账户存在很大的联系，而资本账户往往是经常账户的对立面。Jin（2012）认为在全球化的过程中，国际商品贸易和资本流动之间存在紧密联系，但在国际宏观中很少研究二者之间的关系。Bulut（2013）认为经常账户和资本流动之间呈现非线性 U 形关系。经常账户主要是考虑流量，而一国对外净资产则主要考虑存量；经常账户服从平稳过程，而一国对外净资产服从单位根过程；在选择实证方法时，研究一国对外净资产需要使用非平稳的面板数据的实证方法，这就表明一国对外净资产的决定因素不包括经常账户变量。一国对外净资产涉及估值效应等长期因素，这不同于经常账户的中期决定因素，所以需要研究影响一国对外净资产的独特因素。

　　一般而言，一国对外净资产和一国的对外清偿力保持一致，这表明一国对外净资产与一国的宏观经济是紧密相关的，当一个国家的宏观经济基础比较薄弱时，则会要求持有较多的对外净资产来保持在可维持的路径上。例如，Lane 和 Milesi – Ferretti（2002b）以及 Lane 和 Milesi – Ferretti（2007）对一国的外部头寸进行研究，得出一国对外净资产主要是由公共债务、人均 GDP、人口结构变量所决定的，这三大变量能够很好地解释一国持有外部资金的情况。因此，我们把公共债务、人均 GDP、人口结构变量作为影响一国对外净资产的最为重要的三大核心变量，依据对该领域的大多数文献进行总结，梳理出五个最重要的因素[①]。

　　第一，人均 GDP。根据新古典经济增长模型，低收入国家在实施追赶发达国家的时候，具有较高的资本边际产出，资本在本国的高回报率应该能够为外国负债提供便利，吸引外国资本流入，不仅降低了外国资产的可获得性，而且抑制了对本国资本赴海外投资的积极性，出现相对收入较高的情况。因此，我们预期一国对外净资产与增长的差分表现为负相关关系，特别是在经济快速增长的亚洲新兴市场国家中，二者之间的负相关关系尤为明显。Benhima 和 Havrylchyk（2010）认为决定一国对外净资产的根本因素是人均资本、人口结构以及生产力因素，而生产力因素则是由银行信贷与一国 GDP 的比值所决定，并且一国的生产力越高，对外净资产就越低，原因是这些国家对于其他投资者具有很强的吸引力，从国家战略的角度看，不需要持有太多的净外国资产。

　　第二，人口结构[②]。人口结构的转变对一国对外净资产有宏观经济效果。

---

　　① 由于金融因素作为本书最重要的因素，单独对一国对外净资产与金融结构进行实证文献综述。

　　② 人口效应既有微观视角的研究，也有宏观视角的研究。前者是基于家户微观数据去寻找相对小的人口效应，这是从储蓄率出发，建立多部门的一般均衡模型。后者是基于总量数据表明更大的人口因素对一国对外净资产的影响。详细的文献可见 Bosworth 等（2004）、Chamon 和 Prasad（2008）。

例如，Mckibbin（2006）和 Peng（2008）基于新古典经济假设，得出人口结构的转变可以将中国的对外净资产头寸维持在一个可以承受的范围之内，但劳动力的快速增长会暂时性地超过人口依赖（Population Dependent）增长的速度，这会导致更低人口依赖度。Lee 和 Mason（2006）指出，对于许多经济体而言，先富后老的人口窗口期（Demographic Window）持续超过 50 年，但是中国窗口期仅仅只有国外预测的一半左右：中国人口相关率从 1985 年的 55% 下降到 2007 年的 38%，甚至目前更低。Williamson 和 Higgins（2001）根据生命周期假说，认为人口依赖度的下降会提升家庭储蓄率以及鼓励投资增加，最后导致更高的人均收入的增长。根据持久生命周期假说，人口相依度整体上下降表明额外的劳动力供给增加，这样对工资的增长会施加一定的约束，会刺激企业的利润。在过去的 20 年中，虽然中国劳动力市场中的劳动力供给不断上升，但是中国实际工资的增长却十分有限，只有在 2008 年以后工资才出现过迅速增长。同时，较低的人口依赖度也会使得政府在健康医护等方面减少投入，降低了政府消费，从而提高了政府储蓄率。

第三，政府债务存量。一般而言，政府债务趋向于减少国内储蓄，增加外部借款，所以，一般认为政府债务与一国对外净资产头寸成正比例关系。He 和 Cao（2007）指出中国政府的债务水平从 1985 年的 4% 不断提高，直到 2002 年达到顶峰水平，然后呈现出下降的趋势，表明中国政府的债务水平较高，也验证了目前政府储蓄率较高的事实。政府支出类型有两种：消费型与生产型，Erauskin（2013）构建了动态随机一般均衡模型，研究得出政府规模的大小与金融开放度正相关，并在实证上得出结论：认为大多数开放经济体与具有生产力的政府之间存在关系，尤其是政府支出具有生产型（productivity）性质时。在开放经济中的政府最优规模依赖于不同类型的政府支出，取决于政府的储蓄或者政府所拥有资产量的多少。目前大多数文献基于政府支出是消费型的假设，对一国政府规模和一国对外净资产之间的关系进行研究，如 Schmitt－Grohe 和 Uribe（2003）、Ghironi 等（2008b）。

第四，汇率。一国对外净资产与汇率之间的关系通过两个重要渠道进行传导：（1）贸易渠道；（2）估值效应渠道或金融渠道①。例如，Eichengreen（2006）、Chinn 和 Wei（2008）指出人民币低估一方面增加了企业的利润和储蓄，另一方面也通过提升进口资本品的价格深化了国内的投资。因此，人民币的强势升值应该会对经常账户的盈余和一国对外净资产产生负向效应。Chinn

---

① 肖立晟和陈思翀（2013）对估值效应和贸易渠道有一定的研究，详见该文。

和 Wei（2008）发现汇率在经常账户调整中的作用非常有限。Ma 和 Zhou（2009b）使用时间序列的向量自回归模型研究了中国 1985—2008 年的一国对外净资产的决定因素，发现实际汇率与一国对外净资产之间的关系为负但不显著。采用一阶差分的方式之后，实际汇率对一国对外净资产的系数为正，但是仍然不显著。因此，实际汇率与一国对外净资产之间的关系有点类似于替代效应和收入效应，到底呈现何种效应，可能需要替代效应和收入效应的混合结果，当然也有可能存在某种程度的非线性效应。

第五，制度因素。除了宏观经济基本面和人口决定因素以外，有一部分学者认为制度因素是影响一国对外净资产的决定因素。目前学术界对于全球失衡的原因和后果都还没有形成统一的观点，而随着研究的深入，对全球失衡的研究从相对表面的层次转向了更深层次的制度建设问题上。例如，Dollar 和 Kraay（2006）认为中国是资本劳动比（K/L）较低的穷国，从长期来看，中国在 2025 年必定是一个净债务国（约占 GDP 的 17%），同时中国的一国对外净资产将是负值，占 GDP 的 5%～10%，原因还是中国国内的市场机制存在扭曲，所以造成中国未来的资本外流。De Santis 和 Lührmann（2009）将人口结构作为一国对外净资产的决定因素，但是指出不能忽略货币供给因素、制度以及非抛补利率平价在一国对外净资产中的作用，并且制度的好坏和非抛补利率平价与一国金融市场的效率存在很大的关系，当一国利率上升，会导致国内的债务工具进行转移，从而对一国对外净资产造成影响，人口结构和制度因素是决定一国净资本流动的两个最重要因素。Aguiar 和 Amador（2011）认为制度因素在决定净资本的流入方向上起着决定作用，该文基于政治经济学视角，研究了合同之间存在的摩擦会降低经济体收敛到稳态水平的路径，这表明经济增长较快的国家往往经历着净资本流出，合同摩擦论往往与一国的制度联系在一起，共同决定净资本流入的方向。

（三）一国对外净资产与金融结构

对于全球失衡问题的研究，从研究的期限来看，大多数研究基于流量视角分别从短期或者中期进行研究，决定经常账户中期水平的机制主要是通过储蓄或者投资渠道实现。目前大多数文献把经常账户作为研究对象，但忽视了一国的外部头寸不仅由经常账户决定，而且还由该国的对外净资产水平所决定。Gagnon（2012）认为过去十年以来，发展中国家的中央银行和政府以惊人的速度累积了大量的外汇储备和其他官方资产，这导致了最近出现了全球经济实质性的不平衡，所以从中长期来看，全球失衡实质上是由一国对外净资产决定的。

由于在长期中涉及估值效应以及所谓的资本配置之谜①，因此迫切需要研究一国对外净资产决定因素是什么②，以及如何从一国国内的金融市场与国际金融市场的角度对一国对外净资产与金融结构进行研究，有利于解决对于当前中国融入全球化一体化进程中面临的问题，这也是本书特别注重研究一国对外净资产与金融结构的原因。这里将重点通过梳理从国内金融市场和国际金融市场的角度来分析一国对外净资产与金融结构的关系。

1. 国内金融市场扭曲论。随着金融全球化进程不断加快，各国的商品市场会存在趋同的形式，但是各国国内金融市场则存在很大的不同，股票市场可以从微观视角反映一国金融市场的效率。另外，在研究一国对外净资产与金融结构的关系时，如果考虑到国内的金融市场发展是否存在扭曲问题，可以更好地体现金融机构与实体经济密不可分。例如，Dooley 等（2007）基于国内金融市场的抵押品理论进行解释，指出发展中国家对发达国家进行的投资，本质可以理解为发展中国家为了让发达国家接收自己的债权而提供的抵押品。Ma 和 Zhou（2009a）构建了两个国内金融深化指标：资本市场深度（未清偿的债券和股票市场市值的总和）与 GDP 的比值、整体上的金融深度（资本市场和国内信贷市场的总和）与 GDP 的比值。众所周知，中国是世界贸易的重要参与者，但是忽略了中国在全球金融体系中的影响程度逐渐增大。Durdu 等（2009）对发展中国家的高额外汇储备进行研究，认为之所以拥有如此高额外汇储备，主要是基于三大预防性需求：经济周期波动、金融全球化、突然停顿风险（由于通货紧缩机制带来的经济突然停顿的风险），后两种是导致外汇储备高速增长的最重要因素，也是解释一国对外净资产的重要因素。Forbes（2010）使用股票市场的资本化与国内生产总值（GDP）之比作为金融发展水平的差异的衡量指标，该指标可以对外国人每年在美国的投资额超过 2 万亿美元这一特殊现象做出合理的解释。相反，一国国内的金融发展程度越低，则该国投资组合中所持有的美国资产的比重就越高。肖立晟和王博（2011）基于 63 个国家 1970—2007 年的数据，得出结论发现中国对外净资产的持续增长，

①　资本应该由发达国家流向缺乏资本的发展中国家，但是现实却是资本从发展中国家流向发达国家。很多学者认为这本质上是一个储蓄之谜，与国际储备的积累模式有关，化解资本配置之谜需要提高一国的金融全球化程度。

②　一国对外净资产和经常账户之间的关系是模棱两可的，因为国外净资产可能有两个不同的效果。一方面，消极的关系可以在国外净资产和经常账户之间存在，因为高的国外净资产可能认为经济可以负担得起延长财政赤字。另一方面，高的国外净资产能带来更高的净收入流量，导致与经常账户平衡的一个积极的关系。

主要是由于金融发展相对落后导致的。Song 等（2011）和 Sandri（2013）的研究都一直认为，有一部分国家在转轨进程中，国内金融市场存在的某种扭曲导致资本从发展中国家流向发达国家，在这一过程中累积了对外净资产。Gourinchas 和 Jeanne（2013）根据新古典理论认为，经济增长快则表明投资和外资更具吸引力，但资本并不会流向这些发展中国家，主要是因为该国国内金融部门的扭曲会影响储蓄、投资与增长的关系，可以逆转资本流动的方向。

2. 国际金融市场摩擦论。从全球视角来看，资本流动怪圈一直是国际经济学中的重要研究对象，也与一国的对外净资产紧密相关。按照古典经济学的理论，发达国家的资本总是过度充裕，根据资本边际收益递减规律，资本在发达国家的回报率总是不断下降，因此，经济学家提出资本应该从发达国家向发展中国家进行转移。但是，现实情况却是资本从发展中国家流向发达国家。对此，很多学者给出了他们各自的解释并从一国对外净资产的角度理解资本配置之谜。例如，Obstfeld 等（2010）、Jeanne 和 Rancière（2011）认为资本流动的怪圈则是各国中央银行之间的货币战争论所导致。Forbes（2010）、Ju 和 Wei（2010）以及 Benhima（2013）认为资本从发展中国家流动到发达国家，根本原因在于储蓄过多，他们也提出各国居民和政府从资金的安全需求角度出发也导致了这一现象的产生。对美国来说，金融发展和资本控制是导致其他国家在美国投资的重要原因。

三、贸易盈余与实际汇率

（一）实证文献

从 1992 年开始，中国为了能在 1994 年 1 月 1 日加入关贸总协定（现在为世界贸易组织）作出了很多努力，以加快市场化改革进程，包括将汇率制度转变为以市场为基础的单一浮动汇率制度，不断推进人民币可自由兑换进程。然而直到 1996 年，真正的市场机制才算发挥作用，2005 年 7 月 21 日，中国政府再次对外汇市场的汇率进行改革，以全面适应 2001 年加入世界贸易组织的承诺。这次改革把原先的盯住美元制度转向有管理的浮动汇率制度，基于外汇市场供给和需求决定汇率水平，是参考一篮子货币的浮动汇率制度。中国政府可以允许汇率在每日的交易中在上下 0.3% 的区间内自由浮动，这次改革不仅致使人民币对美元升值，也是人民币名义有效汇率和实际有效汇率持久升值的原因。在过去的两年中，人民币的实际有效汇率相对于 2011 年 12 月已经升值了 11.02%，同时期的名义有效汇率也升值了 9.42%，并且随着中国参与全球经济分工的地位和作用越来越重要，中国决定进一步推进人民币汇率制度改革以及提升人民币汇率制度的弹性，这些种种改革措施都说明了人民币汇率改革在未来是一种趋势。

人民币升值对贸易平衡产生影响的文献有很多，但是实证结论都不统一。例如，Stiglitz（2005）认为中国的贸易平衡问题不能解决全球贸易不平衡问题，更不能解决美国的贸易赤字问题，所以要求通过人民币升值的方式消除贸易盈余是没有依据的。Corden（2009）认为汇率和汇率制度并不总是和全球经常账户不平衡问题联系在一起的。Mckinnon（2012）认为在金融全球化背景下，迫使人民币升值来解决贸易盈余过剩的方法既非必要也非充分。Zhang 和 Sato（2012）从中国的人民币汇率、中国对美国的贸易平衡以及中国对世界的贸易平衡来看，很容易发现：人民币名义有效汇率指数和中美之间的贸易平衡以及中国和世界之间贸易平衡之间的关系是多样性的。Kim 等（2012）认为由于美国的贸易失衡是由持久性冲击造成的，因此实际美元的贬值或者人民币的升值都无法修正全球不平衡以及美国的赤字。综合而言，美国谴责中国低估货币币值从而带来贸易不平衡的观点是错误的，因为贸易失衡问题只是一个短期现象，长期内一定会自发达到平衡，所以政府无须干预。Craighead 和 Hineline（2013）认为赤字达到顶峰之后，实际汇率开始贬值，所以，经常账户的逆转必定伴随着实际汇率的贬值。

如果汇率问题不能贸易平衡的话，那么决定贸易平衡的因素究竟是什么？Kano（2008）建立跨期模型说明，贸易失衡与各种暂时性冲击不相关，但会受到持久性冲击的影响。Zhang（2009）把实际冲击分解为可贸易品的生产力冲击和不可贸易品的生产力冲击，得出货币冲击对贸易条件和实际汇率的解释力较为明显，但是货币冲击对经常账户的波动并不明显的结论。Bussiere 等（2010）认为决定贸易平衡的因素主要来自于生产力冲击和政府的预算赤字，由于该文建立跨期模型是基于非李嘉图家户的行为，所以生产力冲击作用于投资上的系数往往大于生产力冲击作用于贸易平衡的系数。Huang（2010）使用了 9 个工业国家的数据，不仅研究了基准模型——贸易条件效应对经常账户的影响，还重点研究引入产出后，一国贸易平衡的行为。Kim 等（2012）认为研究实际汇率与贸易平衡时需要重点考虑生产力行为，该文把生产力主要分解为持久性生产力和暂时性生产力冲击，结论为在发达国家的贸易逆差是由持久性生产力冲击造成的，实际汇率贬值无法修正这种赤字，这是由于发达国家对本国商品存在偏好以及汇率传递率太小。因此，在发达国家可能出现货币升值与贸易平衡的改善并存，而在发展中国家，实际汇率的贬值却可以修正贸易逆差，可能的原因是发展中国家的投资上升导致储蓄下降，而且汇率传递机制较大。Hoffmann（2013）认为非贸易品的现值模型可以解释贸易平衡的70%以上的波动性，这不仅包括2001年以来的持续经常账户的持续性盈余，也包括2008年以来的经常账户的下降，非贸易品体现了中国金融结构的发展，非贸易品对经常账户发生作用机制主要是通过外部渠道的调整，一方面是基于非贸易品（住房和医疗）价格的上升，另一方面则体现在净产出的下降。

（二）计量方法

在现有的研究中，大多数学者认为汇率与贸易平衡的关系是不确定的，汇率问题只能解释贸易平衡的很小一部分，主要是因为所使用的数据和方法不同。例如，Mann和Plück（2005）使用动态面板的计量方法，对贸易流进行方差分解，得出关于美国对中国商品的出口的价格弹性在统计上是不显著的。Thorbecke（2006）使用乔汉森最大似然函数法和动态最小二乘法，得出中国和美国的进出口的长期实际汇率的系数大致等于1，结合马歇尔—勒纳条件可知，这样的长期弹性使得汇率与贸易之间从长期来看没有任何意义。Cheung等（2007）使用动态最小二乘法得出人民币的升值会影响美国对中国的出口，但是却无法影响中国对美国的商品出口。Marquez和Schindler（2007）使用自回归分布滞后模型研究了中国和全球贸易平衡的问题，得出人民币升值10%。将会减少中国占比全世界出口总额的0.5%，同时也会减少中国进口占比全球进口量的0.1%。

Chinn和Lee（2009）使用半结构主义的方法，对美国的赤字以及日本、欧洲的盈余进行分析，测算出每个国家在多大程度上需要进行汇率调整。Zhang和Sato（2012）通过三变量的结构向量自回归模型，得出汇率波动只能解释中美贸易平衡的30%，但是在2005年7月的汇率改革后，中国的汇率波动竟然只能解释4.74%。即使是从世界贸易的角度来看，1987—1993年，人民币汇率波动对贸易平衡的影响只在20%左右，在样本区间1994—2009年中，人民币汇率的波动最多只能解释16.21%的贸易平衡，这足以说明人民币汇率在这些年份表现出多样化的特征。现有研究表明由于作者搜集的数据、计量方法的不同会影响汇率与贸易平衡的关系，得到不同的结论，因此选择可靠的估计方法，并且尽最大可能地包括所有影响因素，才可以在实践上给改革提供政策建议。

为了准确地研究汇率与贸易盈余的关系，需要考虑到其他变量的冲击会影响汇率与贸易盈余。一般而言，供给冲击和需求冲击显然是必须要考虑的，但是很多研究忽略了供给冲击或需求冲击。例如，Zhang和Sato（2012）只考虑供给冲击，并且使用实际产出作为供给冲击的代理变量，主要来自于生产力的冲击，研究经常账户的波动受到实际层面因素的影响。有些研究只考虑需求冲击是基于货币角度来分析的。例如，新凯恩斯主义者（New Open Economy Macroeconomic，NOEM）构建了动态一般均衡随机的理论框架，认为经常账户波动的来源是基于货币冲击，只受到名义冲击的影响。Zhang（2009）研究了经常账户、贸易条件以及实际汇率三个变量受到货币冲击和实际冲击后，得出货币冲击对贸易条件和实际汇率的解释力很明显。但是货币冲击对经常账户的波动的影响并不明显。除了贸易平衡与汇率这两个变量以外，还需要考虑到通胀率的影响，这是因为大多数研究认为汇率之所以对贸易平衡的影响不大，是因为汇率的传递机制出现了问题，即汇率的传递率往往小于1。汇率对价格的传递对外表现为进口价格，对内则表现为一国的通胀率，由于已经考虑了贸易盈余，所以汇率传递机制中就不再考虑汇率对进口品价格的影响，而使用汇率对国内商品的通胀率来间接替代。

四、文献评述

（一）经常账户与金融结构的评析

本书认为第一种传导机制消费渠道基于跨时均衡理论建立模型，虽然有很好的微观基础，但这只能得出贸易盈余与跨期消费之间的关系。翟晓英和刘维奇（2012）把金融因素加入到影响消费的计量方程中，但缺点是一旦联立方程中的某个方程设立偏误，就会把误差传导给其他方程，而且从理论上看，确定存在金融发展影响消费因素，但在实证中应该采用微观数据而非加总的宏观消费数据。更为重要的是，跨期消费均衡理论在实证中难以检测，无法将金融因素直接纳入模型。例如，韩剑和李林艳（2012）虽然建立动态随机一般均衡模型，却使用静态面板固定效应进行实证，并未考虑模型中的异方差、序列相关以及截面自相关问题。而且，消费平滑和跨期模型在实证上拟合得并不好。Singh（2007）也认为跨期模型缺少实证支持，数据基本上是依赖于模拟数据的生成。

第二种传导机制储蓄—投资渠道，虽从宏观角度考虑金融因素是造成经常账户失衡的原因，但却没有从微观上建立具体的影响机制进行分析。最大的不足是没有考虑到金融因素与实体经济之间具有很强的联系。中国金融发展水平的提高既可以促进国内储蓄—投资的转化效率，从而缓解外部失衡；也可以为我国庞大的制造业部门的融资提供便利性，有助于进一步提升中国制造业的比较优势。例如，Gruber 和 Kamin（2009）认为单独从金融发展的角度看，几乎不能找到金融发展能够解释经常账户的证据，但实证研究表明金融市场的发展与经常账户的赤字存在显著性联系的负向相关，金融变量只有与法制、金融市场开放度等制度变量交互之后才会有显著作用。而且，在工业国家该交互项系数的显著性比较好，但在发展中国家较差。

第三种传导机制是金融业与制造业的比较优势渠道，用金融市场和劳动力市场的相对值，来考虑要素市场的相对结构。例如，Beck（2002）建立理论模型表明了金融中介在便利大规模交易、高回报率的项目以及具有良好金融部门的经济体在制造业方面具有比较优势。在实证中，金融发展与制造业的贸易呈正比关系[①]。Ju 和 Wei（2005）在外部融资理论中提出木桶理论，如果外部融资约束是紧的，则金融发展将会使增加的工业产出更依赖于外部融资，减少了其他产业的产出水平。如果金融发展和要素禀赋（如劳动力）联合决定了比较优势，金融契约联合决定了比较劣势，金融契约模型认为企业依赖外部融资是内生的，而其需求是由金融发展来约束。HOS 模型揭示了在解释贸易和生产模式时，金融发展和要素禀赋是一个重要体现。Ju 和 Wei（2011）认为主流贸易理论往往忽视了作为比较优势源泉中金融的作用。金融方面的文献把金融制度、金融机构作为经济增长的驱动力。该文建立一般均衡模型论证对于具有高质量制度的经济体[②]而言，金融因素则是消极的；而对于具有低质量的经济体而言，金融系统的质量则是比较优势的一个独立来源。Voghouei 等（2011）认为金融发展的决定因素包括机构、贸易开放度、金融市场、法律传统和政治经济等变量，而政治经济因素对金融发展的影响则是通过其他因素发挥作用。Schmidt – Eisenlohr（2013）建立一般均衡模型证明了贸易降低了融资成本，金融和贸易之间有着密切关系。实证中基于引力模型，得出二者是密切相关的，且进口商的融资对于贸易的作用和出口商的情形一样重要。Vanhoose（2013）把银行业的服务（贷款服务是劳动密集型，储蓄服务是资本密集型）与产业内国际贸易建立理论模型，论证了金融结构与经常账户之间存在内生性问题。

本书非常赞成国内学者余永定（2010）的观点，他认为比较优势理论有局限性，不可以用来证明中国经常账户顺差的必然性和合理性。设想一种完全分工的极端情形，以中美为例，美国完全从事金融业，中国完全从事制造业，

---

① 一般而言，金融发展与经常账户是呈反比例关系，说明构成经常账户的其他部分（如服务贸易等）与金融发展可能是呈反比例关系，使得本书需要重新认识金融发展与经常账户的关系。

② 例如：金融部门的竞争力、公司治理的质量、知识产权的保护程度等都是一个经济体的质量的表现。

中国国内的储蓄——投资的转化完全由美国的金融机构来提供。此时，美国对中国的服务贸易①顺差将会增加，中国对美国的经常账户顺差将会减少而不是目前的持续增加。因此国际分工说只能说明现有的分工模式，所以金融因素通过影响国际分工进而影响经常账户的失衡。路风和余永定（2012）进一步指出中国的双顺差除了之前研究的各种宏观政策以外，其悖论的微观基础需要研究，研究该问题对于转变经济方式非常重要，能力成长是转变我国经济发展的关键变量，除了自主创新以外，金融市场和金融结构的改善对于正在转变的国企、实现了技术攀升的民企、高新技术行业的新企业都有重大意义。

（二）一国对外净资产与金融结构的评析

从一国对外净资产与金融结构的文献来看，更多的学者在解释资本流动的时候是从侧面进行解释的；各国中央银行之间的货币战争更多是基于主观情绪得到的解释，并非客观事实，货币政策不能解释各国之间的资本流动，也无法解释一国对外净资产的持续累积；储蓄理论则是宏观的理论，显得不够深入。

最新的理论表明，资本流动本质上反映了一国对外净资产的累积，而对资本流动怪圈的解释也有助于阐述一国对外净资产与金融结构的关系。本书认为国际金融市场一体化进程中存在的摩擦是论述二者的重要视角。例如，Mendoza 等（2009）认为由于不同国家的金融发展程度不同以及金融全球化进程的不同，资本从穷国流向富国，这也是从各国的对外净资产角度来研究全球失衡，而对于金融发展的研究，则更加侧重于金融市场的融资能力而非之前的金融发展指标，同时，通过对流动性指标、商业银行的相对重要性指标以及私人信贷指标等金融市场的融资能力来研究金融发展。De Santis 和 Lührmann（2009）则认为资本流动的怪圈本质上是净国际投资头寸流动的结果，所以一国对外净资产的决定是由资本的内流角度决定的，具体是由人口结果、制度的好坏、货币以及非抛补利率平价四大重要因素决定。

Antras 和 Caballero（2009）认为当全球金融发展存在差异时，在金融发展水平较低的南方国家，资本流动和商品流动存在互补性，所以，南方国家的出口会促进资本的流入。Benhima（2013）认为金融全球化可以减少资本的错误

①　2012 年，世界贸易总额为 453426 亿美元，其中服务贸易额为 84526 亿美元，占比 18.6%。虽然服务贸易占比还不到 20%，但服务贸易额占世界贸易总额的比例在逐年增长，且全球贸易增长的近50% 来自于服务贸易。所以，服务贸易对经常账户的影响不可估量，2012 年我国服务贸易进出口总额比上年增加 12%，达到 4715 亿美元。服务贸易占对外贸易总额的比重达到 10.9%，而发达国家的服务贸易几乎占到这些国家的经常账户的 50% 以上。比较优势的观点没有考虑到服务业贸易，而服务贸易却占据越来越大的比重。

配置①，导致新兴市场国家的资本外流，原因在于全球失衡是由于过多储蓄造成的，而金融摩擦、各国央行之间的货币战争以及对本国的安全需求造成了储蓄过多。因此，发展中国家出于安全的考虑需要持有的对外净资产起到了缓冲器作用。Bayoumi 和 Saborowski（2014）认为一国的对外净资产与该国的储备多少存在些关系，这又受到国际金融市场中摩擦的约束，如该国的汇率的低估程度以及资本控制的程度等。

还有学者认为这种国际金融市场的摩擦导致各国之间缺乏信任，而消除摩擦本质上就要求建立互相信任机制。一般而言，发达国家和发展中国家的对外净资产往往会包含信任这样无法衡量的东西，并且发达国家之间的相互信任更强烈一些，而在发展中国家就会更弱些。例如，Herrmann 和 Winkler（2009）认为各国之间缺少信任，而累积外汇储备则是与其他国家建立良好信任的好办法。正如 Aizenman（2008）提出国际储备有三大积极作用：提供自我保险、对实际汇率的贸易条件效应所遇到的冲击起到缓冲作用、促进出口。

综上所述，国内外文献均表明考虑一国净外国资产头寸的决定因素时，必须要考虑到金融发展因素，但是由于金融发展因素过于宏观，往往无法体现金融市场的效率，因此本书认为金融结构不仅可以体现金融市场的效率，而且还可以体现其相对效率，也就是说从金融结构角度来研究一国对外净资产具有重要的理论意义和实践价值。

① 以中国为例，持续性的经常账户盈余和全要素增长率较高的情形下，考虑信贷约束，则有助于短期项目获取资金，形成了短期项目的过度投资，而长期项目投资不足，这就是所谓的资本误配。

第三章

全球失衡与金融结构的关系研究

第一节　全球失衡的表现形式及特点

　　自 1970 年以来，全球失衡成为世界关注的焦点，至今有三次大规模的失衡，分别是 1970 年、1985 年和 1990 年以来的失衡。第一次失衡以德国的顺差和美国的赤字为代表，第二次失衡以日本的贸易盈余和美国的赤字为代表，前两次失衡很快就恢复到均衡状态，不存在长期偏离。第三次全球失衡则以中国持续的经常账户盈余和美国的赤字为代表，第三轮全球失衡不仅持续时间长，而且在此期间 2008 年还爆发了美国金融危机，同时全球经常账户发生不平衡。与此同时，第三次全球失衡还伴随着这样一种现象：发展中国家的资本大量流入发达国家，导致某些发达国家（如美国）的资本与金融账户（以下简称资本账户）、经常账户双赤字，而另外一些国家（如中国）则出现两个账户的双顺差，这是本次全球失衡出现的新特点，本书将在下文详细梳理出全球失衡的表现形式与特点。

一、全球失衡的表现形式

　　从狭义上来看，全球失衡是指经常账户的失衡，而从广义上来看，需要考虑到长期的估值效应，应把全球失衡定义为一国对外净资产的失衡。前者体现了全球贸易的失衡，后者体现了全球资本流动的失衡情况。第三次失衡从狭义上来看，以中国的经常账户盈余和美国的经常账户赤字为代表；而从广义上来看，则意味着资本流动的怪圈是成立的，即资本从发展中国家（中国）流向发达国家（美国）。本书分析全球失衡表现形式时，以中国为重点分析对象并

概括说明全球情况，而在进行实证研究时需要分析全球面板数据以求得到
"真正"的结论。

（一）经常账户失衡

自 1978 年改革开放以来，中国由原来贫穷、封闭的一个国家转变为全球
重要的贸易国和制造业中心，在经济发展方面取得巨大成就，这种迅速发展的
经济模式引起全世界的关注，学者们也开始对此现象进行研究与思考。与此同
时，改革开放之后持续 30 多年的经济高速增长也伴随着贸易盈余现象，而且
贸易盈余程度较高（从图 3.1 和图 3.2 中可以明显看出），这引起中国和主要
贸易伙伴国之间的贸易分歧。如以美国为代表的发达国家认为它们之所以出现
赤字，中国应该承担主要责任，根据美国商务部人口调查局（Census Bureau）
的结果，2008 年美国的贸易赤字中的 33% 由中国造成，2009 年为 45%，2010
年为 36%，自 2001 年开始中国成为美国贸易赤字的最大贡献国家。

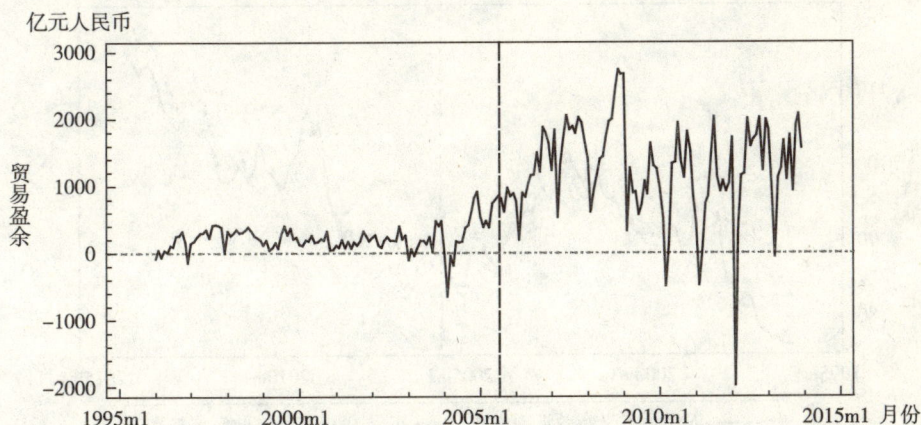

图 3.1　中国贸易盈余月度值（1996—2013 年）

从图 3.1 中可以看出，中国的贸易盈余月度值几乎全在零值以上，说明中
国在大多数年份都是顺差，然而在 2005 年 7 月人民币汇率改革机制形成后，
这种顺差依然一直在持续。从图 3.2 中可以看出，每年的贸易盈余都会形成一
个驼峰，每年的 1 月到 12 月，总是呈现先上升后下降的趋势，但是几乎全在
零值以上，图 3.2 更是反映出中国的贸易失衡确实很严重，并且表现出连年持
续顺差，如何改善这种持续的顺差是一个迫切需要关注的问题。2005 年 7 月
进行汇率机制改革以后，并没有从根本上解决贸易盈余持续顺差的现象，这也
是学者们关注的一个焦点问题。

从图 3.3 中可以看出，无论是以名义有效汇率指数来看，还是以实际有效

亿元人民币

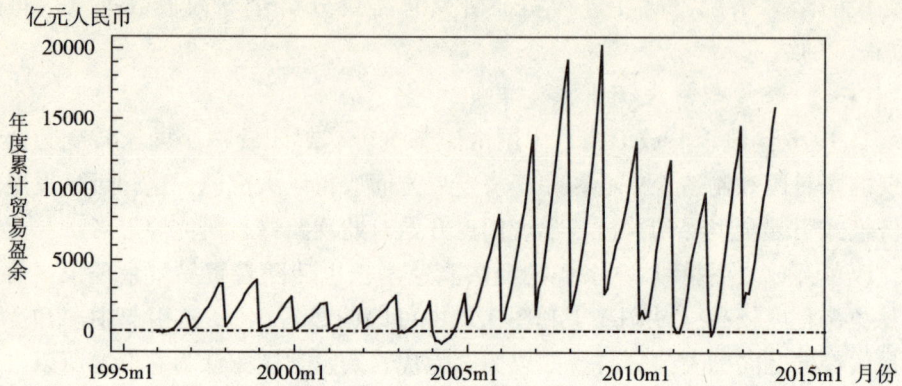

数据来源：中经网统计数据库（http：//202.106.125.32：91）、国家统计局统计数据（ht-tp：//www.stats.gov.cn/tjsj/）。

图3.2　中国贸易盈余年度累计值（1996—2013年）

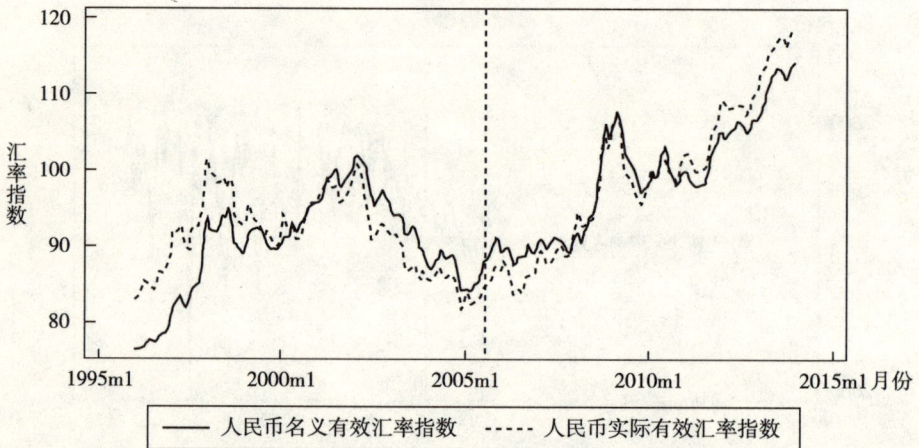

人民币名义有效汇率指数 ---- 人民币实际有效汇率指数

图3.3　中国的人民币有效汇率指数月度值（1996—2013年）

汇率指数来看，人民币汇率指数在2005年7月前呈现先上升（人民币升值）后下降（人民币贬值）的驼峰状。在人民币汇率机制形成后，其名义有效指数和实际有效指数均表现为开放型的逐渐上升，可能是由于人民币受到外界的环境压力表现出升值，也可能反映出在市场机制下，随着浮动区间进一步放开，人民币有效汇率指数升值将是未来的趋势。

按照古典经济学的理论，浮动汇率制度下或者浮动区间进一步放开的情形下，本国货币升值将会导致逆差，应该可以解决该国贸易顺差问题，但是从图3.1和图3.2的情况来看，却有人民币升值和贸易顺差并存这一矛盾现象。

　　除中国之外，还有日本、OPEC（石油输出国组织）以及其他经济高速增长的新兴市场国家也有大量经常账户盈余，与此形成鲜明对比的是，美国有极为显著的经常账户赤字，美国的经常账户逆差从 1998 年的 2151 亿美元上升到 2005 年的 9000 亿美元，2008 年为 7061 亿美元（占 GDP 的 5%）。2013 年美国经常账户赤字仍然占 GDP 的 3.1% 左右，而在欧洲地区中，有部分国家盈余有部分国家赤字。由于中国在 2008 年底经常账户顺差达到 4261 亿美元，其中对美国的顺差为 1709 亿美元，已经超过日本成为美国最大的经常账户逆差来源国，所以美国和西欧等发达国家一致认为本轮全球失衡（第三次失衡）的两个极端国代表就是中国和美国。

　　（二）一国对外净资产的失衡

　　对于全球失衡问题的研究，大多数研究是基于流量的角度，如果以研究期限来分类，主要是短期分析或者中期分析，依据 Chinn 和 Prasad（2003）的观点，储蓄或者投资渠道可以决定经常账户的中期水平。但是，Benhima 和 Havrylchyk（2010）指出在以往有关研究全球失衡问题的文献中，大多基于流量视角把经常账户作为研究对象。本书认为一国的外部头寸不仅由经常账户决定，而且还受到该国的对外净资产水平影响，而在以往的文献研究中都忽略了这个问题。

　　对于全球失衡问题的研究，除了考虑经常账户角度，还可以从资本账户的不平衡视角进行考查。Gagnon（2012）认为过去十年以来，发展中国家的中央银行和政府累积了大量的外汇储备和其他官方资产，而且每年增加的速度十分惊人，持续增加的官方储备资产导致了最近的全球实质性的不平衡，同时由于估计效应以及所谓的资本配置之谜①，因此客观上需要我们深入研究影响一国对外净资产（Net Foreign Assets，NFA）的因素究竟有哪些，这其中起到决定性作用的因素又是什么，以及如何从一国对外净资产的角度去理解资本配置之谜，还有更重要的问题就是中国持有的高额外汇储备，在未来究竟有什么发展趋势？显然，当前在中国融入全球化进程中，提出并解决这些问题是十分重要的，然而回答这些问题时究竟采用什么样的方法是一个难点，正如李子奈等（2011）所提到的，目前的实证研究只有使用正确的估计方法，才能得出正确的结论。本书基于该项研究使用正确的方法，以期提供准确的实证分析结果和

---

　　① 资本应该由发达国家流向缺乏资本的发展中国家，但是现实却是资本从发展中国家流向发达国家。很多学者认为这本质上是一个储蓄之谜，与国际储备的积累模式有关，化解资本配置之谜需要提高一国的金融全球化程度。

恰当的政策建议，希望可以有利于中国经济未来的发展。

中国对外净资产主要是以国际投资头寸（IIP）的形式体现的，资产包括四个方面：中国对外直接投资、证券投资、其他投资以及储备资产，而负债包括外国来华直接投资、证券投资以及其他投资。从 1999 年开始，中国的净外国资产头寸不断增加，中国在 1999 年时还是净债务国，净外国资产头寸占GDP 的 9%，但是到 2013 年已发展为净债权国，净外国资产头寸占同年 GDP的 22%，其中在 2008 年，中国作为净债权国，其净外国资产头寸占 GDP 已经高达 30% 左右。因此从 2010 年开始，中国已经高度注意到净外国资产头寸已如此庞大到严重偏离了均衡水平，经过最近几年的努力，中国的净债权占 GDP的比重已经缓慢下降，数据表明截至 2013 年 9 月底，中国的对外资产为 56510亿美元，其中债券占同年 GDP 的 68%，而负债总额为 38459 亿美元，净资产为 18052 亿美元约占同年 GDP 的 22%，与 2012 年的净资产 17364 亿美元和2011 年底的净资产 16884 亿美元相比，分别高出 688 亿美元和 1168 亿美元，即使除却部分数据修正的影响，也可以看出中国的对外净资产明显呈现上升趋势，自 2008 年至今，中国一直是世界上第二大债权国①。

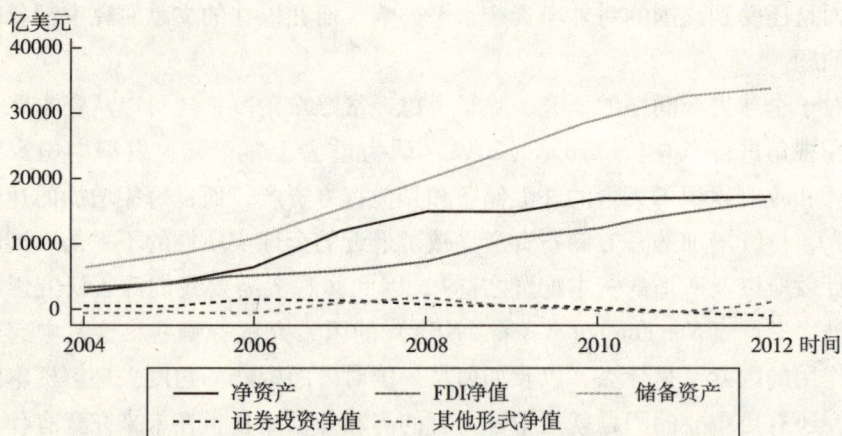

数据来源：国家外汇管理局统计数据库，http://www.safe.gov.cn/。

图 3.4　中国对外净资产以及构成（2004—2012 年）

---

　　①　根据 2013 年的统计，世界上第一大债权国是日本，世界上第三大债权国为德国，这里的债券是一国的净资产头寸的绝对值。另外，在计算一国的国际投资头寸（IIP）时，主要有三种方法：历史成本、当前成本以及市场价值。官方在统计中国的 IIP 时，主要根据历史成本方法计算。

从图 3.4 中可以直观看出①，2004 年以来中国的对外净资产一直呈现上涨的趋势，而且储备资产是中国对外净资产的主要形式，但是证券投资净值和其他形式的净值，如贸易信贷、贷款、货币和存款占中国对外净资产的比重就很小，特别值得注意的是，其他形式的净值在 2004 年、2005 年、2006 年这三年内出现了负值，在 2010 年、2011 年也出现了负值，证券投资的净值在 2011 年为 -441 亿美元，2012 年为 -958 亿美元，这些数据说明中国金融市场较落后，证券投资还有待进一步发展，还有个可能的原因是与融入全球金融全球化的进程有关，资本更容易流出到境外金融市场寻找较高回报。综合而言，外汇储备持续上升带来一国对外净资产也呈现出上升趋势，显然是不正常的。

从全球视角来看，资本流动的怪圈一直是国际经济学中的重要研究问题，这种现象也与一国的对外净资产相关。按照古典经济学理论，发达国家的资本总是存在过度充裕的情况，因此，按照资本边际收益递减规律，资本在发达国家的回报率应是不断下降，那么资本应该从发达国家向发展中国家进行转移。然而现实情况却是资本从发展中国家流向发达国家。针对这一现象，很多学者给出了解释，其中大多学者从一国对外净资产的角度对资本配置之谜进行了解释。Mendoza 等（2009）认为资本从穷国流向富国，这是由于不同国家的金融发展程度不同以及金融全球化进程阶段不同造成的，他基于各国的对外净资产来研究全球失衡情况，而对于金融发展的研究，则更加侧重于金融市场的融资能力而非之前的金融发展指标（如流动性指标、商业银行的相对重要性指标以及私人信贷指标等）。Antras 和 Caballero（2009）认为南方国家的资本流动和商品流动具有互补性而非替代性，如果发达国家进行贸易保护主义，将会减少南方国家的出口，会阻碍南方国家的资本流入，从而进一步加剧了发展中国家的资本账户逆差。本书认为按照这个观点，发达国家采取贸易保护主义无法解决目前的全球失衡问题，反而会加剧目前的全球失衡。De Santis 和 Lührmann（2009）认为资本流动怪圈的本质反映了净国际投资头寸的流动，即从资本内流的角度决定一国对外净资产，他们提出人口结构、制度的优劣、货币以及非抛补利率平价四大重要因素。Benhima 和 Havrylchyk（2010）认为决定一国对外净资产的根本因素在于人均资本、人口结构以及生产力因素，而

---

①　由于从 2013 年 5 月开始，国家外汇管理局的外债数据通过资本项目的系统进行扩宽的收集数据，具体体现在两个方面：第一，将卖出回购等项目纳入保送范围；第二，要求部分银行补报 90 天之内的远期信用证和海外代付余额数据，这样的调整使得 2013 年以来的人民币外债余额增长较快，进一步使得我国的对外负债存量有较大的增长，为了保持分析结果的可靠性，本书暂不包括 2013 年的中国对外净资产数据。

生产力因素则是由银行信贷与一国 GDP 的比值所决定，并且他认为一国的生产力因素越强，那么一国对外净资产就越低，可能是因为生产力强的国家对于他国投资者更具有吸引力，因此从国家宏观战略视角看，不需要持有太多的净外国资产。肖立晟和王博（2011）基于 1970—2007 年包括 63 个国家在内的数据，分析得出中国对外净资产具有持续增长趋势，根本原因在于国内金融发展相对落后。Gourinchas 和 Jeanne（2013）根据新古典理论，认为经济增长较快会对投资和外资产生更大的吸引力，但资本并不会流向这些发展中国家，主要是因为该国国内金融部门的摩擦会影响储蓄、投资与增长的关系，导致资本流动方向逆转。Song 等（2011）和 Sandri（2013）都支持金融摩擦论，认为部分国家在转轨进程会出现资本从发展中国家流向发达国家的现象。Obstfeld 等（2010）以及 Jeanne 和 Rancière（2011）认为资本流动怪圈是由于各国中央银行之间的货币战争导致的。Forbes（2010）、Ju 和 Wei（2010）以及 Benhima（2013）认为资本从发展中国家流向到发达国家，根本原因在于储蓄过多，然而考虑到资金的安全性、国内金融发展程度较低以及存在严格的资本外流控制等多方面的因素，各国居民和政府考虑会选择到美国境内金融市场进行投资。Bayoumi 和 Saborowski（2014）认为一国的对外净资产与该国的储备量有很大的关系，这又与该国的汇率低估程度以及资本控制的程度有关。

除中国之外，东亚地区以及石油产出国也集中表现出全球资本流动带来的一国对外净资产累积的现象。这些国家出口自然资源获得的外汇美元并没有用于投资，而是购买美国的资产以美元的形式进行储蓄，主要原因依然是国内的金融市场并不发达，无法将储蓄有效转化为投资，只能选择投资到国外，结果导致这些国家在经济方面并没有获得极大的发展。总之，现实中表现为资本从新兴市场国家流向发达国家，形成了大量的美元资产，这种现象被称为资本流动怪圈。

综上所述，一方面，中国作为经常账户的盈余国同时又是美国最大的债权国，石油输出国组织、日本以及其他新兴市场国家和中国具有同样的属性，但这些国家的表现程度比中国稍弱一些；另一方面，美国则成为经常账户的逆差国同时也是净债务国，这就是第三轮全球失衡的主要表现形式。

二、全球失衡的特点

第一，全球失衡持续存在。从历史上来看，第一次发生在金本位时期的失衡以及第二次发生在一战之后的失衡都经过短短几年很快调整到均衡状态，但是自 1990 年以来发生的第三次全球失衡不仅没有得到调整，还持续多年呈现继续趋势。因此，本轮全球失衡中有些国家表现为持续顺差，而另外一些国家则表现为持续逆差。

第二，全球失衡伴随着金融市场的失衡。2008年以来金融危机的特点是美国已经具备了再平衡的基本条件，但是欧洲的再平衡则需要至少十年以上，也有学者认为有可能成为下一个日本，部分新兴市场国家则会在不久的将来面临严重的资金短缺甚至可能存在金融危机，特别是中国面临改革红利减退的挑战，使得其再平衡非常困难。

第三，全球失衡伴随着国际货币体系的不合理。自布雷顿森林体系崩溃以来，有很多人认为美元具有世界霸权地位，由此带来美元的超额发行，使得全球各国对美元的需求激增，导致了美国的经常账户赤字。由此引发了有关国际货币体系中美元霸权地位的讨论，认为本次全球失衡实际上是由美元作为世界货币而引起的，反映了国际货币体系的不合理。

总之，本次全球失衡具有三大特点，持续时间长，伴随着金融市场的失衡而且反映了国际货币体系的不合理因素，因此从全球视角来看，要想调整全球失衡，必须从根本上消除全球经常账户和一国对外净资产的不均衡，因为它不仅可以反映国内市场的扭曲状况，如存在国内不公平竞争因素，还反映了全世界各国处在流动性陷阱中。由于全球再平衡是经济发展过程的产物，不仅使得更多的国家可以达到更高的福利水平和生活水平，还可以为发达国家和发展中国家进行共同合作、相互协助提供基础和平台，所以研究全球失衡以及如何再平衡问题就具有重要的现实意义。

第二节 全球失衡与金融结构理论模型

基于第二章的理论文献总结，本书提出全球失衡和金融发展的理论模型，主要包括中期视角下的经常账户与金融发展模型、长期视角下的一国对外净资产与金融发展模型。

一、经常账户与金融发展模型

该模型主要是从经常账户的角度出发来理解全球失衡，具体包括封闭经济模型、开放经济模型以及扩展模型。

（一）封闭经济模型

假设只生产一种最终产品，使用两种要素，分别是 K（普通资本）和 L

（劳动力），设定生产函数为：$Y = Z^{\alpha}(K_F)^{\beta}(L)^{1-\beta}$，其中 Z 是创新型资本，根据 Antras 和 Caballero（2009）所定义，这里的 Z 是信息中间品，其生产函数为：$Z = Z(K_I)^{\gamma}$ 其中 $\gamma > 0$，K_I 是用于生产中间品的普通资本的数量。t 时期每个企业家都具有含有创新知识的信息中间品，属于垂直分工的情形。这里假设 $\alpha > 1$，表明所生产的信息中间品的特征与古典经济学中的普通商品是不同的，这里的生产具有边际报酬递增的典型特征。另外，对于 $0 < \beta < 1$，资本的边际报酬和劳动的边际报酬具有古典经济学的特征，即它们的边际报酬呈现递减规律。

资本的总量为 K，创新型企业家所占比例为 η，所以，其拥有的资本为 ηK。企业家可以通过借贷来控制更多的资本，这可以通过金融市场来完成或者通过金融中介来完成，创新型企业家一般通过两种方式进行融资，一是可以通过金融中介进行间接融资，二是通过金融市场进行直接融资，间接融资和直接融资的比例往往是由很多因素决定，如本国偏好、消费信贷约束、市场约束等。假设他们控制的资本的最大值与自由资本的比例为 ϕ，显然 $\phi > 1$，本书用 ϕ 代表金融发展的水平，则创新资本就是企业家支配下的和企业家创新知识相结合的资本，这里用 K^E 来代表 $K^E = \phi \eta K$。

根据之前对信息中间品的假设式（3.2），生产中间品的普通资本数量可以表示为：$K^I = \lambda K$，其中，λ 为生产信息中间品的普通资本占总资本的比例。一般而言，资本的属性可以作为普通资本，也可以作为信息中间品，前者用来生产最终产品，而后者可以成为创新型企业家的生产要素，被他们用来作为创新资本。依据生产最大化的原则，$K^E = \phi \eta K$ 和 $K^I = \lambda K$ 应该相等，这是因为当普通资本 K^I 的数量增长时，生产规模将会扩大，这就所带来的表现就是产品的产量增长，这就会导致用于创新型中间品生产的普通资本的资源下降，从而生产效率下降。相反，当 K^E 上升时，生产效率可以得到明显改善，但是生产规模肯定得不到扩大。因此，这里存在一个权衡（Trade Off），最好的资本分配方式就是二者相等，即 $K^E = K^I$。

当然，本书从利润最大化的公式可以推导出更加精确的公式。

$$\begin{cases} \mathrm{Max} Y = Z^{\alpha}(K_F)^{\beta}L^{1-\beta} \\ \mathrm{s.\,t}\ K_F + K_I = K \end{cases} \tag{3.1}$$

将式（3.1）转化为无约束的最大化模型，并将 $Z^{\alpha} = (\varphi \eta K)^{\alpha} = [(\lambda K)^{\gamma}]^{\alpha}$，$K_F = K - \lambda K$ 代入式（3.1），得出式（3.2）

$$Y = (\lambda K)^{\gamma \alpha}[K(1-\lambda)]^{\beta}L^{1-\beta} = \lambda^{\gamma \alpha}(1-\lambda)^{\beta}K^{\gamma \alpha+\beta}L^{1-\beta} \tag{3.2}$$

对式（3.2）进行一阶求偏导即得

$$\frac{\partial Y}{\partial \lambda} = \left[\gamma\alpha\lambda^{\gamma\alpha-1}\left(1-\lambda\right)^{\beta} + \lambda^{\gamma\alpha}\beta\left(1-\lambda\right)^{\beta-1}\left(-1\right)\right]L^{1-\beta}K^{\gamma\alpha+\beta} \qquad (3.3)$$

令 $\frac{\partial Y}{\partial \lambda} = 0$ 可以求得 $\lambda = \frac{\gamma\alpha}{\gamma\alpha + \beta}$ 当 $\gamma = 1$ 时，即信息中间品的生产函数为一次齐次函数，则得到：$\lambda_s = \frac{\alpha}{\alpha + \beta}$，当 $\phi\eta > \lambda$ 时，企业家所支配的资本数量高于获得最佳比例的创新资本投入数量（在最大产出状态下），这时，金融发展可以实现最大产出，表示金融发展是充沛的。反之，当 $\phi\eta < \lambda$ 时，表示金融发展不足。

需要注意的是，本书认为金融发展衡量了金融市场的融资能力。一般而言，一国的融资在初始阶段主要通过银行金融中介完成，而金融市场融资的规模和水平会受到限制，因此总是假设金融中介衡量了控制资本的最大值，而金融市场则在一定程度上代表了控制的自由资本的比例，因此，ϕ 其实在一定程度上代表着一国的金融结构。因此，当 $\phi\eta > \lambda$ 时，往往被称为金融优势，如欧美等发达国家；而当 $\phi\eta < \lambda$ 时，被称为金融劣势，如中国和部分新兴市场国家。

（二）开放经济模型

开放经济中，假设有两个国家，A 国和 B 国，而且 A 国金融发展程度优于 B 国，$\phi_A > \phi_B$。假设只存在两期，如果第二期受到资本增加的冲击，由于 $\phi_A > \phi_B$，所以认为资本创新对 A 国的影响比较大，A 国的金融发展程度较高，而 B 国金融发展不足。此时，在开放经济中，两国存在贸易的可能性，具体可以分为两种情形：第一种情形，贸易成本大于资本流动成本，且劳动力市场具有不完全弹性。此时，B 国进口信息中间品，出口普通资本，带来贸易顺差，如果此时 B 国伴随发生 FDI，那么未来将会增加出口的能力，从而导致 B 国贸易顺差持续增加，这种情形可以解释中国的双顺差现象。第二种情形我们放在扩展模型中介绍。

（三）扩展模型

考虑第二种情形，在无贸易成本或者有贸易成本时，即劳动力市场完全弹性，B 国将会根据 H－O 模型（赫克歇尔—俄林模型）调整信息中间品与普通资本的比例，这表现为两个部门进行的结构调整，但是这并不会导致经常账户的失衡。因为根据 H－O 模型，贸易品部门和非贸易品部门的资本会根据不同的冲击进行自动调整，如供给冲击或者技术冲击等，要素价格均等化也将会自动实现，经常账户也将达到均衡。

在存在贸易成本的情形下，只有当金融发展差异足够大时，才能产生贸易流动的价格差异。而根据理论模型，企业家根据信息中间品来创新资本，主要通过金融市场来完成，根据文献综述，本书认为金融结构将是 ϕ 的最好代理变量。

二、一国对外净资产与金融发展模型

(一) 封闭经济模型

该模型主要扩展了 Mendoza 等 (2009) 的理论模型，对他们模型中的主要因素以及关键因素传递机制进行研究。假设存在两个相同的国家（或经济体），他们仅仅存在金融发展程度方面的差别。在模型中，每一个代理人都具有禀赋收入 Y_n^e 和投资收入 $R_n \times K$，其中，R_n 是投资资本 K 的回报率，n 则表示国家的状态，$n = 1$，$\cdots$，N。每个代理人都可以购买索取权（Contingent Claims）①，它的实现主要依赖于 Y_n^e 和 R_n。假设代理人在消费之前的净财富为 W，包括要素收入、拥有的资本存量，资本存量的收益以及所拥有的证券资产，具体见式 (3.4)。

$$W(Y_n^e, R) = Y_n^e + P_n \times K + R_n \times K + B(Y_n^e, R) \qquad (3.4)$$

其中，P_n 代表资本的价格，金融发展代表了经济中合约的执行力度和可行性，假设 ϕ_i 衡量了国家 i 的金融发展程度，Mendoza 等 (2009) 认为合约的强迫执行力度导致了以下约束，具体见式 (3.5)。

$$W(Y_n^e, R_n) - W(Y_1^e, R_1) \geqslant (1 - \phi_i) \times [(Y_n^e + R_n \times K) - (Y_1^e + R_1 \times K)]$$

$$(3.5)$$

从式 (3.5) 可以看出，净财富的变化不会小于一国收入的变化（用一国的合约执行力参数测算）。当金融发展很低的时候，如 ϕ_i 等于零，收入无法转移到别的国家；当金融发展很高的时候，如 ϕ_i 等于1，这表明在各个国家都可以完美地进行收入的转移和消费的平滑。这样，我们可以得到式 (3.6)。

$$W(Y_n^e, R_n) \geqslant 0, \text{对于所有的 } n = \{1 \cdots, N\} \qquad (3.6)$$

在式 (3.6) 中代理人具有有限的能力，在违约之后，也不可能被市场剔除出去。把式 (3.5) 和式 (3.6) 进行结合可以得到式 (3.7)。

$$B(Y_n^e, R_n) - B(Y_1^e, R_1) \geqslant - \phi_i \times [(Y_n^e + R_n \times K) - (Y_1^e + R_1 \times K)]$$

$$(3.7)$$

---

① 有时也被称为要求权，具体是指在未来可以拥有一定的权利，但是这种权利只有在某些特殊的环境下才有机会获得报酬。

从式（3.7）可知，当 ϕ_i 等于零时，代理人无法进行索取权的获得。因此，本书认为代理人购买的索取权的能力和对保险要求的有限能力都可以表明一国金融发展状况。代理人更愿意在金融发展较好的国家承担更多的风险，这表明在金融发达的封闭经济国家中，资本的回报和利率都是非常高的。

（二）开放经济模型

在金融全球化进程中，当两国都提升金融发展水平时，金融水平更高的国家会累积国外的资产 K，且通过金融市场售出自己的证券（债券）B 给外国投资者。在均衡状态下，具有较高生产力的资产 K 的回报一定会高于证券（债券）的回报，金融越发达的国家越会导致一国对外净资产头寸为负值。因此，我们提出以下假设：一国的对外净资产会降低一国的金融发展，而这里的金融发展是指金融市场的发展程度，应用于本书所定义的金融结构（银行业市场总值与股票市场的总值之比）来看，即金融结构与一国对外净资产正比。也就是说，一国的金融市场越发达，那么金融结构的优势就越明显，此时一国对外净资产会呈下降趋势。

综上所述，金融发展本质发挥着金融市场的功能，但是如何选择衡量金融因素的指标具有较大争议，指标不统一将会导致实证结果的敏感性。因此本书构建金融发展理论模型之后，在实证模型中将采用金融结构来体现银行业与股票市场的相对状态，并进行稳健性检验以克服实证结果的敏感性。

第三节 全球失衡与金融结构现状分析

本书在第二章已对有关全球失衡的实证文献进行了详细的梳理，已经构建了全球失衡与金融结构的理论模型，不仅包括经常账户，还包括一国对外净资产因素。但是，本书仍然认为有必要对全球失衡与金融结构的现状做一个总结，如此可以为接下来的第四章、第五章以及第六章的实证研究做一些指导性的说明。

本书梳理了有关全球失衡研究的文献，主要是三个方面：包括中期的经常账户、长期的一国对外净资产以及短期的贸易盈余，总结了现有文献中提到的全球失衡影响因素和重要决定因素。一般而言，影响经常账户的因素主要有政府的政策（包括财政政策、货币政策以及汇率政策）、经济的基本面因素（如人均 GDP、经济发展阶段）、非经济因素（人口因素、性别因素、制度因素、收入分配因素、劳动力市场因素以及储备货币的选择）等。Alfaro 等（2008）

对经常账户的影响因素做了深入研究，指出在所有因素中，最重要的是经济基本面对一国经济生产结构的影响，符合"卢卡斯之谜"的理论预期，同时该文也指出另外一类文献集中研究国际金融市场在不完全性条件下，一国对外净资产的决定问题。根据 Benhima 和 Havrylchyk（2010）的研究，一国对外净资产的影响因素有基准模型的三大因素，它们是公共债务、人均 GDP、人口结构变量，由于考虑到构建结构自回归模型的特殊性，贸易盈余结合考虑了实际汇率等因素，并在该领域进行了相关计量方法的总结。

大部分传统文献忽略了金融结构的发展可以作为影响经常账户和一国对外净资产的潜在因素。随着学术研究越来越细致化，Bhattacharyya（2013）对一国对外净资产与金融结构的关系做了一些基础性的研究，Vermeulen 和 De Haan（2014）从政治起源视角研究了一国对外净资产与金融结构的关系。因此，本书在探讨影响经常账户和一国对外净资产的因素之后，就对它们与金融结构因素的文献进行详细梳理。一方面从消费渠道、储蓄—投资渠道以及比较优势假说渠道方面梳理了经常账户与金融结构的实证文献；另一方面从国内金融市场扭曲理论和国际金融市场摩擦理论出发梳理了实证文献，可以发现，伴随着 20 世纪 80 年代在世界范围内掀起的金融自由化改革浪潮，金融市场全球化进程不断加快，特别是在 2000 年之后，在研究全球经济失衡问题时，金融市场一体化已成为一个不可或缺的研究视角，突出表现为不同经济体的对外投资收益存在显著的差异。尤其是自 2008 年美国发生金融危机以来，学术界认为经常账户失衡的根源是金融发展因素的差异。Pakravan（2011）把金融全球化和全球不平衡作为同一个问题的两个方面，认为二者之间的传导机制为：金融全球化 → 金融自由化 → 监管放松 → 金融创新 → 金融危机 → 全球失衡。因此，研究全球失衡的关键决定因素，即金融结构已成为目前的重要工作。

关于金融结构的定义和相关概念，本书已经在第一章导论中做了大量的解释，所以这里就不再赘述。本书认为金融市场在金融结构中起到核心作用，主要是因为它可以最大可能地降低信息不对称和减少交易成本，当金融市场运转良好的时候，就会表现为市场导向型的金融结构而不是银行导向型的金融结构。此外，第三次全球失衡伴随发生了一系列事情，包括有 1990 年以来的金融市场全球化进程，还有 1997 年亚洲金融危机和 2008 年美国金融危机。国际间资金的流动是造成全球失衡的根本原因，资金在国际间的流动主要通过金融市场实现，因此选取金融结构指标时必须要体现出金融市场与金融中介的相对性。

除了金融结构以外，金融市场一体化进程也是研究经常账户失衡不可缺少的考查指标，例如，Herrmann 和 Winkler（2009）指出在新兴市场国家中，11个亚洲国家面临盈余，16个欧洲国家面临赤字，而储蓄累积的程度是重要的解释因素，并且这里必须要关注两个重要条件：一个是金融全球化进程，另外一个则是实际上的收敛程度。Schmitz 和 Von Hagen（2011）指出在过去的20年，虽然在欧元区15国中部分国家存在相当大的赤字或者盈余，但从整体上来看是平衡的，这其中最重要的因素就是金融全球化。Liang（2012）认为全球失衡和世界的金融不稳定性是紧密相关的，而金融全球化所带来的负面影响则是金融的不稳定性，因此，金融全球化也是全球失衡的最好解释。我们可以把金融全球化与金融结构的交互作用作为解释经常账户失衡的重要因素，因为经常账户与金融结构之间的关系往往受到金融全球化进程的影响，而这种含义的较好表达方式则是引入它们的交互项。最后，侧重从微观的角度来理解股票市场总市值，并偏向于宏观金融总量的角度考虑金融中介（银行业）总资产。综上所述，本书选取金融结构以及金融结构与金融全球化的交互项作为解释经常账户失衡的重要因素。

而在一国对外净资产的实证研究中，本书把金融结构定义为一国的金融中介的总资产（存款货币银行资产）与该国的股票市场总价值之比，其中金融中介的总资产可以体现宏观金融的规模，而股票市场总价值可以体现微观金融市场的融资和投资的效率。另外，在全球失衡的因素中，金融全球化因素是非常重要的变量，金融全球化变量与金融结构的交互项可以体现出金融结构与一国对外净资产之间的关系会受到其他变量的影响。这些都丰富和发展了之前的研究。

根据以上分析，本书在接下来的内容对经常账户与金融结构、一国对外净资产与金融结构、贸易盈余与人民币汇率之间的关系分别进行实证研究，采用何种方法对解释全球失衡与金融结构问题有重要影响。本书针对特定的数据类型选取不同但合适的实证研究方法，以期提供准确的实证分析结果和正确的政策建议。具体安排如下：在第四章研究经常账户失衡与金融结构，在第五章研究一国对外净资产失衡与金融结构，而第六章则通过中国的贸易盈余数据证实了中国自1990年以来的贸易盈余是由于自身的特征所导致，而这种特征恰恰是由于中国的金融结构劣势所导致的，因此正好印证了第四章和第五章的实证分析所得出的结论。

第四章

经常账户失衡与金融结构的实证研究

第一节　模型的设定与数据说明

一、计量模型设定

根据前文的文献综述，笔者认为金融结构是影响经常账户的最为关键的因素，而20世纪90年代以来的金融市场一体化进程对于经常账户失衡的理解也是不可或缺的，因此，可以把金融结构与金融全球化的交互项作为解释经常账户失衡的因素，采用跨国静态面板数据的实证研究。而之所以不选择动态面板数据的研究方法，主要原因在于经常账户的动态性往往不是由它的前一期所决定的，而是考查在一段时期内是否存在经常账户的逆转行为[①]，即经常账户一旦失衡，是否可以自动恢复到均衡状态。

本章所采用的计量模型的设定如式（4.1）：

$$CAit = \alpha_1 FS + \alpha_2 FSFI + \beta_i CV + \mu_i + w_t + \varepsilon_{it} \tag{4.1}$$

其中，FS 代表金融结构，$FSFI$ 代表各国金融结构与金融全球化的交互项，μ_i 代表固定效应（个体效应），w_t 代表时间效应，ε_{it} 代表随机扰动项。个体效应考虑了各国不随时间变量的因素，如制度、文化以及风俗等。时间效应则认为各个年度的不同也会给经常账户带来影响。控制变量的选择主要基于以下几个方面的因素考虑：经济增长因素、人口结构因素、资本账户的开放程度、

---

① 详见 Freund（2005），Craighead 和 Hineline（2013）中关于经常账户的动态以及逆转行为的判定。

金融深度因素等，具体的控制变量的含义和选择理由详见下文。

二、估计方法的介绍

（一）对使用 DK 估计方法的背景说明

国内学者徐建炜和姚洋（2010）使用静态面板数据的固定效应和随机效应研究了 1990—2005 年 45 个国家的金融市场发展与全球失衡问题，这显然没有考虑到随机误差项的异方差、序列相关以及截面相关性。陆建明等（2011）、陆建明和杨珍增（2011）在研究金融市场发展与全球失衡问题时，使用了静态面板数据中的豪斯曼检验对固定效应、随机效应以及混合回归（Pooled OLS）进行了两两比较，最后发现豪斯曼检验的结果支持了固定效应的估计是具有优势的，虽然该检验对于使用固定效应方法提供了计量上的支持，但是这仍然没有考虑到随机误差项的异方差、序列相关以及截面相关性。茅锐等（2012）研究了相对生产力之差与经常账户之间的关系，使用了组间固定效应（Between Group）和组内固定效应（Within Group），这种方法依然没有考虑到随机误差项的异方差、序列相关以及截面相关性。

综上所述，以往文献中所使用的计量方法缺乏严谨性。目前，在对随机误差项的三大问题（异方差、序列相关以及截面相关性）进行处理时，一般是由截面 N 和时间 T 的相对性来决定的。"大 T，小 N"的面板数据是使用广义线性模型，此时截面的异质性并不是重点关注的，而时序特征则较为明显。Beck 和 Katz（1995）认为面板的广义最小二乘法中，T 至少要和 N 一样大才能使用，适合于 T 很大，N 比较小的情形。另外，则是广义线性模型没有考虑到个体效果，因为该方法本质上是使用 FGLS 拟合面板数据的线性模型，虽然考虑了异方差、序列相关和截面相关，但是没有设定个体效应的虚拟变量，假设各个公司的常数项相同，唯一的差别在于干扰项。他们对截面异质性的处理都是通过 OLS 估计得到的残差来估得稳健型方差—协方差矩阵。所以，对于跨国面板数据类型并不合适。

选取的跨国面板数据（91 个国家，1990—2011 年）是"大 N，小 T"型的面板数据，更加适合于 Driscoll 和 Kraay（1998）所提出的方法。因为 Driscoll 和 Kraay（1998）在估计空间面板数据时，指出该类数据的估计容易存在截面相关性问题，他们通过蒙特卡洛模拟说明当 N 较大时，即便是适中的截面相关性也会导致 OLS 标准误有较大的偏差。因此，基于存在截面相关的面板数据发展了新的估计方法，而本书正是基于他们提出的新方法对面板数据进行估计。在考虑国家面板数据时，截面相关性是一个不可忽视的问题，Baltagi 等（2003）认为应该使用 MLE（极大似然函数）估计空间误差的相关性与随机地域效应做联合 LM（拉格朗日乘子）检验，且大量的蒙特卡洛实验论证了 LM 检验和 LR（似然比）检验是具有一致性的。当截面 N 很大时，即使是最简单形式的 MLE 估计，也会带来相当大的计算问题，可能不会收敛。所以，他们建议使用 GMM（广义矩）估计，代表性的研究者 Kapoor 等（2007）将GMM 估计从截面数据推广到面板数据，提出基于六个矩条件的 GMM 估计，三种 GMM 估计量，在实证研究中，更多的是采用第一种估计量，只估计前三个矩条件，而且也能得出一致估计量。

（二）使用 DK 估计的原因

当出现某些潜在的回归模型的假设不满足或者违背时，为了确保统计推断的有效性，通常我们需要依赖稳健性（robust）的标准误进行统计推断。Huber（1967）、Eicker（1967）、White（1980）提出的方差协方差矩阵的估计式被广泛采用，都假设残差是独立分布的，即使残差存在异方差，标准误是由一致估计式作为替代。之后，对稳健的标准误的研究又有学者进行了深入研究：White（1984）、Arellano（1987）、Froot（1989）、Rogers（1993），这些学者认为在某种程度上放松残差的独立分布的假设是可行的。如果残差是组内（within）相关但是组间（cluster）是不相关的，他们一般化的估计式能够得到标准误的一致估计式。

除此之外，还可以对异方差和自相关的标准误进行处理，该领域的奠基者是 Newey 和 West（1987）。该文使用一般化的基于方差协方差矩阵的估计式的矩方法，这是怀特（White）估计式的一个扩展，可以认为 NW（1987）是滞后阶数为零的估计式，其与 White 估计式的作用相同。虽然 NW（1987）的标准误最初被提出时只能够使用时间序列数据，但是后来被进一步证明使用面板数据也是可以适用的。尽管对于回归模型某种程度上的偏离，所有的估计方差协方差的矩阵的技术都是稳健的，但是他们却从来没有考虑过截面相关（Cross - Sectional Correlation），尤其是在社会准则和同伴之间的心理行为之间。如果个人和企业的截面单位都是随机选择的话，那么空间的相关性成为当前微观面板数据和宏观面板数据的关注点，但是面板数据的组间是无关的，这样，再使用普通的面板数据回归方法就不合适了，因为会导致面板数据的估计方法的标准误存在错误。因此，假设面板数据的个体是组内相关是比较自然的假设。

即使面板数据残差之间存在永久的空间相关性，我们处理的方法也是和以前文献中处理异方差方法相同，Parks（1967）基于 Kmenta（1986）的运算法

则的方法提出了一个可行的广义最小二乘法（Feasible Generalized Least -
Squares，FGLS）。但是 Parks（1967）的这种方法无法适用于中等程度和大规
模的大数据面板，至少存在两个方面的原因：（1）这种方法如果面板数据的
时间维度 T 小于截面数据 N，这种 N 大 T 小的面板数据主要是适用于传统的面
板数据，但是不适合 N 小 T 大的面板数据是不大可能的。（2）Beck 和 Katz
（1995）指出 Parks（1967）方法会产生不合适的标准误，即标准误偏小。

　　为了减缓 Parks（1967）方法中所存在的问题，Beck 和 Katz（1995）主要
是依赖于普通最小二乘法的系数估计嵌套于面板修正的标准误（Panel - Cor-
rected Standard Errors，PCSE）。Beck 和 Katz（1995）充分论证了当 T 渐近趋向
很大时，导致标准误需要基于暂时的相关性进行修正。PCSE 的估计方法在有
限样本中表现出的特性较差，尤其是面板数据中的 N 与 T 比较时，N 是远远地
大于 T。PCSE 的估计方法是 N 阶满秩矩阵，这种估计方法尤其是遇到 T/N 很
小时，会导致 PCSE 的估计方法相当地不准确。

　　因此，在处理面板数据的估计方法时，遇到中等规模或者大规模的微观面
板数据时，所处理的空间相关性的参数修正都是暂时的。在 N 渐近正态分布
的情况下，因为面板数据的个数是基于 N^2 的速度增长的，显然，这样的修正
需要很强的假设，但是观测值的个数增加仅仅是以 N 的速度增加。为了维持这
种模型的可行性，实证研究者经常假设存在截面相关性，以至于学术界引入时
间虚拟变量以此替代空间的相关性。无论如何，对截面相关性的矩阵施加约束
有可能趋向于错误设定，所以，在对截面相关性的情况进行研究需要实行非参
数的修正是我们所期望的。

　　依赖于 T 渐近趋向于很大时，Driscoll 和 Kraay（1998）证明了标准的非参
数时间序列协方差矩阵估计式可以被修正，这样能够产生很稳健的截面的估
计。Driscoll 和 Kraay（1998）的方法是应用于 Newey 等（1999）的修正方法
去处理截面相关的平均的矩条件。这种方式进行标准误的调整能够保证协方差
矩阵的估计式是一致的，因为在 N 趋向于无穷大时，截面自相关之间会趋向
于独立。因此，Driscoll 和 Kraay（1998）的方法去除了 T 渐近趋向于大时，方
差协方差矩阵的估计是一致的，这有点类似于 Beck 和 Katz（1995）和 PCSE
的方法，但是这种方法不大适用于当 N 很大时的截面自相关的情况。

　　（三）使用面板数据的 DK 估计来调整标准误

　　1. DK 估计——混合 OLS 估计的标准误。考虑到线性回归模型：

$$y_{it} = x_{it}^{'}\theta + \varepsilon_{it} \tag{4.2}$$

　　其中，$i = 1$，…，N，$t = 1$，…，T。因变量 y_{it} 是标量，标量的第一个元素

是1。x_{it}是（$K+1$）×1独立向量，θ（$K+1$）×1有矢量未知系数。i表示横截面的个数，t表示时间。把式（4.2）写成向量形式如下。

$$y = \left[y_{1t_{11}} \cdots y_{1T_1} y_{2t_{21}} \cdots y_{NT_N} \right]' \tag{4.3}$$

$$x = \left[x_{1t_{11}} \cdots x_{1T1} x_{2t_{21}} \cdots x_{NT_N} \right]' \tag{4.4}$$

这里的 DK 估计也可以适用于非平衡面板，假定解释变量 x_{it} 与扰动 ε_{it} 不相关，表明对于所有 s、t，x_{it} 都具有强外生性。然而，干扰项 ε_{it} 考虑存在自相关、异方差以及截面自相关。如果我们在上述假设中还继续使用普通最小二乘法对式（4.2）进行估计，就得到式（4.5）。

$$\hat{\theta} = (X'X)^{-1}X'y \tag{4.5}$$

但是，Driscoll 和 Kraay（1998）的标准误差系数估计后得到的渐近协方差矩阵却变大，详见式（4.6）。

$$V(\hat{\theta}) = (X'X)^{-1} \hat{S}_T (X'X)^{-1} \tag{4.6}$$

$$\hat{S}_T = \hat{\Omega}_0 + \sum_{j=1}^{m(T)} w(j,m) \left[\hat{\Omega}_j + \hat{\Omega}_j' \right] \tag{4.7}$$

在式（4.7）中，$m(T)$ 表示残差的滞后长度。

$$w(j,m) = 1 - j/\{ m(T) + 1 \} \tag{4.8}$$

$(k+1)(k+1)$ 矩阵 $\hat{\Omega}_j$ 定义为

$$\hat{\Omega}_j = \sum_{t=j+1}^{T} h_t(\hat{\theta}) h_{t-j}(\hat{\theta})' \tag{4.9}$$

$$h_t(\hat{\theta}) = \sum_{i=1}^{N(t)} h_{it}(\hat{\theta}) \tag{4.10}$$

在式（4.9）和式（4.10）中，表示 t 时刻，对 $h_t(\hat{\theta})$ 从 1 到 N_t 进行加总。其中，N 是随着 t 的变化而变化；$h_{it}(\hat{\theta})$ 是 $(k+1)$×1 维线性回归模型，满足正交性条件，即式（4.11）。

$$h_t(\hat{\theta}) = X_{it} \hat{\varepsilon}_{it} = X_{it}(y_{it} - X_{it}'\hat{\theta}) \tag{4.11}$$

结合式（4.7）、式（4.9）和式（4.10），Driscoll 和 Kraay（1998）的协方差矩阵估计量、具有异方差性的协方差矩阵估计就可以求解。例如，使用 Newey 和 West（1987）应用于横截面时间序列求解 $h_{it}(\hat{\theta})$ 平均水平。所得到的标准误差估计的方法是一致的，因此，Driscoll 和 Kraay（1998）的估计方法能够保证估计结果的一致性，甚至在 $N \rightarrow \infty$ 的情况下也能保持一致性。更进一步地，无论是对于一般形式截面自相关还是持久的相关性，这种方法估计协方差矩阵将产生稳健的标准误。

2. DK 估计——固定效应估计的标准误。固定效应估计通过两个步骤实现。第一步,模型中所有变量 $z_{it} \in \{y_{it}, x_{it}\}$ 都进行组内转换,得到式 (4.12)。

$$\tilde{z}_{it} = z_{it} - \bar{z}_i + \bar{\bar{z}} \tag{4.12}$$

其中,$\bar{z}_i = T_i^{-1} \sum\limits_{t=t_{i1}}^{T_i} z_{it}$,$\bar{\bar{z}} = \left(\sum T_i \right)^{-1} \sum\limits_i \sum\limits_t z_{it}$。

对于组内估计量我们使用普通最小二乘法估计量进行估计,得到式 (4.13)。

$$\tilde{y}_{it} = \tilde{x}_{it}' \theta + \tilde{\varepsilon}_{it} \tag{4.13}$$

第二步,对于估计式进行转换后得到的式 (4.13),使用普通最小二乘法进行回归,这时可以使用 Driscoll 和 Kraay (1998) 的标准误。

3. DK 估计——加权最小二乘法 (WLS) 的标准误。对于固定效应的估计量,加权最小二乘法 (WLS) 回归得到的 Driscoll 和 Kraay (1998) 标准误可以通过两个步骤获得。第一步,应用加权最小二乘法 (WLS) 变换 $\tilde{z}_{it} = \sqrt{w_{it}} z_{it}$,其中,$z_{it} \in \{y_{it}, x_{it}\}$,$z_{it}$ 是指模型中的所有变量。第二步,对转换模型式 (4.14) 进行估计,

$$\tilde{y}_{it} = \tilde{x}_{it}' \theta + \tilde{\varepsilon}_{it} \tag{4.14}$$

通过使用混合 OLS 估计以及 Driscoll 和 Kraay (1998) 的标准误,就可以获得 DK 估计中的加权最小二乘法 (WLS) 的标准误。

4. 关于滞后阶数的选择。在式 (4.7) 中,$m(T)$ 表示残差的滞后长度,这可能会导致自相关。残差的分布服从移动平均过程。无论何种类型的自回归 AR 都可以通过一定的方式转化为 MA。因此,如果滞后阶数包括估计的协方差矩阵、$m(T)$ 的增加速度低于 $T^{1/4}$,则使用修正的 Bartlett 权重,用 Newey 和 West (1987) 的估计式进行估计也是一致的。因此,选择 $m(T)$ 使其接近于最大的滞后长度是不太合适的,即使考虑到残差服从 AR 过程。$m(T)$ 详见式 (4.15)。

$$m(T) = floor\left[4 \left(T/100 \right)^{2/9} \right] \tag{4.15}$$

式 (4.15) 中的 $m(T)$ 使用插值方法来确定,具体则是根据渐近均方误差准则确定最佳的滞后阶数。

综上所述,对于国家层面的宏观面板数据,国家之间是相互影响的而非独立的,这必然导致随机误差项存在异方差问题。由于使用 1990—2011 年的数据,跨度 22 年,较长的时间可能会导致各个年度的序列相关问题,是否存在需要在接下来的部分进行更加可靠的计量检验。同时,在各国金融全球化进程

中，各国之间的行为存在策略上的互相影响，这也会带来各国之间存在截面相关的可能性。另外，由于面板数据中每个截面（国家）之间还可能存在内在的联系（该联系可能是政治、经济或军事的）。所以，截面相关性也是一个需要考虑的问题。一般而言，横截面的自相关可能是由某些共同因素引起的，这会导致面板的固定效应。尽管随机效应的系数值仍然保持一致性，但是其有效性将会下降，严重的后果将会导致所估计的变量系数不显著，甚至其表现还不如混合效应（Pooled OLS）。

由于各国金融结构往往会受到一些共同因素的影响，从而对经常账户产生影响。如果这些共同因素被忽略，将会造成估计值有偏且不一致。所以，采用Driscoll 和 Kraay（1998）的方法，鉴于面板数据中存在异方差，序列相关和截面相关问题，提出了一个综合的解决办法，使用 Hoechle（2007）提出的程序调整估计值的标准差，以期得到一致且有效的估计结果。更为具体的介绍可以参考虞文美等（2014b）中的具体做法和原理。

三、变量选择与数据来源

本书之所以选择对全球各国面板数据进行实证研究，有以下几个方面的原因：第一，全球失衡历经三个阶段。第一阶段，从静态的角度分析，主要是对美国的经常账户出现大规模失衡进行分析。停留在这种经常账户是否有害，是否与金融危机有关，是否会出现所谓的破坏性创新？第二阶段，从动态的角度分析，将美国的国内研究扩展到美国国外情况，例如，国内因素包括储蓄率过低、全要素生产率增长缓慢、金融发展（特别是金融市场）较好等；而国外因素包括外汇储备因素、石油价格因素、重商主义的以邻为壑政策、各国追逐就业和资本的高积累、金融发展滞后、金融结构处于劣势等。第三阶段，由于第一阶段和第二阶段的情况使得我们无法解决全球失衡问题①，所以要基于全球因素进行解释，这一阶段的思想主要包括经济发展阶段论、人口结构、比较优势与国际分工以及全球金融全球化进程。

第二，全球处于失衡状态而非某几个国家处于失衡状态。第三次全球失衡虽然只是以中国的经常账户盈余和美国的经常账户赤字为代表，但是至少还存在其他现象。例如，亚洲新兴市场国家的经常账户盈余、日本的盈余以及欧洲部分国家盈余、部分国家存在赤字，这些现象的存在使得我们绝对不能基于某

---

① 即使美国在 2007 年的失衡规模开始缩小，但是自 2011 年以来，美国的经常账户赤字居高不下，只是相比于 2006 年而言减少。

两个国家或者新兴市场国家来研究，而必须基于全球视角，只有这样，才能发现真正影响全球失衡的因素。

第三，从国家价值链的角度来看。全球失衡不是两个国家的事情（如中美两国），也不可能只在某两个国家之间进行平衡。所以，选择全球面板数据。很多亚洲新兴市场国家都是该复杂价值链上的一部分，如中国的外包（Outsourcing）以及东南亚国家的垂直整合所带来的出口竞争力都会对经常账户的均衡带来极大影响。这些因素使得亚洲新兴市场国家成为一个重要的考虑因素。这说明从全球视角研究该问题的迫切性和重要性。但是本书所研究的国家并不包括太平洋上的一些岛国，因为 Stewart 和 Wood（2012）测量了太平洋上的岛国或微型国家，发现这些国家的外部失衡往往是外国的救助所造成的，并非经常账户或资本的账户的失衡，这也是本书选择全球面板的数据的原因。第四章和第五章的选择全球数据的原因都是上面所说的三点理由，因此，在第五章不再赘述。

作为被解释变量，经常账户 cab（current account balance）的衡量使用一国经常账户净盈余与 GDP 之比来表示。[①]

重要解释变量金融结构：根据 Allen 和 Gale（2001）的观点，金融结构的重要特征体现在它所能提供的金融服务存在差异。这种差异性一方面表现在金融中介相对于金融市场的重要性；另一方面则表现为整个银行业的垄断程度或者银行业市场的竞争程度。前者用金融中介总资产与金融市场（股票市场[②]）的总市值之比作为代理变量，而后者则采用一国银行业资产排名前三名的银行资产总和占全部银行业资产的比重作为代理变量。需要说明的是，Demirgüç-Kunt 和 Levine（2004）将金融市场的总市值与银行存款余额进行回归，该定义所提到的银行存款余额，由于数据收集的困难，使得本书无法使用该指标，而且该指标与 Allen 和 Gale（2001）定义并无本质上的区别。因此，此处的金融结构则表明，如果一国越偏向于金融市场主导型，则该国的金融结构 *FS* 则越小，则经常账户出现赤字的可能性就在增大。因此，从理论上而言，金融结构 *FS* 的系数预期符号为正。[③]

金融全球化程度 FI：依据 Herrmann 和 Winkler（2009）的研究，金融全球

[①]　数据来源：国际货币基金组织国际金融统计数据库（International Financial Statistics）。

[②]　注意，本书使用股票市场的交易来反映金融市场的规模，虽然计算金融结构时，也可以使用金融市场的其他数据，例如私人债券市场数据或政府债券市场数据等，但是对于大多数国家，股票市场要比债券市场更加繁荣，更能代表金融市场交易的活跃程度。

[③]　数据来源：Beck 等（2013）数据库。

化的衡量指标主要有三种：第一，考虑到内部收敛（intra - convergence）和使用外国银行债券（claims）的情形，往往使用一国所接收的海外汇款与该国GDP 的比值衡量，往往以美元或者欧元来计算。由于一国所接收的海外汇款往往是来自该国移民到国外的居民把外汇汇款到国内的情形，在当前资本高度全球化流动的今天，仍然没有观测到大规模的人口流动。所以，该指标并不能确切的衡量一国金融全球化的程度。第二，外资银行资产的份额，即外资银行的资产占全部银行资产的比重。由于数据的不可获得性，故无法使用该指标来衡量金融全球化程度。第三，从整体上对一体化进行衡量，根据 Lane 和 Milesi - Ferretti（2007）所提供的金融全球化的计算公式，金融全球化指标等于一国对外总资产与负债之和除以该国 GDP，一国对外总资产等于该国的股票资产存量加上该国的 FDI 存量资产，一国对外总负债等于该国的股票存量的负债加上该国的外商直接投资（FDI）的存量负债。[①]

金融结构与金融全球化的交互项 FSFI：主要是体现金融结构与经常账户之间的关系会受到金融全球化的影响。这也是本书的一个创新之处，目前研究经常账户失衡问题的很少有考虑金融全球化进程的情况。本书的研究不仅得益于 1990 年以后的全球金融全球化进程加快，还得益于 Lane（2012）对于金融全球化数据的收集和完善。

在考虑其他控制变量时，以往文献研究认为经济增长因素和人口结构因素等是研究经常账户的重要决定因素。

人均收入相关指标 gdp 和 gdp2：根据 Chinn 和 Prasad（2003）提出经常账户和人均收入之间存在非线性关系，描述非线性关系最常见的方式是引入二次函数的形式，因此使用人均实际 GDP 和人均实际 GDP 的平方来表示经济发展水平对经常账户的非线性（U 形）影响。这里的实际 GDP 是以产出水平衡量并且经过购买力平价折算之后得到实际值，其总额计算是基于 2005 年不变价美元来计算的。为了降低可能存在的异方差，还对人均 GDP 取自然对数处理。[②]

经济增长率 growth：通过使用人均资本的年度增长率来衡量。[③]

贸易开放度 open：通过一国的进口量与出口量之和与该国的 GDP 之比来

---

① 数据来源：Lane（2012）数据库。
② 数据来源：PWT8.0（Penn World Table）。
③ 数据来源：World Development Indicators 数据库。

衡量。①

资本管制程度 kaopen：根据多数文献研究，是该指标作为控制变量来反映一国的金融开放情形的。资本管制与经常账户的作用是不确定的，这体现了两方面相反的作用：一方面，限制国际资本流入将会减少经常账户的赤字；另一方面，限制外资流出，资本控制会使得经常账户的赤字规模能够维持。因为资本管制程度无法区分在资本的内流和资本的外流之间的差异，所以资本管制程度的系数具体到底呈现何种效应还需在实证中进一步检验。②

汇率低估程度 underval：使用 Rodrik（2008）计算实际汇率低估的方法③，剔除了巴拉萨—萨缪尔森效应（以下简称巴萨效应），求得各国的实际汇率低估值。具体做法如下：第一步，使用直接标价法下的名义汇率经过购买力平价转换，可以得到实际汇率④，公式为 $lnRER_{it} = ln(XRAT_{it}/PPP_{it})$。第二步，使用得到的实际汇率值对实际人均 GDP 做面板数据的时间效应回归（不包括个体固定效应），$lnRER_{it} = \alpha + \beta lnRGDPO_{it} + f_t + u_{it}$ 然后得到拟合值 $ln\widehat{RER_{it}}$。第三步，实际汇率低估值的自然对数就等于第一步的实际汇率值减去第二步得到的实际汇率拟合值之差，即 $lnUNDERVAL_{it} = lnRER_{it} - ln\widehat{RER_{it}}$，实际汇率低估值则是 $EXP(lnUNDERVAL_{it})$。为了提高回归估计的精度和效度，此处计算的所有变量均取自然对数。另外，在计算汇率低估程度的过程中已经使用了经过购买力平价转换得到的实际汇率，所以，关于文献中作为控制变量的名义汇率⑤、实际有效汇率指数⑥等就不再作为控制变量考虑。⑦

人口结构 gdr：衡量人口结构的影响最常用的指标就是抚养比，这是在总人口中非劳动年龄人口数与劳动年龄的人口数之比。具体而言，少年抚养比

---

① 数据来源：World Development Indicators 数据库。

② 数据来源：来自于 Chinn 和 Ito（2013）的数据库。

③ 由于 Rodrik（2008）采用的是 Penn World Tables（以下简称 PWT）6.2，其巴萨效应部分使用的人均 GDP 是 RGDPCH 变量，但是该变量在 PWT8.0 数据中已经不存在了，依据 RGDPCH 的原意（基于产出水平来计算的实际人均 GDP），本书选择即 PWT8.0 中的变量 RGDPO 来表示实际 GDP，人均 GDP 则是 RGDPO 与人口数 POP 之比。

④ 在 PWT8.0 中，实际值是经过 PPP 转换，而非以不变价格转换。

⑤ 从传统角度看，汇率影响经常账户主要从通过支出转换效应，通过由依市场定价（Pricing To Market，PTM）来体现微观市场结构差异对进口和出口的不完全传递机制来反映，在研究经常账户问题时，汇率应该被考虑。

⑥ 本书不考虑实际有效汇率，原因在于，第一，实际有效汇率指数从广义上来看也就 60 个国家，降低了考查的国家数目。第二，本书使用 hodrick 计算方法，计算出了汇率低估指数，该指数基于实际汇率，计算出了汇率低估指数，可以很好地替代实际汇率以及有效汇率指数的作用。

⑦ 数据来源：PWT8.0（Penn World Table）。

（0～14岁人口与15～64岁人口之比）、老年抚养比（65岁以上与15～64岁人口之比），以及总抚养比（等于少年抚养比与老年抚养比之和）。如果是研究人口结构与经常账户的影响，则使用少年抚养比和老年抚养比两个指标。例如，朱超和张林杰（2012）的研究，他们基于储蓄的通道，得出老年人的抚养比效应要比少年抚养比的效果要更加显著。但是如果只是把人口结构的影响作为研究经常账户失衡问题的控制变量，则更多的是把总抚养比作为人口结构的合适指标。①

财政政策指标 gov：从孪生赤字的角度看，财政赤字是对美国 20 世纪 80 年代的经常账户赤字的最好解释，而新古典经济学家 Obstfeld 和 Rogoff（1995）、Kollmann（1998）则认为暂时性的财政扩张会导致经常账户恶化，永久性的财政扩张对于经常账户的影响不确定。Kim 和 Roubini（2008）进一步指出，由于四个关键性的假设不成立，无法得出经常账户与财政赤字政策的正比例关系。因此，选择一国政府的最终消费支出占该国 GDP 的比重来代表该国的财政政策的实施效果。②

金融深度变量：根据 Chinn 和 Ito（2007）的观点，主要使用私人信贷规模（pcrdbgdp）和流动性负债（llgdp）这两个指标衡量金融深度。一般而言，金融深度与经常账户成反比例关系，因为金融深度的值越大，就表明信贷约束越宽松，使得投资增加，从而导致经常账户出现赤字的可能性在增加。在这两个指标中，私人信贷与 GDP 之比更能较好地衡量金融深度，这是因为部分国家金融资源存在高度的垄断，存在信贷配给机制以及利率控制，因此，在这种情况下，全部信贷总额无法反映金融市场的竞争程度和金融市场化率，只有私人信贷指标可以较好地反映金融市场的竞争程度和金融市场化率。③

银行集中度 concent：使用一国排名前三的银行资产之和占全部商业银行资产总和的比重，这是金融结构的另一种表现形式。谭之博和赵岳（2012）重点研究了各国银行业集中度与经常账户失衡直接的关系，同样把银行集中度作为控制变量。因为该变量只是反映了一国的总体上银行业市场结构，并没有反映出该国的金融市场的融资能力和股票市场的直接融资的水平。④

相对生产力之比 rgdp_ usa：由于最近的研究表明金融业与制造业的相对

---

① 数据来源：World Development Indicators 数据库。
② 数据来源：World Development Indicators 数据库。
③ 数据来源：Beck 等（2013）数据库。
④ 数据来源：Beck 等（2013）数据库。

生产力差距是导致经常账户失衡的根源，这一问题在国外的研究中很少见到，但是国内的研究，如徐建炜和姚洋（2010）以及茅锐等（2012）的论文指出，金融部门与制造业部门的相对生产力才是经常账户失衡的根源，因此，考虑到该类文献所提到的影响，把全球各国与美国的人均实际 GDP 之比作为衡量全球各国与美国的劳动生产力的相对指标。金融业的各项指标在之前已经有所论述，此处不再详述。[①]

第二节　实证分析结果

一、主要变量的描述性统计等

金融结构与经常账户研究的所有变量的描述性统计见表 4.1，该实证研究涉及 91 个国家 1990—2011 年的数据，由于面板数据的实证方法要求被解释变量不能存在缺失值，所以，对经常账户与 GDP 之比这个变量存在缺失值的数据进行了删除。由于金融结构是一国的金融中介（银行业）与该国的股票市场总市值之比，而股票市场数据在很多非洲国家根本就不存在，特别是撒哈拉以南的非洲国家，因此也删除了非洲国家数据，此外，为了得到真实有效的金融中介与金融市场的数据，把金融结构存在缺失值的数据也进行了删除，从而得到一个非平衡面板，这一点可以从表 4.1 中清晰地看出，各个变量的样本数最大保持在 1555 个，即使是银行集中度的数据也有 1114 个，保证了数据的大样本特性，从而为之后的实证估计的无偏性和一致性提供了客观基础。基于 Driscoll 和 Kraay（1998）的计量方法对静态面板数据进行处理，因为这种方法和面板数据的固定效应、随机效应一样，都可以对非平衡面板数据进行很好的处理。

本书的全球面板数据主要从不同学者整理的数据、世界银行和专业学术机构的数据库。为了保证不同数据库之间的统一性（如从 WDI 获得的数据或者比较权威的官方（PWT）获得的数据，变量之间的比率都是乘以 100 的，因此，其数值都是控制在 100 左右），我们对相关变量（经常账户占 GDP 比重、金融全球化进程指标）乘以了 100，并且在计算金融结构时，对金融结构取了自然对数值。具体的数据则体现在表 4.1 中的变量的平均值。从标准

---

① 数据来源：PWT8.0（Penn World Table）。

差来看，各个变量的数值所表现的异方差应该不是很大，但是具体的异方差检验还需进一步的检验才能确定。最小值和最大值反映了各个变量的变动区间。从经常账户的中位数来看，经常账户逆差处于50%的位置，以及经常账户的平均数为 −0.54%，都说明了各国的经常账户处于逆差是一种常态。而金融结构是银行业资产总额与股票市场的总市值之比再取对数得到的，如果该值大于0，则表明该国银行业资产总额相对于股票市场处于领导地位，无论是从金融结构的平均数还是中位数来看，都说明了各国股票市场的发展处于相对弱势地位。

表4.1   主要变量的描述性统计

变量	样本数	平均值	标准差	最小值	中位数	最大值
经常账户	1555	−0.540	7.720	−31.69	−1.380	44.62
金融结构	1555	0.770	1.040	−2.400	0.680	7.120
交乘项	1542	31.03	187.0	−1866	20.56	3452
经济增长率	1537	2.620	3.900	−17.55	2.670	38.06
人均 GDP	1555	9.280	1	5.090	9.400	11.54
人均 GDP 平方	1555	87.20	18.01	25.94	88.31	133.2
开放度	1548	86.46	58.88	13.75	73.90	562.1
资本管制程度	1543	0.970	1.470	−1.860	1.210	2.440
汇率低估程度	1555	1.060	0.410	0.0200	1	2.730
总抚养比	1547	0.540	0.110	0.170	0.510	0.980
政府支出	1545	16.44	5.300	2.980	16.85	33.92
流动性负债	1523	67.50	44.40	4.260	56.14	313.7
私人信贷	1530	61.19	46.15	1.420	48.04	288.1
银行集中度	1114	65.92	19.61	19.58	65.72	100
相对生产力	1555	0.880	0.0900	0.480	0.890	1.090

注：以上变量的详细定义请参考变量选择与数据来源部分。

表 4.2　　　　　　　　　　　　主要变量的皮尔逊相关系数

	经常账户	金融结构	交互项	经济增长率	人均GDP	人均GDP平方	开放度	资本管制程度	汇率低估程度	抚养比	政府支出
经常账户	1										
金融结构	-0.263***	1									
交互项	-0.182***	0.358***	1								
经济增长率	-0.078***	-0.071***	-0.118***	1							
人均GDP	0.269***	-0.175***	0.044*	-0.140***	1						
人均GDP平方	0.288***	-0.194***	0.042	-0.150***	0.997***	1					
开放度	0.209***	-0.129***	-0.136***	0.073***	0.199***	0.199***	1				
资本管制程度	0.100***	-0.247***	0.012	-0.081	0.520***	0.539***	0.201***	1			
汇率低估程度	0.008	0.207***	-0.044*	0.213***	-0.452***	-0.472***	0.015	-0.456***	1		
抚养比	-0.195***	0.084***	0.012	-0.097***	-0.625***	-0.620***	-0.334***	-0.262***	0.089***	1	
政府支出	-0.035	-0.009	0.152***	-0.196***	0.541***	0.540***	-0.021	0.275***	-0.312***	-0.253***	1

注：主要变量包含因变量，重要解释变量和六大基本控制变量，不包括诸如流动性负债、私人信贷、银行集中度以及相关生产力等控制变量，因为这些控制变量的加入需要在以下的实证研究中做进一步的研究才能确定。另外，*、** 及 *** 分别代表在 1%、5% 以及 10% 的显著性水平上显著，以下所有表格相同。

　　由于涉及变量众多，因此在进行面板数据的计量分析之前，需要对有关变量之间的相关性进行分析，表 4.2 呈现了部分变量之间的皮尔逊相关系数（选择变量的理由详见表 4.2 的注释），这样做便于为之后的实证研究中的变量选择提供一定的借鉴意义。从表 4.2 中可以看出，金融结构与经常账户之间的相关系数显著为负，这说明如果金融市场（股票市场）呈现繁荣发展的趋势，则金融结构指标将变小，随之而来的经常账户将会出现持续的盈余，这一点无论是从哪种传导机制来看都是不合理的。

　　所以，非常有必要引入控制变量和面板数据计量方法重新定量研究。在表 4.2 中，除了人均 GDP 和人均 GDP 的平方之间的皮尔逊相关系数为 0.997 以外，其余各个变量之间的相关系数都比较小，大多数都在 0.5 以下，之后的实证研究中多重共线性问题将会极大减少，而且由于使用面板数据的计量方法，其组内去心更是可以极大克服变量之间的多重共线性，使得估计系数的有效性得到提高。其余变量和被解释变量之间的关系都是在 1% 的显著性水平上显著，只有汇率低估程度和经常账户不显著，人均 GDP 和人均 GDP 的平方的系数都显著为正，论通过哪种理论都无法解释这种系数符号显示异常。当然，这些问题的分析都是基于双变量的皮尔逊相关系数得到的，真正的变量之间的相关关系还需建立在引入控制变量以及使用更加符合数据要求的实证方法的基础上。

二、实证结果分析

　　由于本章是基于中期角度考虑经常账户的决定因素，并非是从长期角度考虑在估值效应的情形下使用一国对外净资产来替代全球失衡，所以，这里并不涉及平稳性问题的研究①。根据 Halaby（2004）对 1993—2003 年社会科学中所使用的面板数据模型进行统计，发现有 86.67% 的面板数据实证方法没有进行基本的豪斯曼检验，93.33% 的面板数据实证方法没有进行个体效应以及异方差、序列相关、截面自相关检验，96.67% 的面板数据实证研究没有进行外生性检验，即没有考虑到模型可能存在的内生性问题，更为遗憾的是，只有 20% 的实证研究进行了稳健性检验。为了进行规范和严格的实证研究，以期得到金融结构和经常账户之间的可靠和稳定的关系，所以采取以下步骤逐步进行实证分析：第一步是进行豪斯曼检验，在固定效应、随机效应和混合效应（pooled OLS）之间作出最优选择。第二步将对该面板数据进行三个方面的检验，涉及异方差、序列相关以及截面自相关检验，以选择合适的静态面板数据估计方法。第三步应该选择的面板数据计量方法，选择合适的控制变量以及加入某些解释变量来解释经常账户的失衡问题。第四步由于涉及的时间跨度长达 22 年，虽然相对于面板的截面个数 91 个而言，时间非常短，但是其展现的时间效应也不能够忽视。所以，加入时间效应之后，

---

　　① 任何变量从长期来看，都在很大程度上存在着平稳性问题，而短期或者中期来看，由于涉及的时间较短，平稳性问题自然不用考虑。一般而言，平稳性检验都是建立在面板数据的时间长度超过了截面的个数，即 T > N，或者 T 和 N 差不多大的情形下。

即考虑面板数据的双向固定效应是否会对结果产生一定的影响。第五步由于发达国家和发展中国家所面临的金融结构、金融全球化进程以及资本管制程度等是存在很大不同的，即使面板数据中的固定效应可以克服不随时间变化的情形，这种情况也有必要进行分组研究，研究重要解释变量在发达国家和发展中国家的情况是否存在异常。

（一）豪斯曼检验

首先，进行固定效应和混合效应检验，执行 F 统计性检验，原假设为：所有的固定效应等于零，即假设固定效应是不存在的。执行 F 检验之后得到 F（83，943）统计量的值为 22.91，所对应的概率值 Prob > F = 0.0000，可以看出，这一概率显著地拒绝了固定效应不存在的原假设，说明固定效应是存在，因此，应该选择固定效应估计方法。

其次，进行随机效应和混合效应之间的检验，在进行随机效应估计之后，执行 BP（Breusch and Pagan）拉格朗日乘子检验，得到卡方检验的值为 2086，对应的概率值为 0.0000，说明显著地拒绝了原假设。有可能表明其中的个体效应的平方和可能是小于零的，这种情况又是不可能出现的，所以，在使用 BP 拉格朗日乘子检验的时候，往往存在过度拒绝的问题，对此需要采用其他方法进行修正（如使用单边检验，t 检验或者 z 检验）。目前针对 BP 检验存在过度拒绝原假设的问题一般是采用 LR 检验（Likelihood - ratio test），得到卡方检验的值为 757.34，对应的概率值为 0.0000，也显著地拒绝了原假设，说明随机效应的估计要优于混合效应。

最后，对个体效应存在的情形下，到底是采用固定效应组内去心还是采用 FGLS（可行的广义最小二乘法）的随机效应，将使用豪斯曼检验来确定。豪斯曼检验的原假设是固定效应和随机效应不存在统计上的显著差异，在进行豪斯曼检验的时候，第一个变量是一致估计量，第二个变量则是有效估计量，在执行卡方检验后得到统计值为 56.78，对应的概率值也为 0.0000，即使是在 1% 的显著性水平上也拒绝了原假设，因而采用固定效应估计[1]，但是也同时说明了有可能会存在内生性问题。

（二）异方差、序列相关以及截面自相关检验

静态面板数据一般是假设随机误差项依赖于以下三个假设条件的成立，即同方差假设、序列无自相关假设和各个截面之间无相关假设。如果三个假设无

---

[1] 多数实证研究都采用固定效应模型或双向固定效应模型进行估计，采用随机效应估计情况的很少，而采用固定效应情形则占到95%左右。

法成立，将会出现异方差、序列相关和截面自相关的问题，这将会导致待估系数的有偏且不一致。一方面要采用各种方法来检验这些假设是否得到了满足，另一方面也要在这些假设无法满足时寻求合理的估计方法。

主要使用修正之后的瓦尔德检验（wald test）来对成对异方差进行检验，得到卡方统计量为 11643.85，其对应的概率值为 0.0000，说明该随机误差项存在异方差。这是因为面板数据（大 N 小 T）同时兼顾了截面数据和时间序列的特征，并且截面数据的特性表现得更为明显。对于随机误差项的序列相关检验，这里使用伍德里奇检验，其原假设是不存在一阶序列相关。得到的 F 统计量 F（1，79）为 340.791，其对应的概率值为 0.0000，在 1% 的显著性水平下拒绝了原假设，表明随机误差项存在序列相关，可能的原因在于面板数据的时间序列较长（22 年）引起的。另外，各个国家之间还可能存在相互的联系，即对于每一个截面，它们之间会有相关性。当然，这需要进一步的检验，具体结果详见表 4.3。

表 4.3　　　　　　　　　　　　截面相关性检验结果

	Pesaran 参数检验	Friedman 非参数检验	Frees 半参数检验
检验值	117.85	65.18	20.55
对应概率	0.0000	0.0249	5% 临界值为 0.6860

从表 4.3 中可以看出，无论是使用哪种截面自相关检验都可以发现，其所对应的概率值是明显拒绝原假设，说明以上三种检验都表明数据中各个国家之间存在截面自相关。

（三）基于 Driscoll 和 Kraay（1998）的实证结果分析

参考 Driscoll 和 Kraay（1998）的方法，把经常账户、金融结构、交乘项、经济增长率、人均实际 GDP、人均实际 GDP 的平方、开放度、资本管制程度、汇率低估程度、抚养比以及政府支出作为基准模型，然后依次加入金融深度的两个指标、银行集中度以及各国相对于美国的生产力等控制变量，估计结果分别展现在表 4.4 中的模型一、模型二以及模型三。具体而言，三个模型的金融结构，其系数显著为正，说明股票市场相对于金融中介的发展，使得金融结构变小，这使得经常账户的盈余在减少，即经常账户出现赤字的可能性在增大，这与一般意义上的股票市场或金融市场的发展会消除经常账户盈余的观点是一致的。

表4.4　　　　　　基于 Driscoll 和 Kraay（1998）方法的三个模型

	模型一	模型二	模型三
金融结构	0.5005 **	0.3002 *	0.5626 **
	(2.24)	(1.98)	(2.15)
交乘项	0.0016 ***	0.0020 ***	0.0017 **
	(3.87)	(3.78)	(2.62)
经济增长率	−0.1285 **	−0.0512	−0.0885 *
	(−2.47)	(−1.20)	(−1.98)
人均 GDP	−38.4382 ***	−30.1162 **	7.3906
	(−3.13)	(−2.18)	(0.54)
人均 GDP 平方	2.2016 ***	1.7467 **	0.9245
	(3.43)	(2.33)	(1.47)
开放度	0.0347 **	−0.0024	−0.0178
	(2.16)	(−0.28)	(−1.56)
资本管制程度	−0.6775 ***	−0.8370 ***	−1.0206 ***
	(−4.32)	(−4.83)	(−5.13)
汇率低估程度	3.7350 ***	5.3844 ***	5.8595 ***
	(3.40)	(6.06)	(6.57)
总抚养比	−22.2988 ***	−19.5527 *	−11.2290
	(−4.95)	(−1.88)	(−1.35)
政府支出	−0.5796 ***	−0.5804 ***	−0.6147 ***
	(−6.88)	(−6.32)	(−6.56)
流动性负债	−0.0124	−0.0208	−0.0229
	(−1.01)	(−1.15)	(−1.20)
私人信贷	−0.0493 ***	−0.0370 **	−0.0457 **
	(−5.40)	(−2.18)	(−2.30)
银行集中度		0.0276 ***	0.0184 *
		(2.65)	(1.82)
相对生产力			−2.6e+02 ***
			(−9.37)
截距项	183.5284 ***	144.2281 **	97.4538 *
	(3.12)	(2.19)	(1.81)
固定效应	是	是	是
样本数	1439	1040	1040

注：括号中的值为 t 值。

并且金融结构与金融全球化进程的交互项也显著的为正，只是该交乘项的经济意义的符号较小，说明金融结构对经常账户失衡问题的研究中，金融全球化进程的考虑是正确的选择，只是基于1990—2011年的数据而言，虽然统计学意义上是显著的，但是经济意义上的显著性较小，其系数范围在0.0016～0.0020。可能的原因是金融全球化在最近几年才大范围地显现作用，而面板数据则是不仅考虑国家之间的截面，更是考虑到时间的维度，所以认为随着资本流动以及金融全球化向深度推进以及数据收集的完善。在不久的将来，金融全球化与金融结构交互项的系数越来越大，即金融全球化在经常账户的解释中必将占据重要地位。

经济增长率的系数都为负，在模型一和模型三中，其系数显著为负。根据标准的经济理论，经济增长将会导致居民增加储蓄，因为居民往往认为经济增长是不可持续的，所以，他们认为这种经济增长将是暂时性的增长，因此，他们将会增加储蓄而非增加消费，最终的结果将是经常账户盈余。根据 Romer（2011）以及理性预期学派的观点，当居民认为是暂时性的收入增加，将会把增加的收入绝大部分用于储蓄，则经常账户产生盈余；但是居民认为是持久性收入增加时，将会进行消费行为，这又会导致经常账户的赤字。模型一和模型三的经济增长率的系数显著为负，可以说明该时期即使发生两次金融危机，居民也认为各国的经济增长是可持续的。人均实际 GDP 及其平方在模型一到模型三中，与经常账户的关系则是呈现 U 形结构，这与 Chinn 和 Prasad（2003）的观点是一致的，当一国处于经济起飞阶段时，主要是借各国的外债，进口先进的技术，这表现为该国的经常账户出现赤字；但是随着该国经济趋于成熟，开始偿还外债，并且出口已经掌握的先进技术和相关成熟产品，这又会带来该国经常账户的盈余。而模型三中的 U 形关系不显著，可能原因是模型三相对于其他模型多了各国的生产力与美国实际 GDP 之比，该控制变量与人均 GDP 及其平方会存在多重共线性，导致估计系数的有效性降低。

开放度对经常账户的影响一般情形下应该显著为正，模型一很好地解释了这一点，而模型二和模型三，不仅系数的符号相反而且不显著，这一现象有待进一步研究。资本管制程度是一把双刃剑，一般情形下，如果资本管制的任务是限制外资流入，这将减少经常账户赤字，即经常账户会出现盈余；如果资本管制的目标是限制外资流出（如中国等大部分发展中国家），经常账户的赤字又可以得到维持。从资本管制程度的系数显著为负来看，说明从全球视角来看，大部分国家的资本管制的目标还是限制外资流出而非限制外资流入。汇率低估程度对经常账户的系数显著为正。一国的汇率低估，是否会回到其均衡状态与很多因素有关，更重要的是，汇率的升值或贬值，再传导给进口或者出口，是不完全的传递机制，因此，学术界往往认为汇率低估的程度对经常账户的影响是不确定的。此处实证结果虽然是显著为负，但还有待进一步的稳健性检验的支持。无论是在模型一、模型二，还是模型三中，总抚养比，政府支出都是显著为负，这都直接检验了传统理论的正确性，即抚养比越高，政府支出越高，全社会的储蓄下降，从而根据孪生赤字的假说，使得经常账户赤字。

表 4.5　　　　　　　　　　固定效应与双向固定效应的对比

	模型一	模型二	模型三	模型四	模型五	模型六
金融结构	0.5005 **	0.3002 *	0.5626 **	0.7844 ***	0.3824 **	0.3300 *
	(2.24)	(1.98)	(2.15)	(3.42)	(2.12)	(1.97)
交乘项	0.0016 ***	0.0020 ***	0.0017 **	0.0012 ***	0.0012 **	0.0013 **
	(3.87)	(3.78)	(2.62)	(2.79)	(2.10)	(2.23)
经济增长率	−0.1285 **	−0.0512	−0.0885 *	−0.1604 ***	−0.1032 **	−0.1036 **
	(−2.47)	(−1.20)	(−1.98)	(−3.22)	(−2.01)	(−2.03)
人均 GDP	−38.4382 ***	−30.1162 **	7.3906	−22.0686 **	−17.5976	8.9669
	(−3.13)	(−2.18)	(0.54)	(−2.12)	(−1.37)	(0.47)
人均 GDP 平方	2.2016 ***	1.7467 **	0.9245	1.2035 **	0.9164	0.8521
	(3.43)	(2.33)	(1.47)	(2.13)	(1.24)	(1.20)
开放度	0.0347 **	−0.0024	−0.0178	0.0284 *	−0.0079	−0.0084
	(2.16)	(−0.28)	(−1.56)	(1.87)	(−0.83)	(−0.89)
资本管制程度	−0.6775 ***	−0.8370 ***	−1.0206 ***	−0.7429 ***	−1.0037 ***	−1.0121 ***
	(−4.32)	(−4.83)	(−5.13)	(−4.51)	(−5.04)	(−4.94)
汇率低估程度	3.7350 ***	5.3844 ***	5.8595 ***	3.7589 ***	5.6843 ***	5.6229 ***
	(3.40)	(6.06)	(6.57)	(3.54)	(6.02)	(5.95)
总抚养比	−22.2988 ***	−19.5527 *	−11.2290	−11.6813 **	−6.2670	−8.0065
	(−4.95)	(−1.88)	(−1.35)	(−2.10)	(−0.53)	(−0.67)
政府支出	−0.5796 ***	−0.5804 ***	−0.6147 ***	−0.6703 ***	−0.6764 ***	−0.6688 ***
	(−6.88)	(−6.32)	(−6.56)	(−9.15)	(−7.79)	(−7.77)
流动性负债	−0.0124	−0.0208	−0.0229	−0.0246 **	−0.0380 ***	−0.0383 ***
	(−1.01)	(−1.15)	(−1.20)	(−2.09)	(−3.24)	(−3.44)
私人信贷	−0.0493 ***	−0.0370 **	−0.0457 **	−0.0502 ***	−0.0341 **	−0.0350 **
	(−5.40)	(−2.18)	(−2.30)	(−5.89)	(−2.13)	(−2.14)
银行集中度		0.0276 ***	0.0184 *		0.0182 *	0.0152
		(2.65)	(1.82)		(1.79)	(1.54)
相对生产力			−2.6e+02 ***			−2.7e+02 ***
			(−9.37)			(−2.69)
截距项	183.5284 ***	144.2281 **	97.4538 *	113.4442 **	97.9993 *	96.7740 *
	(3.12)	(2.19)	(1.81)	(2.33)	(1.71)	(1.78)
固定效应	有	有	有	有	有	有
时间效应	无	无	无	有	有	有
样本数	1439	1040	1040	1439	1040	1040

　　而为了得到金融结构及其交乘项对经常账户的作用，必然要把金融深度、

银行集中度等作为控制变量，才能更好地观察二者的显著关系，这一点在之前已经论述过了。我们可以看到，金融深度的两个指标，即流动性负债指标与私人信贷指标，它们的符号都是与经常账户成负向关系。因为金融深度扩展会带来信贷约束的放松，而这又会带来投资增长，最终带来经常账户的赤字。比较让人吃惊的是，前者在三个模型中均不显著，而私人信贷指标却异常显著，这也说明了在信贷配给制度的国家中，私人信贷可以更好地衡量金融市场得到效率，而流动性指标只是从总量上加以控制，是否对投资、经济增长有作用都值得怀疑。金融结构除了用金融中介相对于金融市场（股票市场）的规模以外，还有一种观点认为从更加宏观的角度来看，可以使用一国银行业的集中度来考查银行业的融资效率。一般观点认为银行的集中度越高，市场效率越低，从而企业的储蓄在持续增加，而根据 Fan 和 Morck（2012）的观点，企业中的高储蓄正是经常账户出现盈余的最重要的原因。一国相对于美国的实际生产力越低（大多数国家都是这个样子），则出现经常账户盈余就越多，该控制变量的引入是考虑了比较优势是造成经济账户失衡的相关文献。

表 4.6　　　　　　　　　　　发达国家和发展中国家的实证结果

	发达国家			发展中国家		
	模型一	模型二	模型三	模型四	模型五	模型六
金融结构	1.031 *	0.163	0.481 *	1.116 ***	0.332	0.564 *
	(1.72)	(0.17)	(1.78)	(3.05)	(1.19)	(1.99)
交乘项	0.002 ***	0.002 ***	0.002 ***	−0.010	0.008	0.003
	(3.99)	(5.61)	(5.62)	(−0.71)	(0.99)	(0.39)
经济增长率	−0.015	−0.034	−0.044	−0.138 **	−0.033	−0.062
	(−0.22)	(−0.54)	(−0.69)	(−2.54)	(−0.54)	(−1.09)
人均GDP	−24.658	159.735 **	187.140 ***	6.230	10.924 **	36.257 ***
	(−0.41)	(2.56)	(2.74)	(0.82)	(2.16)	(10.54)
人均GDP平方	1.645	−7.331 **	−8.121 **	−0.574	−0.855 ***	−1.140 ***
	(0.56)	(−2.41)	(−2.46)	(−1.45)	(−3.27)	(−6.20)
开放度	0.028 ***	0.029 ***	0.018 **	−0.006	−0.076 ***	−0.088 ***
	(3.18)	(3.46)	(2.23)	(−0.21)	(−4.43)	(−4.84)
资本管制程度	−0.395	−1.142 ***	−1.188 ***	−0.652 **	−1.017 ***	−1.163 ***
	(−1.58)	(−3.45)	(−3.56)	(−2.60)	(−3.25)	(−3.40)
汇率低估程度	6.833 **	5.018	6.497 *	3.048 ***	4.848 ***	5.314 ***
	(2.48)	(1.58)	(1.97)	(3.91)	(8.93)	(9.62)

续表

	发达国家			发展中国家		
	模型一	模型二	模型三	模型四	模型五	模型六
总抚养比	-31.121 **	-8.927	-8.047	-19.723 ***	-19.853 **	-7.371
	(-2.25)	(-0.58)	(-0.53)	(-5.87)	(-2.61)	(-1.14)
政府支出	-0.841 ***	-0.952 ***	-0.969 ***	-0.271 **	-0.454 ***	-0.418 ***
	(-5.42)	(-5.96)	(-5.88)	(-2.58)	(-4.13)	(-3.95)
流动性负债	-0.027 ***	-0.029 ***	-0.031 ***	0.117 ***	0.059 *	0.065 **
	(-2.76)	(-2.88)	(-3.04)	(4.02)	(1.99)	(2.29)
私人信贷	-0.042 ***	-0.024 **	-0.031 **	-0.127 **	-0.113 **	-0.106 **
	(-6.56)	(-2.05)	(-2.39)	(-2.08)	(-2.38)	(-2.11)
银行集中度		0.072 ***	0.061 ***		-0.021 **	-0.020 *
		(4.42)	(3.37)		(-2.35)	(-1.87)
相对生产力			-157.681 ***			-224.801 ***
			(-3.44)			(-5.07)
截距项	111.185	-846.241 **	-890.632 **	-2.585	-12.575	-34.99 **
	(0.36)	(-2.64)	(-2.61)	(-0.07)	(-0.58)	(-2.66)
样本数	708	501	501	731	539	539

　　从表4.5中可知，模型一到模型三是只包含固定效应的面板数据的 Driscoll 和 Kraay（1998）的方法，而模型四到模型六不仅包含固定效应，还包含时间效应，即生成时间虚拟变量作为解释变量①，一般把这样的情况叫做双向固定效应。对比固定效应和双向固定效应，可以发现，对于重要解释变量金融结构、金融结构与金融全球化的交互项，无论是从符号还是从系数的显著性程度来看，系数均没有发生太大的变化。这说明金融结构对经常账户的影响并不会受到各个年度的显著影响。同样，其他控制变量对经常账户的影响也不会受到时间虚拟变量的影响。这说明选择的变量效果较好，受到时间效应的影响很小。

　　一般而言，为了考查金融发展对经常账户的影响是否在不同的国家（地区）有所不同，需要对全样本进行划分，可以分为发达国家（地区），发展中国家（地区）（不包括撒哈拉以南地区）。具体而言，依据世界银行对国家（地区）的五类分类法［包括高收入非 OECD 国家（地区）、高收入 OECD 国

---

　　①　为了保证回归结果呈现的简洁性，本书在表5中没有汇报出模型四到模型六中的时间虚拟变量的系数，如果有需要的读者，可以与作者单独联系索取。

家（地区）、中上等收入国家（地区）、中低收入国家（地区）、低收入国家（地区）]，本书把前两类国家（地区）归为发达国家（地区）①，而把后三类国家（地区）归为发展中国家（地区）②，并且为了提出极端值的影响，此处的发展中国家（地区）并不包括撒哈拉以南的非洲沙漠地区。就发达国家（地区）和发展中国家（地区）的实证结果来看，具体体现在表 4.6 中，金融结构以及交乘项的显著性与表 4.4 相比，其存在明显的显著性下降，而且金融结构对经常的效应在发展中国家（地区）的效应要大些。而发展中国家（地区）的交乘项系数不显著，说明了金融全球化对于发展中国家（地区）的经常账户的影响还不明显，而在发达国家（地区）却非常显著，这与大多数发展中国家（地区）的融入全球一体化以及金融全球化的程度是有关系。从经济增长率来看，无论是在发达国家（地区）还是发展中国家（地区），其系数的显著性都有所下降，这可能是由于样本数较小，导致系数估计的有效性下降。开放度、资本管制程度、汇率低估程度、总抚养比、政府支出、流动性负债、私人借贷、银行集中度以及相对生产力在发达国家（地区）和发展中国家（地区）均保持了较好的显著性和符号③，这和全部样本的表现都是一致的。但是，人均 GDP 与经常账户的关系在发达国家（地区）（模型二和模型三）和发展中国家（地区）（模型四、模型五及模型六）则是倒 U 形关系。由于目前还没有较好的理论可以解释这种异常现象，本书认为可能的原因是：发达国家（地区）和发展中国家（地区）在经济增长的初始阶段，他们的微观经济主体（如家庭）都认为这种经济增长只是一种暂时性的经济增长并非持久性的经济增长，把较多的收入用于储蓄，这会导致经常账户的盈余。随着经济持续的增长，理性人往往会认为这时的经济增长可能是持久性的经济增长，而把收入的大部分用于消费，这又会导致储蓄的下降，从而经常账户出现

---

① 澳大利亚、奥地利、比利时、巴林、加拿大、瑞士、塞浦路斯、捷克共和国、德国、丹麦、西班牙、爱沙尼亚、芬兰、法国、英国、希腊、中国香港、克罗地亚、匈牙利、爱尔兰、冰岛、以色列、意大利、日本、韩国、科威特、马耳他、荷兰、挪威、新西兰、阿曼、波兰、葡萄牙、卡塔尔、沙特阿拉伯、新加坡、斯洛伐克共和国、斯洛文尼亚、瑞典、特里尼达和多巴哥、美国。

② 阿根廷、亚美尼亚、孟加拉国、保加利亚、玻利维亚、巴西、不丹、智利、中国、哥伦比亚、哥斯达黎加、厄瓜多尔、埃及、斐济、格鲁吉亚、危地马拉、洪都拉斯、印度尼西亚、印度、伊朗、牙买加、约旦、哈萨克斯坦、吉尔吉斯共和国、圣基茨和尼维斯、黎巴嫩、斯里兰卡、立陶宛、拉脱维亚、摩洛哥、摩尔多瓦、墨西哥、马其顿、蒙古、尼泊尔、巴基斯坦、巴拿马、秘鲁、菲律宾、巴拉圭、俄罗斯、萨尔瓦多、泰国、突尼斯、土耳其、乌克兰、乌拉圭、委内瑞拉、越南。

③ 这里所说的符号是指表 4.6 的分样本（发达国家和发展中国家）的变量与表 4.5 的分样本相比，符号没有发生明显的改变。即分样本的变量的系数为正，全样本的变量的系数也为正；同样，分样本中变量的系数为负，全样本中变量的系数也为负。

赤字的可能性在增大。总之，发达国家（地区）和发展中国家（地区）之间的金融结构的异质性表现的并不明显，从分组来看，最为异常的就是人均 GDP 与经常账户之间的关系。

第三节　稳健性检验

为了保证实证研究结果的可信性，必须进行稳健性检验。根据张成思和陈曦（2014）的观点，早期的稳健性检验都是对模型进行简单的变换回归。例如，徐建炜和姚洋（2010）提出金融市场可以用债券市场来替代，并使用特殊的非对称指标（对金融市场代理变量取对数或者对制造业年度增加值取对数，即不再对分子和分母同时取对数），这样得出来的系数不再是弹性而是半弹性。对关键解释变量——金融发展引入非线性考虑，如二次项[①]。何新华（2014）指出徐建炜和姚洋（2010）的论文中使用九种不同的定义，但是经济学意义根本就不同，无法进行比较。这样的变换回归所得到的稳健性检验也就没有太大的意义。而对重要解释变量引入二次项这样的非线性结构，已经从根本上改变了模型的设定形式，绝非取自然对数所带来的非对称效应那样。因此，本书认为引入二次项的形式不再是稳健性检验，而是一种新的模型设定。由于已经通过加入较多的控制变量以及取自然对数的方式保证关键解释变量金融结构与因变量经常账户之间的线性关系，所以，此处就不再对金融结构的非线性形式进行任何形式的检验。根据最近的研究，可以采用对样本分组、寻找工具变量等方式进行稳健性检验，因此接下来的内容进行以下几个方面的稳健性检验：（1）金融结构的其他衡量指标；（2）排除金融中心效应；（3）引入金融危机效应；（4）寻找合适的工具变量来消除联立偏误的内生性。

一、使用金融结构的其他衡量指标

根据赵春明和郭界秀（2010）观点，目前并不存在金融发展和金融结构的统一指标，且不同的指标选取会给实证检验带来差异。为了体现金融结构对经常账户的表现是稳定的，需要采用银行储蓄与一国的 GDP 比值作为衡量金

---

① 杨珍增和陆建明（2011）认为金融发展存在的差异是导致贸易收支不平衡的重要原因，一旦金融发展的水平超过某一个临界值，贸易不平衡将会加大，隐含着金融发展对贸易不平衡的倒 U 形关系。

融中介的指标，使用股票成交额与 GDP 之比反映一国股票市场的流动性。因此，一国的金融结构则可以表示为银行储蓄与股票成交额的比值。之所以不使用债券市场总值来代替金融市场的情况，是因为对于大部分国家而言（除了美国以外），股票市场的发展程度要远大于债券市场的发展程度，并非是局限于债券市场数据收集的困难[①]。本书赞同 Lane 和 Milesi – Ferretti（2007）所给出的金融全球化的衡量方法，所以这里不再为金融全球化寻找其他形式的代理变量，交互项则是银行储蓄与股票成交额的比值乘以金融全球化的变量。其他控制变量依旧保持不变。所估计的结果如表 4.7 所示。

表 4.7   稳健性检验：金融结构的其他衡量指标

	模型一	模型二	模型三
金融结构	0.345 ***	0.405 ***	0.520 ***
	(3.09)	(2.89)	(3.13)
交乘项	0.001	0.002 ***	0.002 **
	(1.11)	(3.26)	(2.46)
经济增长率	−0.126 **	−0.041	−0.075 **
	(−2.25)	(−1.21)	(−2.15)
人均 GDP	−63.640 ***	−69.226 ***	−32.699 **
	(−7.78)	(−5.21)	(−2.33)
人均 GDP 平方	3.524 ***	3.843 ***	2.873 ***
	(7.60)	(5.17)	(4.43)
开放度	0.028 *	−0.002	−0.015
	(1.80)	(−0.22)	(−1.31)
资本管制程度	−0.776 ***	−0.960 ***	−1.113 ***
	(−5.21)	(−5.68)	(−6.07)
汇率低估程度	3.391 ***	4.779 ***	5.253 ***
	(3.21)	(4.71)	(5.49)

---

① Beck 等（2013）中的私人债券市场市值或公共债券市场市值或国际债券等指标。

续表

	模型一	模型二	模型三
总抚养比	− 27. 418 ***	− 25. 681 **	− 17. 961 *
	（ − 5. 58）	（ − 2. 17）	（ − 1. 75）
政府支出	− 0. 537 ***	− 0. 522 ***	− 0. 552 ***
	（ − 7. 87）	（ − 6. 11）	（ − 6. 41）
流动性负债	− 0. 010	− 0. 021	− 0. 025
	（ − 0. 80）	（ − 1. 17）	（ − 1. 27）
私人信贷	− 0. 048 ***	− 0. 040 **	− 0. 043 **
	（ − 5. 34）	（ − 2. 53）	（ − 2. 53）
银行集中度		0. 013	0. 007
		（1. 61）	（0. 72）
相对生产力			− 220. 485 ***
			（ − 7. 16）
截距项	304. 621 ***	327. 759 ***	264. 290 ***
	（8. 23）	（5. 08）	（4. 79）
样本数	1367	998	998

从表 4.7 可以看出，使用银行储蓄与股票成交额的比值来衡量金融结构指标后，显著性得到了明显的提升，模型一到模型三均是在 1% 的情况下显著。人均 GDP 与经常账户呈现 U 形假说关系，而且其他变量的系数的显著性和符号均没有发生变化。

二、异常值影响或者金融中心效应

研究两个变量之间的关系还要排除异常值或者极端值的影响。根据经常账户失衡的大多数研究标准，往往把经常账户赤字超过 30%（或者经常账户赤字超过 50%）的需要丢弃的 GDP 样本去除，这样可以控制过度失衡的国家，因为这些异常值的存在可能无法决定长期均衡。从具体样本来看，91 个国家中只有 1 个观测值的经常账户赤字是 31.69%，很显然，删除该值并不会对表 4.4 中的值造成任何影响。

表 4.8　　　　　稳健性检验：排除金融中心之后的估计结果

	模型一	模型二	模型三
金融结构	0.500 **	0.300 *	0.563 *
	(2.24)	(1.94)	(1.95)
交乘项	0.002 ***	0.002 ***	0.002 **
	(3.87)	(3.78)	(2.62)
经济增长率	−0.129 **	−0.051	−0.089 *
	(−2.47)	(−1.20)	(−1.98)
人均 GDP	−38.438 ***	−30.116 **	7.391
	(−3.13)	(−2.18)	(0.54)
人均 GDP 平方	2.202 ***	1.747 **	0.925
	(3.43)	(2.33)	(1.47)
开放度	0.035 **	−0.002	−0.018
	(2.16)	(−0.28)	(−1.56)
资本管制程度	−0.677 ***	−0.837 ***	−1.021 ***
	(−4.32)	(−4.83)	(−5.13)
汇率低估程度	3.735 ***	5.384 ***	5.859 ***
	(3.40)	(6.06)	(6.57)
总抚养比	−22.299 ***	−19.553 *	−11.229
	(−4.95)	(−1.88)	(−1.35)
政府支出	−0.580 ***	−0.580 ***	−0.615 ***
	(−6.88)	(−6.32)	(−6.56)
流动性负债	−0.012	−0.021	−0.023
	(−1.01)	(−1.15)	(−1.20)
私人信贷	−0.049 ***	−0.037 **	−0.046 **
	(−5.40)	(−2.18)	(−2.30)
银行集中度		0.028 ***	0.018 *
		(2.65)	(1.82)
相对生产力			−264.198 ***
			(−9.37)
截距项	183.528 ***	144.228 **	97.454 *
	(3.12)	(2.19)	(1.81)
样本数	1439	1040	1040

　　因此，可以采取另一种排除异常值的方法，即排除金融中心的样本国家。尽管已经较好地控制了金融部门的规模和结构，但是变量的缺失仍旧会使得计量的结果不可靠，例如，不能够完全控制国家间的金融业的相对实力。一些国家存在着金融中心，而另外一些国家则没有金融中心。再加上这些金融中心具

有潜在的威胁，所以，需要排除再次进行检验。这些金融中心的国家包括美国、英国、德国、日本、新加坡和瑞士。排除金融中心的估计结果详见表4.8。从表4.8可以看到，控制变量的表现同表4.4中一样，无论是显著性还是系数都保持较好，而且重要解释变量金融结构及其交互项也与基准模型保持一致，说明排除金融中心之后的系数的显著性和符号并没有发生太大改变。这也进一步支持了本书得到的结论。

三、引入金融危机效应

根据 Gruber 和 Kamin（2007）观点，全球不平衡的重点在于美国经常账户赤字和亚洲发展中国家的盈余。目前对于前者的解释因素较多，而对于后者更加强调金融危机的影响。很明显，引入金融危机不仅是对于亚洲国家，而对于本书的全样本来说都是至关重要的。那么，如何引入金融危机的效应呢？第一种方式，Gruber 和 Kamin（2007）认为在经常账户以相对项衡量时，必须要考虑金融危机对经常账户的影响。如果所有国家同时发生金融危机，那么它将不会对经常账户的平衡产生影响。所以，金融危机的引入必须要考虑相对项的形式引入。具体的处理方法为：将危机哑变量转换为相对值（每个哑变量减去每个国家哑变量的平均值，然后用 GDP 权重的平均值来加总这种哑变量，最后得到大概是 0 ~ 0.3 的值）。第二种方式，金融危机变量可以和金融开放相乘，因为更加开放的经济体可能有更大的可贸易品部门，相对于金融危机的反映，调整他们的外部均衡更加容易些。第三种方式，Caprio 和 Klingebiel（2003）使用银行危机来替代系统性银行危机指数，从而能够有效识别金融危机效应。而 Kaminsky 和 Reinhart（1999）则使用货币危机来替代金融危机效应。

表4.9　　　　　　　　　稳健性检验：金融危机效应

	模型一	模型二	模型三	模型四	模型五	模型六
金融结构	0.472 **	0.258 *	0.518 **	0.510 **	0.265 *	0.539 **
	(2.00)	(1.81)	(2.39)	(2.08)	(1.82)	(2.46)
交乘项	0.002 ***	0.002 ***	0.002 ***	0.001 ***	0.002 ***	0.002 ***
	(3.87)	(4.03)	(2.82)	(3.46)	(4.17)	(2.78)
经济增长率	-0.142 ***	-0.071	-0.102 **	-0.144 ***	-0.076	-0.108 **
	(-2.67)	(-1.48)	(-2.15)	(-2.89)	(-1.55)	(-2.22)
人均 GDP	-39.011 ***	-28.658 **	7.633	-39.166 ***	-28.96 **	7.55
	(-3.26)	(-2.12)	(0.53)	(-3.25)	(-2.10)	(0.54)

续表

	模型一	模型二	模型三	模型四	模型五	模型六
人均 GDP 平方	2.237***	1.655**	0.922	2.247***	1.675**	0.919
	(3.62)	(2.27)	(1.45)	(3.60)	(2.25)	(1.46)
开放度	0.040**	0.002	-0.012	0.042***	0.004	-0.010
	(2.55)	(0.33)	(-1.24)	(2.67)	(0.59)	(-1.11)
资本管制程度	-0.656***	-0.825***	-0.981***	-0.649***	-0.820***	-0.985***
	(-4.31)	(-4.48)	(-4.83)	(-4.30)	(-4.55)	(-4.84)
汇率低估程度	3.569***	5.320***	5.710***	3.541***	5.285***	5.692***
	(3.26)	(5.92)	(6.25)	(3.26)	(5.89)	(6.30)
总抚养比	-22.88***	-19.04*	-11.78	-22.79***	-19.52*	-11.64
	(-4.94)	(-1.80)	(-1.35)	(-4.99)	(-1.83)	(-1.35)
政府支出	-0.594***	-0.598***	-0.631***	-0.596***	-0.600***	-0.63***
	(-7.05)	(-6.55)	(-6.85)	(-7.00)	(-6.42)	(-6.76)
流动性负债	-0.014	-0.027	-0.028*	-0.014	-0.025	-0.027
	(-1.20)	(-1.63)	(-1.77)	(-1.18)	(-1.57)	(-1.63)
私人信贷	-0.047***	-0.032**	-0.040**	-0.048***	-0.033**	-0.042**
	(-5.08)	(-2.11)	(-2.23)	(-5.18)	(-2.10)	(-2.27)
1997 年金融危机	-0.727**	-1.597***	-0.646***			
	(-2.07)	(-2.92)	(-3.00)			
2008 年金融危机	-2.058***	-1.602***	-1.914***			
	(-4.80)	(-4.17)	(-5.27)			
银行集中度		0.027**	0.018*		0.027**	0.019*
		(2.58)	(1.76)		(2.59)	(1.81)
相对生产力			-265.925***			-264.674***
			(-6.79)			(-8.33)
1997 年危机交互				-0.001	-0.011**	-0.005*
				(-0.28)	(-2.03)	(-1.70)
2008 年危机交互				-0.017***	-0.012***	-0.014***
				(-4.88)	(-4.24)	(-5.49)
截距项	186.1***	138.8***	97.381*	186.4***	139.96**	96.989*
	(3.23)	(2.16)	(1.81)	(3.21)	(2.14)	(1.79)
样本数	1439	1040	1040	1439	1040	1040

然而，这些方法存在问题，因为根据 Gruber 和 Kamin（2007）的样本数据来看，148 个国家或地区是以银行危机的独立发生代表金融危机的，而只有 73 个货币危机独立发生代表金融危机的，如果考虑到货币危机和银行系统性危机的同时发生，则只有 38 个国家或地区可以表示为金融危机。另外，Gruber 和 Kamin（2007）所提到的以 GDP 为权重加权金融危机的相对值，而这种方法是重复引入 GDP 的值，考虑到本章提到的计量模型中的替代变量很多都是相对值，而这些相对值的分母大多是 GDP 或者分子部分就是一个比值，也包含着 GDP。综合考虑，使用虚拟变量（或者哑变量）来构建金融危机这也是目前大多文献中引入金融危机较常用的方法，即使用虚拟值 1 代表处于危机中，0 代表其他，用 crisis 变量代表 1997 年亚洲金融危机，用 crisis2 代表 2008 年美国次贷危机引起的全球金融危机。结果如表 4.9 所示，可以看出这种效应可以从模型一到模型三中观测到。另外使用金融危机与金融开放变量相乘的形式引入金融危机虚拟变量，估计结果见表 4.9 中的模型四到模型六。

从表 4.9 中可以看出模型一到模型三中的两个金融危机虚拟变量的系数均显著，且符号为负，说明金融危机的发生会造成经常账户赤字，可能的原因在于金融危机期间各国均采取贸易保护主义政策，实质上是以邻为壑的贸易政策，这会对一国的进出口造成很大程度上的打击，最终会带来经常账户的赤字。模型四到模型六也可以看到类似的结果。另外，根据模型一到模型六的结果来看，重要解释变量金融结构以及交互项系数显著且符号与基准模型的表现均为一致。且控制变量从模型一到模型六的表现较好，与表 4.4 所展现的预期符号一致。

四、使用工具变量消除内生性

上文内容已经说明了金融结构是经常账户失衡的重要原因，但是有很多时候，同时也注意到金融结构与经常账户之间会存在反馈作用（Feed Back），即经常账户的余额也会影响一个国家的金融业的结构。例如，对经常账户盈余而言，对于实行浮动汇率制的国家，必然使其本币自由浮动，本币出现大幅升值。而本币的升值除了会对资本流动产生影响以外，更重要的是对投资者选择国内和国际的金融市场战略产生影响，就证券投资组合的本国偏好而言，国内的金融市场必定受到本币升值的冲击更大。实行固定汇率制的国家，则会出现本币在国内的贬值，即出现通货膨胀问题，这又会导致实际汇率的升值，也必然会对金融市场产生冲击。另外，如果经常账户盈余总是处于被动的影响和被动的调整的话，则对于经常账户逆差国而言，它们更加会趋于主动的调整，例如，一国经常账户逆差，在浮动汇率制度下，本币出现名义贬值，这至少会在短期内促进出口来缓解经常账户的逆差；而在固定汇率制度下，本币与外币相比较而言，其在国内的供给相对于需求较少，这又会带来本币通货膨胀的压力，实际上这又意味着实际汇率的贬值，无论是名义汇率还是实际汇率的贬值，对投资者在金融中介与股票市场之间的选择产生重要影响。基于以上两个方面的原因，本书可以发现，在以上所设定的计量模型中，因变量经常账户失衡也会对重要解释变量金融结构产生影响，这就是所谓的计量模型的联立性偏误问题。在以下的内容中，使用工具变量来缓解联立内生性所带来的估计偏误。

　　工具变量既可以来自于系统内，如把内生解释变量滞后一期和滞后两期等作为工具变量；也可以来自系统外，如引入外生性的工具变量可以缓解由于控制变量所带来的遗漏变量问题。由于金融结构以及它与金融全球化变量的交互项都临着内生性问题，所以除了使用系统内的内生性以外，还需要寻找外生性的工具变量来处理内生性。具体而言，系统内的工具变量是金融结构、金融结构与金融全球化的交乘项，它们二者的滞后一期、滞后二期以及滞后三期作为工具变量。

表 4.10　　　　　　　　　　**稳健性检验：面板工具变量**

	模型一	模型二	模型三
金融结构	0.948 **	0.791 *	1.087 **
	(2.53)	(1.74)	(2.41)
交乘项	0.002 *	0.003 **	0.002 **
	(1.88)	(2.07)	(1.98)
经济增长率	−0.098 **	−0.045	−0.078 *
	(−2.29)	(−1.01)	(−1.74)
人均 GDP	−37.258 ***	−32.598 ***	5.946
	(−5.55)	(−4.43)	(0.60)
人均 GDP 平方	2.169 ***	1.877 ***	0.988 **
	(5.80)	(4.55)	(2.29)
开放度	0.004	−0.009	−0.036 ***
	(0.37)	(−0.76)	(−2.76)
资本管制程度	−0.769 ***	−0.734 ***	−0.843 ***
	(−3.56)	(−2.82)	(−3.24)
汇率低估程度	6.003 ***	5.600 ***	6.558 ***
	(6.53)	(5.42)	(6.22)
总抚养比	−27.766 ***	−27.896 ***	−19.686 ***
	(−7.64)	(−5.72)	(−3.82)
政府支出	−0.640 ***	−0.618 ***	−0.698 ***
	(−6.89)	(−6.33)	(−6.91)

续表

	模型一	模型二	模型三
流动性负债	− 0.025 *	− 0.032 **	− 0.034 **
	(− 1.95)	(− 2.04)	(− 2.17)
私人信贷	− 0.045 ***	− 0.039 ***	− 0.044 ***
	(− 5.33)	(− 3.40)	(− 3.90)
银行集中度		0.028 *	0.014
		(1.95)	(0.96)
相对生产力			−259.328 ***
			(− 5.45)
样本数	1171	985	955
Sargan – hansen 检验	0.153	0.104	0.092
调整后的 R^2	0.151	0.117	0.144

　　另外可以使用国家的法律起源作为金融结构的系统外工具变量。因为一国的法律起源与金融市场、金融结构有着相当大的作用，在二战结束之后，拥有大陆法系（Civil Law）的国家，它们的金融市场要比英美法系（Common Law）的国家的金融市场发达。如果从金融交易和投资者保护来看，它反映了英美法系要比大陆法系的更具有内在优越性。而另一些学者认为它反映了一国的文化、宗教或者政治。所以，法律起源常常被作为金融市场或者金融结构的工具变量。例如，Levine 等（2000），Liberti 和 Mian（2010），Voghouei 等（2013），Pistor（2013），Coyle 和 Turner（2013）等的研究。根据 Porta 等（1998）提出的英式（uk）、法式（frsp）、斯堪的纳维亚式（Scandinavian，scan）和德式（ger）四种情形，以此来判断各个国家的法律起源。样本中没有 Porta 等（1998）归类的国家，则把这些国家归为另一类（other）[1]。在 Porta 等（1998）的法律起源中所涉及的是截面数据，而本章中使用的是面板数据，为

---

[1]　法律起源：英式包括 18 个国家（地区），分别为澳大利亚、加拿大、中国香港、印度、爱尔兰、以色列、肯尼亚、马来西亚、新西兰、尼日利亚、巴基斯坦、新加坡、南非、斯里兰卡、泰国、英国、美国和津巴布韦；法式包括 21 个国家，分别为阿根廷、比利时、巴西、智利、哥伦比亚、厄瓜多尔、埃及、法国、希腊、印度尼西亚、意大利、约旦、墨西哥、荷兰、秘鲁、菲律宾、葡萄牙、西班牙、土耳其、乌拉圭和委内瑞拉；德式包括 6 个国家（地区），分别为奥地利、德国、日本、韩国、瑞士和中国台湾；斯堪的纳维亚式包括 4 个国家，分别为丹麦、芬兰、挪威、瑞典。以上四类总共 49 个国家（地区），其余国家（地区）全部用其他（other）表示。之所以选择该文的法律起源作为本书的标准，是因为它对法律的起源划分细致，且涉及的国家（地区）最为广泛，还有一种法律起源的分类只有 24 个国家（地区），详见 Rajan 和 Zingales（2003）。

了克服数据类型上的差异以及面板数据的时间变化，利用法律起源与年份虚拟变量相乘以克服面板数据时间上的变化性。

由于使用的系统内工具变量和系统外工具变量的个数较多，对于面板数据的工具变量方法，不存在识别不足的情况，但是这些工具变量与内生变量之间是否有较强的弱工具性呢？这就需要通过 Cragg - Donald 的 F 统计量和其临界值来判断，这里的三个模型经过检验都排除了弱工具变量的假设。最为重要的检验则是过度识别检验，即这些工具变量是不是外生的。一个好的工具变量必须是与内生变量相关，而与干扰项不相关。这可以通过 Sargan - Hansen 检验来体现，具体的 p 值可以通过表 4.10 来体现。通过表 4.10 可以看出，工具变量的选择结果较好，不仅在 5% 的显著性水平下无法拒绝 Sargan - Hansen 检验，而且各个解释变量中的估计结果都与表 4.4 中的基准模型表现一致。

第四节　本章小结

在经济全球化和金融全球化的背景下，基于中期视角对全球失衡问题进行研究已经是一个普遍的现象，这不仅体现出以往文献中研究此问题的宏观层面，而且也包含深层次的微观层面。早期的传导机制主要基于储蓄—投资理论，但是由于包含各种纷繁复杂的因素，使得学者们开始有必要再次对经常账户失衡的问题进行深度研究。因此，本书采用 Driscoll 和 Kraay （1998） 的计量方法对全球 91 个国家 （地区） 在 1990—2011 年的面板数据进行分析，得出以下几点结论：

第一，金融结构与经常账户呈正相关关系。这说明如果一国的金融中介（银行业）居于主导地位，则金融结构的比值上升，即金融结构的劣势呈现出来，导致一国经常账户出现盈余。反之，一国的金融市场越活跃，则股票市场的总市值就越大，则金融结构的比值下降，这表现为金融结构的优势凸显出来，导致一国经常账户出现赤字。

第二，金融全球化进程不会单独影响经常账户，必须与金融结构一起才能影响经常账户。从前文分析中得出金融结构对经常账户失衡的影响在金融全球化进程中起重要作用。这也是本书的创新之处，首次提出金融结构、金融全球化会对经常账户的失衡产生影响，并且在此过程中金融结构起到主要作用，金融全球化起次要作用。

第三，银行集中度与经常账户的关系在全样本中是正相关关系，即银行业高度集中所表现出来的垄断性将会导致一国的经常账户盈余。但是，在子样本中却表现出不同的结论，发达国家（地区）中二者仍然是正相关关系，而发展中国家（地区）中却呈现负相关关系。

第四，人均 GDP、人均 GDP 的平方项与经常账户之间呈现出比较特殊的关系。在全样本中，人均 GDP 与经常账户呈现 U 形曲线关系。而在分组样本中，无论是发达国家还是发展中国家，人均 GDP 与经常账户均呈现倒 U 形关系。这种特殊现象可以用暂时性收入和持久性收入的观点进行解释。

第五，总抚养比与经常账户之间呈现显著的负向关系，这一关系无论是在全样本还是子样本中均稳健成立。另外还发现在中期内老龄化和人口红利对于一国经常账户的影响是非常显著的。

第五章
一国对外净资产与金融结构的实证研究

第一节　模型的设定与数据说明

一、计量模型设定

（一）使用的模型介绍

在本章使用全球 131 个国家（地区）1970—2011 年的数据，为了保证估计结果的可靠性，把被解释变量 nfa_{it} 的缺失值删除（计量经济学中规定，解释变量可以有缺失值，但是被解释变量不能存在缺失值），因此得到一个非平衡面板数据。由于面板数据的实证在对待非平衡面板数据与平衡面板数据并无严格的要求，因此，除非在某些相关检验特别要求是在平衡面板时，才会做相应的处理，否则一律按照现有的非平衡面板对待。

计量模型设定如下：

$$nfa_{it} = \alpha_1 \times FS_{it} + \alpha_2 \times FI_{it} + \alpha_3 \times FSFI_{it} + \beta' \times control_{it} + \mu_i + w_t + \varepsilon_{it}$$

$$(5.1)$$

从式（5.1）可以看出，金融结构 FS_{it}，金融全球化因素 FI_{it} 以及二者的交互项 $FSFI_{it}$ 是作为重要解释变量来考虑的，而以前的实证研究所考虑的变量则作为控制变量或者在稳健性检验中进行实证。综合大多数学者的研究，如 Lane 和 Milesi – Ferretti（2002b）、Lane 和 Milesi – Ferretti（2007）、Benhima 和 Havrylchyk（2010）、肖立晟和王博（2011）等，本书考虑如下控制变量：人均 GDP、人均 GDP 的平方、人口结构变量（总抚养比）、政府支出。需要注意的是，人均 GDP 的平方只有在发展中国家才引入计量方程，这一点在相关文献中已经详细说明了原因。人口结构变量，这里只使用了总抚养比，而非其他学者使用的少年抚养比和老年抚养比，最主要的原因在于人口结构效应对于一国净资产的效应并不是很稳健，即少年抚养比和老年抚养比往往存在很大的共线性，并且他们并不是非平衡变量。De Santis 和 Lührmann（2009）甚至指出抚养比上升，一般会导致净资本内流增加，从而使得一国对外净资产上升。这与传统的观点（老年抚养比上升，导致储蓄下降，从而导致一国对外净资产下降）几乎是相反的。所以，为了保证非平稳性要求以及把人口结构作为控制变量而非重要解释变量，使用总抚养比作为人口结构的替代变量。之所以使用政府支出变量而非多数文献提到的政府债务变量，这是因为政府债务的缺失值几乎达到了 75% 左右，因此，放弃使用政府债务指标而转向政府消费支出来代表政府活动对该国对外净资产的影响。μ_i 代表固定效应，这是不随时间变化的变量，一般用于刻画各个国家之间的文化、风俗等，可以控制不可观测的个体效应。w_t 代表时间效应，这是从固定效应的角度衍生出来的，因为有些变量的变化也可以由时间来进行解释，更多的学者在进行面板数据的设定时往往喜欢把固定效应和时间效应结合起来进行考虑，这种情况往往被称为双向固定效应，用以体现面板数据可以很大程度地克服遗漏变量的问题。ε_{it} 则是随机误差项，一般情况下都是假设它满足同方差、无序列相关和无截面相关。

（二）处理非平稳数据的动态面板介绍

随着计量方法不断推陈出新，国际经济学领域使用的面板数据计量方法也不断更新。

尤其是在使用跨国面板数据时，国家个数 N 大致固定（新兴市场国家、发达国家和发展中国家），但是每个国家的时间序列 T 会每年增加，经常会出现 T 比 N 大得多的情况，并且这种情况在跨国面板数据中经常出现。对于 T 大于 N 的情形，学术界一般是对研究其长期效应和趋向于长期均衡的调整速度感兴趣。[①] 不同的动态面板数据有不同的估计方法。

第一，针对"小 N 大 T"面板数据，我们重点估计系数的长期效果。如果考虑到 N 等于 1 的极端情况，这就变成了传统的时间序列估计模型——自回归滞后分布模型（Autoregressive Distributed Lag，ARDL）。目前的学术界研究问题已经从单一的时间序列问题转换到变量之间的协整关系（Cointegrating Rela-

---

① 例如，Pesaran 等（1999b）中关于购买力平价的例子，该文估计消费函数和能源需求函数，数据是 N 等于 10，T 等于 17。曹强（2014b）估计汇率、全要素生产率和政府支出之间的关系也是 T 大于 N 的情形。

tionships）的问题研究①。需要注意的是，在长期截面系数的情况下，重点研究不同截面方程下的非线性约束。针对这种非零误差方差的原因进行分析，可能的原因是遗漏了共同的效果（Common Effects）时，这会影响各个截面。目前采用以下三种方法处理：（1）包含横截面的平均值作为解释变量进入回归模型；（2）将每个时期各自独立横截面的平均值作为解释变量进入回归模型；（3）引入个体之间的交互效应表示模型具有空间效应。

　　第二，针对"小 T 大 N"的面板数据，这是最为常见的面板数据。当 T 很小时，Pesaran 和 Smith（1995）指出在某种假设下，基于变量的时间均值截面的回归能够保证长期系数的一致性估计。但是，组间设定的参数与解释变量独立同分布，并且要求解释变量是严格外生的假设是相当的强。所以，针对 T 比较大的情况，Pesaran 和 Smith（1995）认为传统的混合模型的估计方法，如固定效应、工具变量和广义矩估计②都会产生不一致，而且还会在对动态面板数据模型中的参数平均值进行估计时存在模型设定的偏误。考虑到对大多数面板模型的检验结果表明斜率在各个组之间的系数是不相同的，因此，提出更弱的同质性假设是较为合适的。

　　第三，针对"大 N 大 T"的面板数据，即 $\sqrt{N/T} \to 0, N, T \to \infty$。例如，基于贝叶斯估计提出的：Hsiao 和 Tahmiscioglu（1997）、Hsiao 等（1999）。这些计量方法的估计都是建立在早期文献的基础上：Lindley 和 Smith（1972）、Swamy（1970）。Hsiao 等（1999）认为对于动态异质性面板数据使用贝叶斯估计对短期系数进行测算，建立渐近的贝叶斯估计概率分布，从而能够证明 MG 估计式是渐近正态分布。③

　　综上所述，根据各个截面组之间的长期系数和短期系数的不同，处理非平稳面板的数据方法有三种：第一，MG（Mean Group.）估计量，这是假设各个截面的长期系数和短期系数均不同，有着完全的截面异质性，这可以针对每个组，估计单个方程的系数和检验跨组别的系数。Pesaran 和 Smith（1995）认为 MG 估计式是基于参数的平均值的估计，将会产生一致估计量。但是，我们认为该估计式并没有考虑到组与组之间的系数有可能相同。第二，动态固定估计量（Dynamic Fixed Effects）走到了另一个极端，假设各个截面具有相同的短期

---

①　Pesaran 等（1999a）对于 ARDL 和协整 VECM 之间的方法有详细的阐述。

②　广义矩估计又称为 GMM 估计，被以下学者提出并加以应用推广，如 Ahn 和 Schmidt（1995）、Anderson 和 Hsiao（1981）、Anderson 和 Hsiao（1982）、Arellano（1989）、Arellano 和 Bover（1995）、Keane 和 Runkle（1992）。

③　根据蒙特卡洛模拟的结果显示，在 N 或 T 很小时，MG 估计量是不一致的。

系数和长期系数，但有不同的截距项。在面板协整模型中使用普通最小二乘法估计，得出 $\hat{\beta}_{OLS} = \left[\sum_{i=1}^{N} \sum_{t=1}^{T} \tilde{x}_{it} \tilde{x}_{it}' \right]^{-1} \left[\sum_{i=1}^{N} \sum_{t=1}^{T} \tilde{x}_{it} \tilde{y}_{it} \right]$。第三，PMG 估计量（Pooled Mean Group），对以上两个估计量 MG 和 DFE 作了一个综合，假设各个截面的长期系数都相等，这是考虑面板数据具有共同的斜率系数，即误差修正速度和短期动态系数具有截面异质性。该估计式考虑到截距，短期系数和误差项的方差在各个截面都可以不同，但是长期系数在各个组是相同的，各个截面之间变量的长期系数相同可能有以下原因；如政府预算约束、主权约束、套利原理、常见技术（Common Technologies）等。

因此，针对我们使用的数据，来选择合适的方法，使用的数据是 N 大于T，但是 T 为 1970—2011 年，长度达到 42 年，并且对于宏观数据而言，平稳性是一个重要的问题。大多数变量都存在非平稳性。对待面板数据的非平稳变量，其估计方法不能采用之前静态面板数据实证方法或者动态面板数据实证方法，因为这些方法的应用前提就是变量平稳。由于 MG 和 PMG 估计量在建立误差修正模型时，最大的缺陷就是变量不能超过六个，一般在实际运算中也就是三个变量左右，五个变量的情况收敛性往往都很难保证。因此，建立面板误差修正模型的思路显然不适用我们的研究。非平稳数据的动态面板最小二乘法的内容如下。

二、估计方法介绍

基于变量之间的协整关系我们使用动态最小二乘法来处理非平稳数据的动态面板，即 DOLS [-t, t]。动态最小二乘法的估计式详见式（5.2）：

$$y_{it} = \alpha \times X_{it} + \beta \times Z_{it} + \sum_{j=-q}^{q} c_{ij} \times \Delta Z_{it+j} + \sum_{j=-p}^{p} c_{ij} \times \Delta X_{it+j} + \mu_i + w_t + \varepsilon_{it}$$

$$(5.2)$$

X_{it} 代表重要解释变量，如金融结构、金融全球化以及二者交乘项。Z_{it} 代表控制变量，如人口结构变量、人均 GDP、政府消费支出等。μ_i 代表固定效应，w_t 代表时间效应。ε_{it} 是随机误差项。

（一）假设

假设一：渐近正态理论成立，这是建立在 Phillips 和 Moon（1999）的序列极限理论的基础上，其中，$T \to \infty$ 和 $N \to \infty$。

假设二：冲击向量 $w_{it} = (u_{it}, \varepsilon_{it}')'$，对于每一个 i，都有（1）$w_{it} = \Pi(L)\sigma_{it} = \sum_{j=0}^{\infty} \Pi_j \sigma_{it-j}$，$\sum_{j=0}^{\infty} j^{\alpha} \| \prod_j \| < \infty$，$| \prod(1) | \neq 0$，其中，$\alpha > 1$。

（2）σ_{it} 服从独立同分布，具有零均值、同方差 $\sum_\sigma$ 以及四阶有限累积量。这时，w_{it} 是满足上述假设的线性过程。

假设三：$\sum_\sigma$ 是非奇异矩阵。

在以上三个假设成立的情况下，可以得到

$$\hat{\beta}_{DLOS} = \left[\sum_{i=1}^N \sum_{t=1}^T (x_{it} - \bar{x}_i)(x_{it} - \bar{x}_i)' \right]^{-1} \times \left[\sum_{i=1}^N \left(\sum_{i=1}^T (x_{it} - \bar{x}_i)\hat{y}_{it}^+ - T\hat{\Delta}_{\varepsilon u}^+ \right) \right]$$

（5.3）

其中，$\qquad \hat{\Delta}_{\varepsilon u}^+ = (\hat{\Delta}_{\varepsilon u}\hat{\Delta}_\varepsilon)\begin{pmatrix} 1 \\ -\hat{\Omega}_\varepsilon^{-1}\hat{\Omega}_{\varepsilon u} \end{pmatrix} = \hat{\Delta}_{\varepsilon u} - \hat{\Delta}_\varepsilon \hat{\Omega}_\varepsilon^{-1}\hat{\Omega}_{\varepsilon u}$ ，

$$\hat{y}_{it}^+ = y_{it} - \hat{\Omega}_\varepsilon^{-1}, \hat{\Omega}_{\varepsilon u}\Delta x_{it} = \alpha_i + x_{it}'\beta + u_{it} - \hat{\Omega}_\varepsilon^{-1}\hat{\Omega}_{\varepsilon u}\Delta x_{it}$$

所估计系数的方差为式（5.4）。

$$\hat{\Omega} = \frac{1}{N}\sum_{i=1}^N \left\{ \frac{1}{T}\sum_{t=1}^T \hat{w}_{it}\hat{w}_{it}' + \frac{1}{T}\sum_{\tau=1}^l \varpi_{\tau l} \sum_{t=\tau+1}^T (\hat{w}_{it}\hat{w}_{it-\tau}' + \hat{w}_{it-\tau}\hat{w}_{it}') \right\}$$ （5.4）

从面板数据的动态最小二乘法可以看出，对于存在单位根的非平稳数据而言，需要采用的方法与面板数据的固定效应和随机效应的最小二乘法显然是不一样的。在对一国对外净资产影响因素的估计中，我们采用 Kao 和 Chiang（2001）的面板数据的动态最小二乘法对其进行估计。

（二）推导过程

假设固定效应面板数据计量模型详见式（5.5）。

$$y_{it} = \alpha_i + x_{it}'\beta + u_{it}, (i = 1, \cdots, N, t = 1, \cdots, T.)$$ （5.5）

其中，y_{it} 是 1×1 标量，β 是 $k \times 1$ 的斜率参数向量，α_i 是各个截距项，u_{it} 是平稳的随机干扰项，x_{it} 对于所有的 i 都服从一阶自回归随机过程，即

$$x_{it} = x_{it-1} + \varepsilon_{it}$$ （5.6）

式（5.5）表示 y_{it} 和 x_{it} 存在协整关系，构成了协整回归系统。该系统的初始值：$y_{i0} = x_{i0} = O_p$，当 $T \to \infty$，对于所有的 i，个体效应 α_i 则被拓展成具有趋势项的决定方式，如 $\alpha_{0i} + \alpha_{1i}t + \cdots + \alpha_{pi}t^p$。

（三）动态面板数据估计——异质性动态面板数据

混合同质性面板数据模型的基本假设有些不成立。例如，Robertson 和 Symons（1992）指出真实世界和正确的模型是静态的和异质性的，但是学者们所使用的估计方法却是动态的和同质性的，这种情况下使用混合 OLS 就会

导致估计系数存在偏误。Pesaran 和 Smith（1995）认为当 N 和 T 很大时，计量模型可以使用动态异质性面板模型的方法。因为 N 和 T 不大时，混合 OLS、同质性估计导致估计结果不一致。但是，在 N 和 T 趋向于无穷大时，平均的异质性估计参数却是可以达到一致性估计。Maddala 等（1994）对面板数据使用同质性估计式和异质性估计式时，发现不同的估计式都与真实数据的精确值存在一定的差距，但是异质性估计式得到的结果与真实数据的精确值更接近。Maddala 等（1997）研究短期弹性和长期弹性的系数估计问题，得出个体的异质性估计很难解释，甚至估计的系数符号都会相反。

Baltagi 和 Griffin（1997）对比了短期弹性和长期弹性的估计方法，并且预测了混合同质性、个体异质性和动态需求模型后，也发现估计式与真实数据的精确值存在一定的偏差。例如，使用 1960—1990 年 OECD 国家的面板数据，实证结果更适合于使用混合的 OLS 进行估计。同样，Baltagi 等（2000）使用动态模型对美国 46 个州 1963—1992 年的香烟需求分析也得到了同样的结果。Hsiao 等（1999）认为除非 T 是相对于 N 足够的大，才能使用 MG 估计式。以上这些都是学术界关于异质性面板数据使用动态估计的研究。

三、变量选择与数据来源

因变量：一国对外净资产与该国 GDP 的比值，同时该变量也是研究中最为重要的变量。因为有些国家不汇报他们的国际投资头寸（IIP），或者即使汇报，也是不完整的时间序列。由于一国的对外资产和负债头寸要使用市场价格的连续记录，但国际货币基金组织（IMF）所包含的时间序列数据较短，导致该变量存在大量的缺失值。当前主要有三种可供选择的测量方法：（1）ACUMCA：用累积的经常账户表示，并且经过调整以反映以下因素的变化：如资本转移的影响和估计效应的改变、股票和 FDI 的资本收益和资本损失，以及债务的减少和减免。（2）IPNFA：一国净外部头寸往往在国际货币基金组织的国际投资头寸（IIP）中，可以在国际收支（BOPS，Balance of Payments Statistics）和国际金融统计（IFS，International Financial Statistics）中找到，并且包括了一国的黄金持有量。（3）ACUMFL：给出经过估计效应调整的以下变量，如一国净股本、FDI 头寸、外汇储备、累积的债务资产和债务存量的差[①]。ACUMFL 既适合于工业国家也适合于发展中国家，因此本书的一国对外净资产就是根据ACUMFL 的原则来计算的，其原始数据大部分来自于国际货币基金组织。因

[①]　债务资本存量的数据是来自于世界银行数据库。

此，对一国对外净资产的测算本质上就是对国际货币基金组织提供的原始数据的改进，这种大规模的改进有两次。第一次改进是 Lane 和 Milesi - Ferretti（2001）对一国对外净资产进行了测量，并且依据的原则就是 ACUMFL 的测算方法，这种测算是对国际货币基金组织的其他测算方法的一种改进（如 ACUMCA 方法和 IPNFA）。第二次改进 Lane 和 Milesi - Ferretti（2007）使用 2001 年的测量模型，增加了股权融资的重要性，并对新兴市场国家的外部投资进行改进，强调了工业化国家和发展中国家的金融全球化进程的步伐是不一致的。并且，他们对此数据保持更新，本书使用的数据就是来自于 Lane（2012）的一国外部财富数据库，该数据库构建了全球 188 个国家（地区）的一国（地区）对外资产和负债，时间长度跨度为 1970—2011 年，既包括发达国家（地区），也包括发展中国家（地区）。

重要解释变量金融结构：金融结构主要是体现在金融中介相对于金融市场的重要性或者金融市场相对于金融中介的重要性（由于学术界的习惯问题，此处更加偏向于前者）。一般而言，使用金融中介总资产与金融市场的总市值之比作为代理变量，金融市场主要包括股票市场和债券市场，所以在这里更加偏向于使用股票市场而非债券市场的总市值（如私人债券市场数据或政府债券市场数据等）来反映金融市场的特性，这是因为对于大多数国家，股票市场要比债券市场更加繁荣，更能代表金融市场交易的活跃程度。需要注意的是，Demirgüç - Kunt 和 Levine（2004）使用金融市场的总市值与银行存款余额进行回归，该定义所提到的银行存款余额，由于数据收集的困难，无法使用该指标，而且该指标与金融结构的定义并无本质上的区别。由金融结构可以看出，如果一国越偏向于金融市场主导型，则该国的金融结构 FS 则越小，就会导致该国的一国对外净资产越少。一般而言，发达国家的金融市场相对于金融中介较为发达，根据初步的推理，这符合发达国家总是持有较少的一国对外净资产的预期结论。而发展中国家大多是银行主导型的，当然，最近几年发展中国家，如亚洲新兴市场国家和中东欧国家的一国对外净资产较高，这种情况也是符合预期的。因此，从理论上而言，金融结构 FS 的系数预期符号为正。[①]

金融全球化程度：金融全球化的衡量指标有很多种，一般而言主要分为两类：一类是从法律意义上（De Jure）来衡量金融全球化，主要是以 Chinn 和 Ito（2013）的金融开放指数为代表，另外一类则是事实上（De Facto）的金融全球化。这类则是以 Lane 和 Milesi - Ferretti（2007）所提供的金融全球化的计

① 数据来源：Beck 等（2013）数据库。

算公式为代表，金融全球化指标等于一国对外总资产与负债之和除以该国GDP，一国对外总资产是该国的股票资产存量与该国的 FDI 存量资产之和，一国对外总负债是该国的股票存量的负债与该国的 FDI 存量负债之和。这是从整体上的对金融全球化进行衡量。对事实上的金融全球化，还有其他指标，如使用一国所接收的海外汇款与该国 GDP 之比，以美元或者欧元来计算。这个指标的问题在于一国所接收的海外汇款往往是来自该国居民移民到海外所汇回到国内的款项，在当前资本流动全球化的今天，尚未发生大规模的人口流动，所以，该指标并不能确切的衡量金融全球化的程度。或者使用外资银行资产的份额（以外资银行的资产占全部银行资产的比重）作为金融全球化进程的指标，但是由于数据的可得性，无法使用该指标来衡量金融全球化程度。综上所述，故使用 Lane 和 Milesi – Ferretti（2007）所提供的计算公式并结合 Lane（2012）所提供的数据自己计算金融全球化进程指标。① 而把 Chinn 和 Ito（2013）的金融全球化变量作为实证研究中的替换变量以进行稳健性检验。

金融结构与金融全球化的交互项 FSFI：主要是体现金融结构与一国对外净资产之间的关系会受到金融全球化的影响，这也是本书的一个创新之处。这不仅得益于 1990 年以后的全球金融全球化进程加快，还受益于 Lane（2012）对于金融全球化数据的收集和完善。Benhima（2013）指出引入金融全球化之后，关键在于金融发展与金融全球化存在的交互作用，如新兴市场国家的企业家总是在短期项目上过度投资但是在长期项目上往往投资不足，这是因为在考虑信贷约束的情形下，短期项目资产有助于获得长期项目的投资，就是所谓的"资本误配"问题。当金融全球化出现时，具有长期项目的企业家能够获得国外的短期项目资产，而且这种海外资产的获取更加便宜，这让企业家可以有更多的资源投资于自己的项目，这样既可以减少资本误配，也可以产生资本外流。②

对于控制变量，主要包括实证中使用的三大控制变量以及稳健性检验中用到的变量。具体而言，三大控制变量分别为人均 GDP、人口结构变量以及政府支出。

人均 GDP："发展的极端论"认为国际收支起源于发展经济学文献，在一国经济发展的早期阶段，即人均 GDP 比较低时，国家为了经济发展往往会修建基础设施和扩展国内市场，这不仅需要引进先进的管理技术和引进外资，更

① 数据来源：Lane（2012）数据库。
② 数据来源：Lane（2012）数据库。

会带来一国对外净资产的下降。在该国经济发展逐渐成熟起来，新建的基础设施和工厂都会创造出新产品和新工艺，这些都会形成极大的生产能力从而在特定情况下的形成比较优势，随之而来的就是人均 GDP 的上升以及一国对外净资产的增加。这就表明从全球视角来看，一国的人均 GDP 与该国的对外净资产成 U 形关系。更为具体的情形则是发达国家人均 GDP 与一国对外净资产呈线性关系。但是二者的关系在发展中国家却呈现非线性关系，在理论上，这与"发展的阶段论"相一致，但是这种关系在研究中是否成立还有待进一步证实。对人均 GDP 取自然对数，以 2005 年不变美元衡量 GDP 并经过购买力平价进行折算为实际值。①

人口结构变量：主要是分成三个部分的人口阶段理论。一般而言，分成三个变量来影响一国对外净资产，分别是少年抚养比（14 岁以下人口占 14～65 岁之间人口的比值）、老年抚养比（65 岁以上人口占 14～65 岁之间人口的比值）以及抚养比（14 岁以下与 65 岁以上人口之和再与 14～65 岁之间人口的比值）。人口抚养比对经常账户的影响在前文已经论述过，结论较为稳定，但是 De Santis 和 Lührmann（2009）指出高的少年抚养比和老年人抚养比将会引起净资本内流。人口总抚养比上升，一般情形下是会导致净资本内流上升，这是基于跨国证券流动的角度考虑，发生下列情况则有可能使上述关系不成立：老年人重新配置资产（如无风险资产）或者证券资产的价值下降得太厉害，导致证券有价无市。②

政府支出：这里假定政府是非生产型的政府，政府的支出总是以消费为主不是以投资为主。政府支出应该可以很好地代表政府财政政策的实施情况，所以选择以政府消费支出与 GDP 的比值来衡量。政府支出上升，可以使得储蓄下降，从而带来一国对外净资产的下降。即二者之间的预期符号为负号。③

自然资源的影响：具体而言包括燃料、矿石和贵金属的出口与商品出口的比值。燃料的出口可以部分代表石油出口对一国净资产的影响，而矿石和贵金属的出口则代表了某些国家出口稀土、铁矿石等对这些国家的一国对外净资产造成的影响。

---

① 数据来源：WDI（World Development Indicators）数据库。
② 同上。
③ 同上。

第二节　实证分析结果

一、变量的描述性统计等

（一）变量描述性统计

为了体现结果的稳健性，在此不仅对整体样本进行回归，而且分样本进行回归，和大多数研究一样，把国家主要分为发达国家和发展中国家[1]。由于数据分别来自世界银行 WDI 数据库，Lane（2012）以及 Beck 等（2013）数据库，找出共同的国家为 182 个国家（地区），为了体现结果的稳健性，需要把部分异常值删除，如撒哈拉沙漠以南的非洲国家以及低收入国家，再由于因变量一国对外净资产与 GDP 的比值存在缺失值，在删除该缺失值之后，还剩下 131 个国家（地区）。

表 5.1　　　　　　　　　　相关变量的描述性统计

变量名	样本数	均值	标准误	最小值	中位数	最大值
一国对外净资产	4410	−0.130	1.200	−20.49	−0.230	13.37
人均 GDP	3384	9.060	0.990	6.300	9.020	11.72
人均 GDP 平方	3384	83.097	17.89	39.68	81.32	137.43
抚养比	4339	0.650	0.180	0.170	0.600	1.210
政府支出	3984	0.170	0.0700	0.0300	0.170	1.050
金融结构	1636	0.730	1.050	−2.400	0.650	7.120
交互项	1623	0.220	2.880	−54.52	0.210	34.52
金融全球化	4285	0.870	6.600	−0.150	0.230	151.8
燃料出口比重	3623	0.170	0.280	0	0.0300	1.930
矿金出口比重	3697	0.0700	0.130	0	0.0300	0.890

注：这是全部样本国家的描述性统计量。

表 5.1 给出了回归方程中的全部变量的描述性统计，涉及 131 个国家（地区），时间跨度为 1970—2011 年的非平衡面板数据。从表 5.1 中可以看出，一国对外净资产的平均值和中位数均是负值，说明从全球来看，一国对外净资产整体上而言是负值，但是很接近于 0，最大值为 13.37，最小值则为 −20.49。

[1]　世界银行划分国家为三类：发达国家、新兴市场国家和发展中国家。

说明某些国家持有的一国对外净资产是该国 GDP 的 13 倍左右，而有些国家的对外净资产严重为负。从平均值来看，全球对外净资产应该是零和博弈。人均GDP 的标准误为 0.99，说明人均 GDP 之间的波动性并不大，正好可以用来衡量发达国家的情形，而人均 GDP 的平方项的标准误比较大，用来衡量发展中国家较为合适。金融结构及其交互项的样本数相对其他变量来说较少，这是因为金融结构是金融中介与金融市场的比值，尤其金融市场的指标衡量主要是以股票市场作为替代，而大多数发展中国家的股票市场都是 1990 年之后才有详细记录的，所以，本书的数据来自 1990—2011 年。

表5.2　　　　　1970—2011 年不同类型国家的相关变量描述性统计

变量名	样本数	均值	标准误	最小值	中位数	最大值
发展中国家						
一国对外净资产	4579	-0.530	1.450	-32.93	-0.390	17.21
人均 GDP	3771	7.970	0.950	4.620	8.050	10.04
抚养比	5463	0.790	0.180	0.360	0.820	1.210
政府支出	4234	0.150	0.0800	0.0100	0.140	1.650
发达国家						
一国对外净资产	1729	0.250	1.520	-7.010	-0.0800	13.37
人均 GDP	1326	10.08	0.500	7.560	10.09	11.72
抚养比	2016	0.540	0.120	0.170	0.510	1.080
政府支出	1702	0.190	0.0600	0.0300	0.190	0.760
拉美地区和加勒比地区						
一国对外净资产	1137	-0.590	0.840	-20.49	-0.390	0.420
人均 GDP	842	8.670	0.530	6.910	8.740	10.02
抚养比	1134	0.760	0.160	0.450	0.740	1.210
政府支出	1052	0.140	0.0600	0.0300	0.130	0.430
撒哈拉以南的非洲地区						
一国对外净资产	1670	-0.800	2.110	-32.93	-0.550	17.21
人均 GDP	1321	7.280	0.940	4.620	7.020	10.04
抚养比	1806	0.900	0.120	0.400	0.920	1.130
政府支出	1494	0.150	0.0700	0.0400	0.140	0.700

对全球不同国家的发展情况进行分类汇总并做出相关变量的描述性统计，结果详见表5.2。表5.2 中包括发展中国家、发达国家（即高收入国家，包括OECD 和非 OECD 国家）、拉美地区以及撒哈拉以南的非洲地区，这样可以集

中体现之前所研究的三大控制变量（人均 GDP、抚养比及政府支出）在不同
类型的国家的特性。以一国对外净资产为例，从 1970—2011 年来看，发达国
家的对外净资产与 GDP 的比值大于零，而发展中国家的情况正好相反。至少
可以从直觉上得到越富裕的国家，一国对外净资产越为正，而一国越贫穷，则
一国对外净资产就越少的结论，而拉美地区与撒哈拉以南的非洲地区的数据恰
好支持了本书的结论。同样，人均 GDP 的大小也与不同国内类型呈正比。从
表 5.2 中发现抚养比在发展中国家、拉美地区以及撒哈拉以南地区竟然比发达
国家要高，这表明发展中国家正在经历抚养比上升的过程，即劳动人口的红利
正在消失，随之而来的则是人口的老龄化进程。

表 5.3   主要变量之间的皮尔逊相关系数

	nfa	gdp	gdr	gov	FS	FSFI	FI	fuel	oremetal
nfa	1								
gdp	0. 301 ***	1							
gdr	− 0. 177 ***	− 0. 646 ***	1						
gov	0. 136 ***	0. 150 ***	− 0. 019	1					
FS	− 0. 226 ***	− 0. 203 ***	0. 02	− 0. 001	1				
FSFI	− 0. 247 ***	− 0. 041	0. 011	0. 100 ***	0. 264 ***	1			
FI	0. 088 ***	0. 183 ***	− 0. 095 ***	− 0. 002	− 0. 093 ***	− 0. 261 ***	1		
fuel	0. 315 ***	0. 048 **	0. 122 ***	0. 033 *	− 0. 186 ***	− 0. 028	− 0. 038 **	1	
oremetal	− 0. 099 ***	− 0. 108 ***	0. 098 ***	− 0. 017	0. 007	− 0. 012	− 0. 01	− 0. 126 ***	1

注：（1）nfa 代表一国对外净资产，gdp 代表人均 GDP，gdr 代表总抚养比，gov 代表政府消费水平，
FS 代表金融结构，FSFI 代表金融结构与金融全球化进程的交互项，FI 代表一体化进程，fuel 代表燃料
出口的影响，oremetal 代表矿石和贵金属出口的影响。

（2）* 、** 及 *** 分别代表在 1% 、5% 以及 10% 的显著性水平上显著。

从表 5.3 中可以看到一国对外净资产与人均 GDP 是呈现倒 U 形关系，这
与经济发展阶段理论不符，可能的原因在于这仅仅是探讨两个变量之间的相关
系数，并非真正计量回归所呈现的结果。总抚养比对一国对外净资产的影响系
数为负，而政府支出对一国对外净资产的影响系数显著为正，同样，金融结构
的系数符号也与理论预期不符。这些都与传统的理论不符，是否真的如皮尔逊
相关系数所解释的那样，有待在以下的实证研究中证实。

（二）平稳性检验

对于宏观面板数据，平稳性是一个重要的问题，一般而言，当面板数据类
型属于时间长度（T）大于截面个数（N）的时候，或者二者相等或者当截面
个数大于时间的长度，但是 T 具有相当长的时期。这类面板数据需要考虑面板
的平稳性问题。而由于使用数据类型涉及 131 个国家，跨度 42 年，显然，时
间跨度较长。另外，对国家进行分组，分为发达国家（48 个）和发展中国家

（83 个）两组类别，截面个数与时间跨度的也要求检验面板数据的平稳性问题。

表 5.4　　　　　　　　　　　xtfisher 的面板单位根检验

	发达国家			发展中国家		
	chi2 值	滞后阶数	P 值	chi2 值	滞后阶数	P 值
Nfa	58.1820	2	0.9992	168.7073	2	0.4269
Gdp	86.0016	2	0.5997	66.4434	2	1.0000
Gdr	62.3340	2	0.9969	181.3535	2	0.1187
gov	98.7765	2	0.1125	172.7854	2	0.1578
FS	58.8475	2	0.9889	91.3472	2	0.4996
FSFI	57.1317	2	0.9930	113.8919	2	0.1301
FI	19.1315	2	1.000	166.2178	2	0.4806

　　Wagner 和 Hlouskova（2009）对目前现有的面板单位根和各种面板协整统计量进行了分析，并指出了优劣，该文给出了面板单位根的六种方法[1]以及面板协整统计量[2]的两种方法。在进行面板单位根检验时，首先针对各个序列进行检验，然后再对各个序列的差分进行单位根检验。基于 Maddala 和 Wu（1999）、Banerjee（1999）以及 Im 等（2003）提供的计量经济学检验的原理，由于 Im 等（2003）对单个截面执行 ADF 检验后得到的是 t 值的平均值并且面板是平衡面板，由于这两个方面缺陷，所以使用 xtfisher 的 stata 命令对相关序列进行检验。该命令以个体单位根检验的 p 值为基础构造统计量，原假设为：所有序列都是非平稳的，备择假设为：至少有一个序列是平稳的。该方法不仅把 Im 等（2003）提供的 t 值转换成了 p 值，而且还可以使用于非平衡面板，这是对 Im 等（2003）的一个重大改进。之所以不使用 Levin 等（2002）的方法[3]，是因为该方法最近受到批评，总是过于严格，很难拒绝原假设。

　　从表 5.4 中可以看出，无论是在发达国家还是在发展中国家，主要变量的

---

　　[1]　面板的单位根检验的 stata 命令分别是：madfuller，pescadf，ipshin，xtfisher，levinlin，hadrilm。具体的原理可以在 stata11 以上版本中输入 help 加相关命令可以进行进一步的了解。

　　[2]　面板协整检验的 stata 命令分别是：nharvey 和 xtwest。具体的原理可以在 stata11 以上版本中输入 help 加相关命令可以进行进一步的了解。

　　[3]　台湾大学经济系教授林建甫提供的面板单位根检验，该方法经常应用于大 N、小 T 的面板数据类型，模型的估计采用 xtreg，fe 命令，因此允许个体效应。原假设为：面板中的所有截面对应的序列都是非平稳的，即 I（1）过程。最大的特点在于考虑截面异质性（heterogeneous panels）和干扰项的序列相关问题。具体的原理是对单个截面执行 ADF 检验后得到的 t 值的平均值，并作相应调整该统计量在原假设下服从正态分布。

p 值都表明其概率在 10% 的显著性水平下无法拒绝原假设。限于篇幅，在这里就没有汇报出这些变量的差分值的情况，经过检验，这些变量的差分值在 1% 的显著性水平下拒绝原假设。说明这些变量的原始值是存在单位根的，但是在差分值情况下确实是平稳的，符合非平稳面板数据的基本要求（也有些计量学家认为只要大部分变量存在单位根，经过差分后变为平稳变量的，即使个别变量是平稳的，也不影响动态面板的最小二乘法的使用）。

　　然而并不需要对这些非平稳变量经过面板数据的协整检验。原因如下：目前进行面板数据的协整检验主要有 Nyblom 和 Harvey（2000）[1] 的单变量协整检验和 Westerlund（2007）[2] 的双变量协整检验。前者是基于残差的检验，结果往往很难判定。后者是基于误差修正模型的检验，学术界认为这是建立面板误差修正模型的最为可靠的检验，但是本书并没有采用建立面板数据的误差修正模型的方法，而是使用面板数据的动态最小二乘法，更为重要的是，目前在使用动态面板最小二乘法时，往往是进行相关变量的单位根检验，该领域内对于面板的协整检验很少有涉及。

　　接下来将正式使用动态面板数据的最小二乘法对 131 个国家 1970—2011 年的全球数据进行估计。除非有特殊说明，否则面板数据的动态最小二乘法的滞后阶数（lag）和前向阶数（lead）均为 1，即 DOLS［-1，1］，虽然说 DOLS［-2，2］的设定方式也会给出类似的结果，但是该领域内确定滞后阶数和前向结束的时候往往依据贝叶斯信息准则会使用 DOLS［-1，1］。

二、基准模型——三大控制变量与一国对外净资产

　　首先对一国对外净资产的三大控制变量（人均 GDP、总抚养比以及政府支出）在发达国家和发展中国家设置不同的计量方程形式，然后挑选出合适的模型，以验证之前的猜想（即发达国家的人均 GDP 与一国对外净资产的关系是线性的，发展中国家的人均 GDP 与一国对外净资产的关系则是非线性的）。

---

　　① 基本思想：如果两个序列都是单位根，同时存在协整关系，如果对两个序列普通最小二乘法，则它们进行回归之后得到的残差将是平稳过程，则称这两个序列存在协整关系。检验残差序列构成的矩阵的 Rank（秩）是否为零。若等于零，则不存在协整关系。该矩阵的 Rank 即为协整向量的个数，临界值的渐进分布特征决定于截面的个数和预先假设的协整向量的个数，并且允许序列相关。

　　② 基本思想：以误差修正模型为基础进行面板协整检验，若存在协整关系，则误差修正部分的系数应显著异于零。如果两个序列存在协整关系，则可进一步建立误差修正模型。

表 5.5　　　　　　　　三大控制变量与一国对外净资产的模型筛选

	模型一	模型二	模型三	模型四	模型五	模型六
人均 GDP	0.483 ***	0.631 ***	0.150	−1.837	−11.964 **	4.718 *
	(3.09)	(2.72)	(0.73)	(−1.23)	(−2.26)	(1.81)
总抚养比	0.582	2.201 **	0.552	0.715	2.080 **	0.429
	(1.23)	(2.56)	(0.97)	(1.50)	(2.41)	(0.76)
政府支出	−3.418 ***	−6.967 ***	−3.647 ***	−3.657 ***	−6.640 ***	−3.431 ***
	(−4.72)	(−5.30)	(−4.21)	(−5.03)	(−5.10)	(−3.99)
人均 GDP 平方				0.130	0.602 **	−0.264 *
				(1.60)	(2.27)	(−1.74)
样本数	1885	841	1044	1885	841	1044
R^2	0.163	0.151	0.232	0.190	0.231	0.269

注:（1）*、**及***分别代表在1%、5%以及10%的显著性水平上显著，以下所有表格相同。

（2）括号中的值为 t 值。

在表 5.5 中，模型一到模型三都假设人均 GDP 与一国对外净资产呈线性形式，而模型四到模型六则假设人均 GDP 与一国对外净资产呈非线性形式（如 U 形形式）。模型一和模型四是所有国家，模型二和模型五是发达国家，模型三和模型六是发展中国家。从表 5.5 中可以看出，在所有国家中，模型一从三大变量的系数显著性和系数所呈现的符号来说，都要比模型四要好。模型二的人均 GDP 的系数的显著性和符号均与理论预期相符，即发达国家的人均 GDP 上升，进一步显示发达国家要比发展中国家更具有吸引力，使得资本从发展中国家流向发达国家，从而发达国家持有的对外净资产增加。因此，在模型二和模型五的选择上，更加倾向于选择模型二。对于发展中国家的情形，模型三和模型六比较，从系数的显著性和人均 GDP 的非线性关系来看，笔者更加倾向于选择模型六。模型六的结论表明了人均 GDP 与一国对外净资产呈现倒 U 形关系，虽然这与之前介绍的人均 GDP 与一国对外净资产的 U 形关系不符合。但是，如果考虑金融结构、金融全球化进程并不突出的时代，也就是之前的贸易流动全球化，而非 1970 年以来布雷顿森林体系崩溃以来的情形，在贸易全球化的时代，对于发展中国家而言，人均收入较低时，当人均 GDP 上升，居民则将大部分新增的收入用于储蓄而非消费，因为他们认为这种收入可能只是暂时性的增长而非持久性的增长，从而带来储蓄的增长，进而导致一国对外净资产的上升；但是随着人均 GDP 的持续上升，居民们认为这种收入的增加可能是持久的而非暂时的，所以更加愿意把收入的大部分用于消费，使得储蓄下降，从而带来一国对外净资产的下降。经过表 5.5 的模型筛选，就可以得出精选的三个模型，详见表 5.6。

表 5.6   三大控制变量的一国对外净资产的精选模型

	全部国家	发达国家	发展中国家
人均 GDP	0.483 ***	0.631 ***	4.718 *
	(3.09)	(2.72)	(1.81)
总抚养比	0.582	2.201 **	0.429
	(1.23)	(2.56)	(0.76)
政府支出	−3.418 ***	−6.967 ***	−3.431 ***
	(−4.72)	(−5.30)	(−3.99)
人均 GDP 平方			−0.264 *
			(−1.74)
样本数	1885	841	1044
R^2	0.163	0.151	0.269

表 5.6 实际是表 5.5 中的模型一、模型二和模型六的结果。从表 5.6 中可以看出，总抚养比对一国对外净资产的系数在全部样本和发展中国家均为不显著，只有在发达国家显著，但是符号为正。一般而言，少年抚养比对一国对外净资产的关系是正向关系，而老年抚养比对一国对外净资产的关系则是负向关系，这都是基于储蓄的角度来理解的，即少年抚养比上升，会使得居民从当前就开始增加储蓄以应付未来的高投资和高的基础设施建设。而老年抚养比上升则会消耗他们自己的储蓄，使得储蓄急剧下降。这种效应在发达国家是正向的显著，说明在不考虑金融因素的情形下，少年抚养比更占主导地位。但是这与美国等发达国家二战之后婴儿潮的出现，以及最近的老龄化的到来有点不符合，这可能是遗漏了重要变量所导致的结果。因此，有必要对金融结构和金融全球化进程作进一步研究。

政府支出变量在表 5.5 中的模型一到模型六都表现了稳健性，系数均显著为负。从表 5.6 来看，无论是发达国家还是发展中国家，当政府支出上升时，由于之前假定大部分国家均是非生产型政府，所以这会导致一国储蓄的下降，从而带来一国对外净资产的下降。以上是从储蓄的角度看的。如果从资本流动的角度看，由于政府支出上升，为了维持政府的支出规模，政府将会变卖部分公共资产，这也会引起资本外流增加，从而引起一国对外净资产下降。

表 5.7   三大变量的联合显著性检验

	全部国家	发达国家	发展中国家
chi2 (3)	33.72	41.24	18.56
Prob > chi2	0.0000	0.0000	0.0003

注：一般情况下，多个变量的联合显著性检验是 F 检验，但是基于面板数据的动态最小二乘法之后做的联合检验则是卡方检验。

由于总抚养比的系数在部分模型中是不显著的，这就很有必要考查一下三大变量的联合显著性。联合显著性检验的原假设是：（1）gdp = 0，（2）gdr = 0，（3）gov1 = 0。由于执行的卡方检验，所得到的结果详见表5.7。从表5.7中可以看出，无论是全部样本国家还是分样本的国家（发达国家或者发展中国家），三个变量的系数的联合显著性均不等于零。

三、扩展模型——金融结构、金融全球化与一国对外净资产

正因为表5.6所揭示的总抚养比的系数不显著，所以引入金融结构、金融全球化就显得非常必要。表5.8和表5.9是在引入了金融因素之后的回归结果。从全部样本数据来看，表5.8中的模型二、模型三以及模型四是依次引入金融结构、金融结构与金融全球化的交互项、金融全球化的回归结果，而表5.8中的模型一则是作为基准模型作为对比。

表5.8　　　　　　　　全部样本国家的一国对外净资产的影响因素

	模型一	模型二	模型三	模型四
人均 GDP	0.483 ***	0.338 *	0.329 *	0.187
	(3.09)	(1.69)	(1.72)	(0.92)
总抚养比	0.582	0.197	0.571	1.100 *
	(1.23)	(0.32)	(0.93)	(1.88)
政府支出	− 3.418 ***	− 4.879 ***	− 4.519 ***	− 3.909 ***
	(− 4.72)	(− 3.59)	(− 3.49)	(− 3.20)
金融结构		− 0.081 ***	0.162 ***	0.171 ***
		(− 2.64)	(4.25)	(4.75)
交互项			− 0.379 ***	− 0.192 ***
			(− 11.94)	(− 6.15)
金融全球化				0.294 ***
				(5.44)
样本数	1885	1885	1885	1885
R^2	0.163	0.154	0.595	0.703

从表5.8中可以看出，金融结构对一国净资产的影响显著的为正，只是在模型二中系数显著为负，这可能是由于遗漏变量所带来的显著符号发生的偏误。金融结构等于存款货币银行资产与一国股票市场总价值的比值，如果一国金融中介相对于股票市场的规模过大，即银行主导型的战略，这会导致一国对外净资产的增加。这其中的原因在于金融中介会使得储蓄过多，而金融市场会使得储蓄下降。表5.8中的金融全球化对一国净资产的作用也是显著为正，这

表明了全球一体化进程虽然有着双刃剑的作用，但是从全球视角来看，一国的流进资本要大于该国的流出资本，总体上来说，一国对外净资产还是为正的。而金融结构与金融全球化的交互作用显著为负，这表明了金融全球化进程的双刃剑的另外一面负向作用。

更为具体的分组样本数据体现在表5.9中，在表5.9中，模型一到模型三是发达国家的样本，而模型四到模型六则是发展中国家的样本。从表5.9中来看，发达国家的人均GDP与一国对外净资产呈线性正相关关系，而发展中国家的人均GDP则与一国对外净资产呈U形关系，符合理论预期的符号，这证实了经济发展阶段论的正确性，而表5.5和表5.6中的发展中国家的人均GDP与对外净资产的倒U形关系说明了表5.5和表5.6的估计结果确实存在遗漏变量的情形，也间接证实了引入金融结构与金融全球化这些金融因素的重要性。

表5.9　　　　发达国家和发展中国家的一国对外净资产的影响因素

	模型一	模型二	模型三	模型四	模型五	模型六
人均GDP	1.793***	2.022***	1.235***	-2.386*	-2.371*	-1.774*
	(5.03)	(6.26)	(3.28)	(-1.72)	(-1.70)	(-1.78)
总抚养比	0.881	2.809	-4.598***	0.218	0.363	0.129
	(0.43)	(1.51)	(-2.74)	(0.61)	(0.97)	(0.35)
政府支出	-5.495**	-4.993**	-5.337***	-1.509*	-1.972**	-1.407
	(-2.20)	(-2.22)	(-2.63)	(-1.69)	(-2.18)	(-1.56)
金融结构	0.250***	0.673***	0.617***	-0.043*	0.051*	0.006*
	(5.13)	(10.17)	(10.21)	(-1.89)	(1.76)	(1.82)
交互项		-0.451***	-0.293***		-0.216***	-0.215***
		(-10.52)	(-7.18)		(-2.83)	(-2.58)
金融全球化			0.397***			-0.363***
			(4.27)			(-3.28)
人均GDP平方				0.147*	0.150*	0.117
				(1.77)	(1.79)	(1.40)
样本数	841	841	841	1044	1044	1044
R^2	0.424	0.953	1.047	0.217	0.289	0.294

总抚养比只有在模型三中显著为负，说明在考虑金融因素情况下，只有发达国家的老龄化（由二战后的婴儿潮引起）会对一国对外净资产引起显著的负向作用，而发展中国家所有情况均不显著[①]，这给中国的启示则是目前的人

———————————

①　关于此类论文总是得出人口结构的系数是显著的，并且人口结构的系数在发展中国家更为显著。

口结构因素不会对一国对外净资产造成影响，计划生育的政策改变和老龄化时代的即将到来并不会对目前持续上升的对外净资产产生显著影响。政府支出对于一国对外净资产的影响依然呈显著的负向作用，这个性质无论是在发达国家还是发展中国家均全部成立。

值得注意的结论是：金融三大变量（金融结构、交互项以及金融全球化）的系数在发达国家要比在发展中国家大（从系数的绝对值来看）。这一点可以从模型一到模型六中清晰地看出来。这是因为发达国家的金融市场效率比发展中国家要高得多，股票市场的规模在发达国家也是高得多，并且发达国家的经济活动所遇到的金融摩擦也较发展中国家小。总体来说，发达国家的金融因素对一国对外净资产的传导机制的效率要比发展中国家更高。

另外一个特别之处在于金融全球化的双刃剑作用在不同样本类型的国家中得到了体现，模型三中的金融全球化对一国对外净资产的作用显著的为正，而模型六则反映了金融全球化的负向作用。这说明了发达国家金融全球化进程提高，使得资本流入增加，而根据古典经济学理论，资本总是流向边际报酬较高的国家，所以，发达国家也会在金融全球化进程中向国外不断地输出资本，但是整体上来说，金融市场（金融结构）的优势又使得资本流回国内，这成功地解释了资本流动的怪圈。

第三节　稳健性检验

一般而言，为了体现两个变量之间的关系的可靠性，一般需要进行稳健性检验。正如张成思和陈曦（2014）所提出的观点，稳健性检验从一个侧面反映了实证结果的可行性和可靠性。[①] 在实证研究中，根据 Leamer（1983）对于稳健性的定义，稳健性检验就是克服变量之间关系的三大问题：遗漏变量问题、变量的测量误差以及内生性问题。

对于遗漏变量问题，由于使用了面板数据，其中的个体效应和时间效应可以很好地克服无法观测的部分，如各个国家的文化、制度以及风俗等。这在很

---

① 他们针对 2000 年 1 月到 2011 年 12 月，考查五大期刊（《经济研究》《管理世界》《世界经济》《金融研究》和《统计研究》），发现自 2006 年以来的各个期刊发表的论文稳健性检验的数量逐步增加，《世界经济》接近 80%，《经济研究》和《金融研究》接近 70%，《管理世界》和《统计研究》的比重也达到了 50%。

大程度上解决了遗漏变量问题。另外，考虑到某些自然资源丰裕型国家的情况，如燃料、矿石和金属等充裕的国家或者储备货币的国家，在考虑这样两种类型的情况下并使用面板数据进行实证，应该可以很好地克服遗漏变量所带来的问题。对于变量的测量误差问题，主要使用对重要解释变量进行替换变量的方法①，如对金融结构和金融全球化进程使用其他代理变量，然后观测这些代理变量对一国对外净资产的作用效果是否发生明显的变化。

至于内生性检验，一般而言是引入系统内的工具变量和系统外的外生性工具变量。前者是选择解释变量的滞后一期或两期进入计量方程；而后者则是引入一个外生性的变量，无论哪种情况都需要检验这种工具变量是否可能存在过度识别、弱工具变量以及工具变量是否存在外生性问题。这些内容在之前的经常账户研究中已经详细介绍并实证了。关于面板数据的动态最小二乘法情形下的内生性问题，一般在对非平稳数据（包括单一时间序列或者面板数据）进行研究时，均衡误差项与重要解释变量的差分项之间的协方差并不等于零，这就是所谓的内生性问题。处理这种内生性一般是基于两种估计方法：第一种是基于普通最小二乘法的估计，对非参数核估计的均衡误差进行修正，以克服内生性问题，这就是所谓完全修正的最小二乘法（Fully Modified Ordinary Least Squares，FMOLS）。而另一种方法就是动态最小二乘法，这是由 Saikkonen（1991）首次提出，并经过 Pedroni（2001）以及 Kao 和 Chiang（2001）把动态最小二乘法应用于面板数据的协整分析，并且通过蒙特卡洛模拟数据的分析，结果实证了动态最小二乘法无论是在同质性面板数据还是在异质性面板数据中都比完全修正的最小二乘法要好，主要原因归结为动态最小二乘法具有有限的样本性质，这种方法将解释变量的差分项的滞后因子和前向因子引入协整方程，可以很好地消除内生性问题，并且在 T 趋向于无穷时，动态最小二乘法具有正态条件分布。赵梦楠和周德群（2010）也指出了进行非平稳面板数据的协整研究时，动态最小二乘法可以很好地克服内生性问题，并具有正态部分的统计量。从以上的文献归纳可以看出，内生性问题在该方法下已经得到了很好的克服。因此，接下来将重点集中于遗漏变量问题的再探讨以及变量的测量误差研究。

---

① 测量误差主要是指针对解释变量更换代理变量，因为这种替换不会带来内生性问题，而对因变量进行代理变量的更换，则会导致内生性问题，具体可见伍德里奇的计量经济学课本。

一、自然资源作为控制变量

对于某些自然资源丰裕的国家，如拥有石油、天然气等燃料以及某些具有矿石或者贵金属出口的国家，他们的一国对外净资产必定与该国拥有的自然资源的禀赋存在一定的关系，为了进一步考虑此种情况可能会给金融因素与一国对外净资产带来影响，所以把这种情形作为控制变量考虑，具体的结果详见表 5.10。

表 5.10　　　　　　　　稳健性检验：自然资源型国家

	模型一	模型二	模型三
人均 GDP	0.144	1.111 ***	-0.246 **
	(0.59)	(3.03)	(-2.16)
总抚养比	1.158	4.423 ***	-0.056
	(1.44)	(2.74)	(-0.09)
政府支出	-3.908 ***	-5.831 ***	-3.736 ***
	(-2.77)	(-2.99)	(3.15)
燃料	-0.394	0.797 *	0.772 ***
	(-0.92)	(1.91)	(3.01)
矿石金属	1.367	2.979 **	2.306 ***
	(1.36)	(2.11)	(-2.95)
金融结构	0.176 ***	0.526 ***	0.106 ***
	(4.26)	(8.84)	(2.67)
交互项	-0.209 ***	-0.264 ***	-0.807 ***
	(-6.28)	(-6.73)	(-7.26)
金融全球化	0.307 ***	0.277 ***	-0.101 **
	(5.36)	(4.13)	(-2.59)
人均 GDP 平方			0.019 **
			(2.20)
样本数	1560	1560	1560
R^2	0.689	0.887	0.626

在表 5.10 中，模型一是全部样本数据国家，模型二是发达国家，模型三是发展中国家。在全部样本国家，自然资源对一国对外净资产的影响较差，不仅系数不显著而且符号也与预期的符号不符。在发达国家和发展中国家中，自然资源对一国对外净资产的系数显著的为正，表明了自然资源的出口确实可以给该国换回一定的资本和外汇，从而增加出口创收能力。同时，发展中国家的人均 GDP、金融结构和金融全球化仍然与之前的结果类似，这里不再阐述。

二、储备货币的国家

根据 Steiner（2014）的观点，美元作为全球主要的储备货币，各国对美元的需求是导致全球持续失衡的原因，并且这会带来一国对外净资产头寸的恶化。除了美元作为全球储备货币，他还定义了其他储备货币的国家（RCC, Reserve Currency Countries），这些国家包括法国、德国、日本、荷兰、瑞士以及英国。因此，这本质上是一个虚拟变量，如果包含以上国家就取1，不是就取0。从表 5.11 来看，模型一到模型三是发达国家的情况，模型四到模型六则是发展中国家的情况，三大控制变量的表现和基准模型表现一致。金融因素对一国对外净资产的影响也和表 5.9 的结论一致，这表明储备货币的国家并不能对基准模型的结论造成任何影响。

表 5.11   稳健性检验：不包含储备货币的国家

	模型一	模型二	模型三	模型四	模型五	模型六
人均 GDP	2.298 ***	2.379 ***	1.125 **	−2.386 *	−2.371 *	−1.774
	(5.78)	(6.32)	(2.49)	(−1.72)	(−1.70)	(−1.28)
总抚养比	1.758	2.803	3.808 *	0.218	0.363	0.129
	(0.64)	(1.08)	(1.66)	(0.61)	(0.97)	(0.35)
政府支出	−5.691 **	−4.879 *	−4.052 *	−1.509 *	−1.972 **	−1.407
	(−2.03)	(−1.86)	(−1.74)	(−1.69)	(−2.18)	(−1.56)
金融结构	0.214 ***	0.561 ***	0.546 ***	−0.043 *	0.051	0.006
	(4.20)	(7.58)	(8.20)	(−1.89)	(1.76)	(0.20)
交互项		−0.337 ***	−0.255 ***		−0.216 ***	−0.215 ***
		(−6.98)	(−5.70)		(−2.83)	(−2.58)
金融全球化			0.330 ***			−0.363 ***
			(3.71)			(−3.28)
人均 GDP 平方				0.147 *	0.150 *	0.117
				(1.77)	(1.79)	(1.40)
样本数	687	687	687	1044	1044	1044
R^2	0.781	1.026	1.010	0.217	0.289	0.294

三、金融结构的其他代理指标

银行储蓄与股票市场市价总值之比可以作为金融结构的另外一个指标。该指标的分子为银行储蓄，可以从一个侧面较好替代金融中介的发挥作用，对该指标进行回归的结果详见表 5.12。模型一到模型四依次表述了金融因素逐个加入的列表形式。可以看到金融结构因素在模型三和模型四中的系数显著为正，而交互项依然为负向作用，金融全球化从全球角度来看，保持正向作用，表明金融全球化进程对于各国的一国对外净资产有正向作用。

表 5.12   稳健性检验：金融结构的其他衡量指标——全部国家

	模型一	模型二	模型三	模型四
人均 GDP	0.483 ***	0.347	0.249	0.202
	(3.09)	(1.62)	(1.27)	(0.97)
总抚养比	0.582	0.270	0.724	1.178 **
	(1.23)	(0.42)	(1.20)	(2.01)
政府支出	−3.418 ***	−5.135 ***	−3.725 ***	−3.666 ***
	(−4.72)	(−3.58)	(−2.82)	(−2.88)
金融结构		−0.058	0.273 ***	0.226 ***
		(−1.54)	(6.86)	(5.82)
交互项			−0.548 ***	−0.269 ***
			(−13.63)	(−5.89)
金融全球化				0.239 ***
				(3.76)
样本数	1885	1885	1885	1885
R^2	0.163	0.129	0.761	0.708

表 5.13   稳健性检验：金融结构的其他衡量指标
——发达国家和发展中国家

	模型一	模型二	模型三	模型四	模型五	模型六
人均 GDP	2.092 ***	1.647 ***	1.356 ***	−2.472 *	−2.390 *	−1.796 *
	(5.17)	(4.62)	(3.34)	(−1.80)	(−1.77)	(−1.92)
总抚养比	0.721	2.671	4.283 **	0.209	0.424	0.182
	(0.33)	(1.39)	(2.42)	(0.60)	(1.19)	(0.50)
政府支出	−5.314 *	−4.295 *	−4.573 **	−1.537 *	−2.019 **	−1.482 *
	(−1.89)	(−1.72)	(−1.97)	(−1.74)	(−2.34)	(−1.69)
金融结构	0.392 ***	0.729 ***	0.682 ***	−0.035 *	0.038 *	0.014 *
	(5.48)	(10.06)	(10.10)	(−1.96)	(1.83)	(1.85)
交互项		−0.550 ***	−0.202 ***		−0.165 **	−0.219 **
		(−10.90)	(−3.63)		(−2.15)	(−2.57)
金融全球化			0.318 ***			−0.356 ***
			(3.84)			(−3.32)
人均 GDP 平方				0.152 *	0.151 *	0.118
				(1.85)	(1.88)	(1.44)
样本数	841	841	841	1044	1044	1044
R^2	0.430	1.120	1.090	0.221	0.300	0.320

但是从分样本（表 5.13）来看，发达国家的情况为模型一到模型三，而发展中国家的情况则为模型四到模型六。结果依然保持相当的稳健性，这里不再赘述。

四、金融全球化指标的选择

关于金融全球化的指标选择，正如在变量定义中所论述的那样，主要包括事实上（de facto）的全球一体化程度和法律意义上（de jure）的金融全球化程度。由于在基准模型中已经使用了 Lane 和 Milesi - Ferretti（2007）所提供的一国对外资产负债总规模与该国 GDP 的比值作为金融全球化进程的衡量指标，所以，在稳健性检验中，可以尝试使用法律意义上的金融全球化指标作为替代变量，来考查金融全球化程度以及金融结构对一国对外净资产的影响。

对于法律上（de facto）的金融全球化指标主要有：第一，Chinn 和 Ito（2013）使用的金融开放变量。第二，Abiad 和 Mody（2005）以及 Abiad 等（2010）的研究，该数据涉及 1991—2005 年，建立了金融改革指数作为金融自由化的衡量，该数据包含金融部门政策的 7 个方面[1]，这也是研究各国金融全球化的代理指标。第三，则是基于资本进入和流出的控制，从汇率制度的分类入手，如基于 Levy - Yeyati 和 Sturzenegger（2005）的汇率分类制度（以下简称 LYS 分类制度）和 Ilzetzki 等（2011）提出的汇率制度分类。前者构建了事实上（de facto）的分类制度，这是基于 IMF 报告的所有国家中的汇率和国际储备来考虑的。其中，第一个缺陷是该汇率制度的分类不能应用于资本市场有限开放的国家；还有一个缺陷就是该数据只包含 1974—2000 年，作者一直没有更新该数据，从而限制了它的应用。Ilzetzki 等（2011）的汇率制度分类[2]，该分类汇率制度包括（1）事实上的钉住；（2）事实上的爬行钉住；（3）爬行或者管理浮动；（4）浮动；（5）汇率可以自由下降；（6）双轨制。这样会产生五个虚拟变量，把事实上的钉住作为各个汇率制度的基准值。如果把 Ilzetzki 等（2011）和 Chinn 和 Ito（2013）的数据进行相比，本书更愿意选择后者。原因在于后者的变化幅度要比前者大些，前者的汇率分类制度从本质上来说就是分类变量或者说是虚拟变量。在使用 Chinn 和 Ito（2013）的金融开放指数

---

[1] 该复合指标包含的 7 个方面是：信贷控制与过高的储备要求、利率控制、进入障碍、银行业的国有产权度、金融账户的约束、宏观谨慎监管与银行业的监督、证券市场的政策。

[2] 该数据库跨度时间长，最长包含 1946—2010 年的数据；其次，给出了汇率的制度安排以及理由。特别地，在汇率双轨制情形下，该数据是基于市场决定的汇率制度分类而非官方公布的汇率制度分类。

作为金融全球化的代理指标后其估计的结果呈现在表 5.14 中。

表 5.14　　　　　稳健性检验：金融全球化的其他衡量指标

	模型一	模型二	模型三	模型四	模型五	模型六
人均 GDP	1.793 ***	1.841 ***	1.908 ***	− 2.386 *	− 2.498 *	− 0.347 *
	(5.03)	(5.03)	(5.21)	(− 1.72)	(− 1.80)	(− 1.97)
总抚养比	0.881	− 1.379	− 1.155	0.218	0.141	0.553
	(0.43)	(− 0.62)	(− 0.53)	(0.61)	(0.39)	(1.61)
政府支出	− 5.495 **	− 1.977	− 2.136	− 1.509 *	− 1.446	− 1.402 *
	(− 2.20)	(− 0.77)	(− 0.84)	(− 1.69)	(− 1.61)	(− 1.65)
金融结构	0.250 ***	0.549 ***	0.601 ***	0.043 *	0.045 *	0.075 ***
	(5.13)	(6.82)	(5.46)	(1.89)	(1.95)	(3.40)
交互项		− 0.159 ***	− 0.177 ***		− 0.025 **	− 0.092 ***
		(− 4.64)	(− 3.77)		(− 2.10)	(− 7.80)
金融全球化			0.015			− 0.106 ***
			(0.18)			(− 5.61)
人均 GDP 平方				0.147 *	0.153 *	0.030
				(1.77)	(1.85)	(0.38)
样本数	841	841	841	1044	1044	1044
R^2	0.424	0.511	0.545	0.217	0.324	0.475

在表 5.14 中，模型一到模型三属于发达国家的分组样本，而模型四到模型六属于发展中国家的样本。从表 5.14 中可以看出，人均 GDP 在发达国家依然保持线性关系，在发展中国家同样保持着 U 形关系，人口结构效应的估计依然不显著，政府支出始终保持着与一国对外净资产的负向关系，金融结构和金融全球化仍然保持着基准模型中的符号和显著性。

第四节　本章小结

在 1990 年之前，人均 GDP、总抚养比及政府支出对一国对外净资产的影响巨大，可以解释大量的典型事实。然而在 1990 年以后随着各国金融市场的发展，特别是股票市场的繁荣发展以及各国的开放政策所带来的金融全球化、经济全球化进程，这些现象必然对金融市场导向型的对外净资产产生重大影响，因此需要对一国对外净资产的决定因素进行重新研究。本书使用动态面板最小二乘法对 131 个国家 1970—2011 年的全球面板数据进行研究，得出以下几点结论：

第一，实证检验结论表明了在一国对外净资产的决定因素中，金融结构、金融全球化进程以及二者的交互项对其有显著影响。具体而言，无论是在全样本中，还是在分组样本中（发达国家、发展中国家），结论均表明金融结构对一国对外净资产的作用显著为正，交互项对一国对外净资产的作用显著为负。

第二，金融全球化进程对一国对外净资产的影响在分组样本中有不同的表现。在发达国家中，金融全球化进程与一国对外净资产的作用显著为正，而在发展中国家中，金融全球化对一国对外净资产的作用却显著为负。这种分组样本的不同表现充分说明了全球金融市场一体化进程是一把双刃剑。

第三，人均 GDP 与一国对外净资产的关系在不同类型国家的表现是不同的。在发达国家的样本中，人均 GDP 与一国对外净资产呈正向关系；而发展中国家样本中，人均 GDP 与一国对外净资产呈非线性关系，这种非线性关系在基准模型中为倒 U 形关系，而在扩展模型中却表现为 U 形关系。这种情况说明本书引入金融结构、金融全球化以及交互项，建立扩展模型对一国对外净资产进行分析具有合理性。

第四，总抚养比与一国对外净资产的关系极其不稳定，在发展中国家，总抚养比的系数几乎是不显著的，说明老龄化和人口红利对发展中国家的影响并不明显；而在发达国家中，总抚养比的系数也是大多数不显著，只有少数情况呈现负向显著关系。因此，总体而言，从全球失衡的长期视角来看，总抚养比对一国对外净资产的作用是无法确定的。

第五，政府支出对一国对外净资产的作用显著为负。无论是在全样本中，还是在子样本中（发达国家和发展中国家），这一关系表现得非常稳健。但是，对于中国而言，政府支出水平较高，并且政府支出的生产性行为而非消费性行为导致了中国持续的对外净资产的累积。

第六章
贸易盈余与人民币汇率的实证研究

　　本书在第四章和第五章分别从中期视角（经常账户）和长期视角（一国对外净资产）对全球失衡进行了研究，并且使用跨国面板数据，建立计量模型揭示变量之间更为精确的关系，除此之外，还能够刻画出变量之间的长期关系。显然中期视角（经常账户）和长期视角（一国对外净资产）对全球失衡的研究都是在金融全球化进程中研究金融结构对经常账户失衡和一国对外净资产的解释能力，并且都是基于跨国面板数据得出的结论，但是，针对一个国家的具体情况的外部失衡，到底是什么样，我们还需要进行更为细致的研究。本书认为可以使用一国的贸易盈余来作为该国外部失衡的衡量。① 因此在本章，以中国为例，对贸易盈余与人民币汇率之间的关系进行研究。在进行严密的实证研究之前，我们又必须对贸易盈余和汇率这两个关键变量做个定性的图形了解。这里，我们分成三个图形来进行定性研究。结果分别展现在图6.1 ~ 图6.3中。

　　图6.1是1996年1月以来的中国贸易盈余的变化，可以发现，在2005年7月汇率机制形成改革之前，贸易盈余变化的月度值保持平稳性，但是汇率改革后，贸易盈余的月度值出现较大的波动，但是，是否包含单位根过程，还需要在以后的平稳性检验中有待实证。更重要的是，这种贸易盈余的剧烈波动在汇率改革后出现，是否与汇率的变化有关？这都是引起我们思考的地方，也是本章需要进行深入研究的地方。同样，作为贸易盈余的年度累计值的表现体现在图6.2中，和图6.1一样，2005年7月的汇率改革也是引起图6.2发生剧烈变化的分水岭，当然，我们更关心的是贸易盈余的月度值，因此，图6.2更多的是作为参考。图6.3表现的是人民币名义汇率指数和实际汇率指数，我们可

---

　　① 中国作为发展中国家，服务贸易占全部进出口的比重很小，所以用贸易盈余代表中国的对外贸易失衡是非常合适的。

亿元人民币

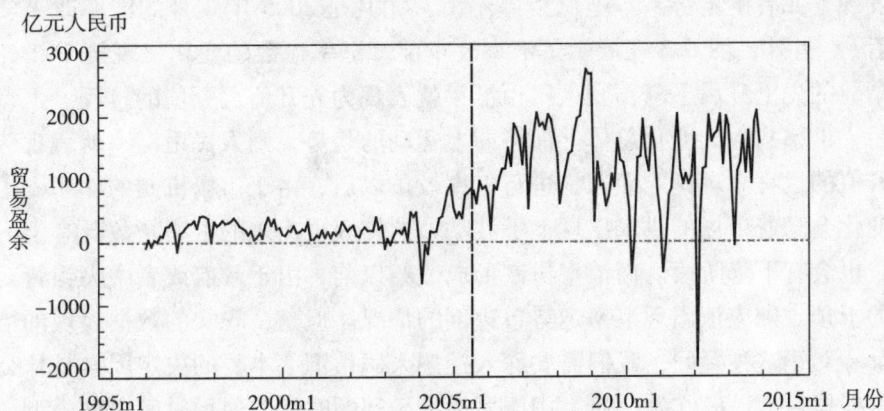

图 6.1　1996 年 1 月—2013 年 12 月的贸易盈余走势

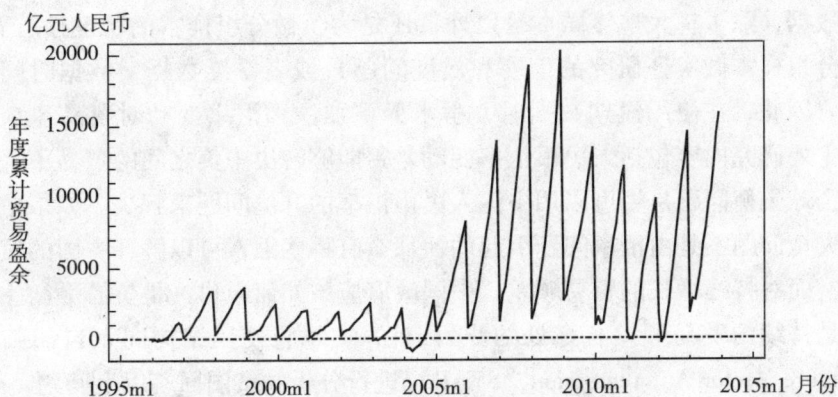

亿元人民币

图 6.2　1996 年 1 月—2013 年 12 月的贸易盈余（年度累计）走势

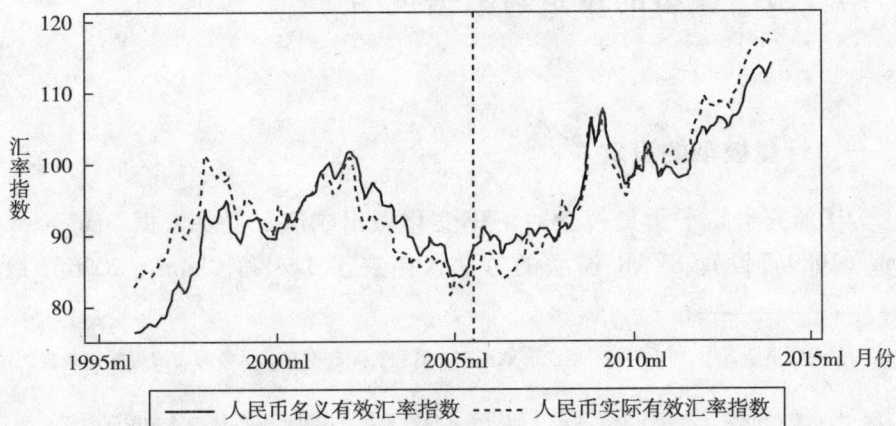

——— 人民币名义有效汇率指数　----- 人民币实际有效汇率指数

图 6.3　1996 年 1 月—2013 年 12 月（实际和名义）有效汇率指数走势

以发现，二者的走势基本上保持差不多，尤其是 2005 年 7 月的汇率改革实施以后[1]。另外，图 6.3 还展示了汇率改革前，汇率指数的变化呈现倒 U 形，汇率指数的先上升后下降，则人民币汇率就表现为先升值再贬值的过程。汇率改革后，汇率指数的变化总体上保持向上运动的趋势，则人民币汇率就表现为一直升值的过程。理论上而言，进行汇率改革以后，由于市场机制的作用，汇率的变化会随着市场的供求出现上下波动，这样表现出来的汇率指数既有上升阶段，也会有下降阶段。而汇率机制形成改革以前，由于政府或者中央银行对市场的干预，则应该出现汇率走势单边倒的情况。但是，现实的数据表现的恰恰相反。对于这种疑问，我们需要深入挖掘人民币汇率本身的决定因素是什么。

根据目前已有文献，研究中国贸易失衡问题时经常使用时间序列模型，由于涉及的期限较短，且经常使用月度数据（目前的学术研究是尽可能地使用月度数据，除了扩大整体样本量以外，还是为了做分组样本的稳健性检验时，提高分组样本做实证研究的信度和效度问题）或者季度数据，数据时间间隔较短。因此，在使用短期数据时，学术界更加注重汇率变动对贸易盈余的冲击，主要研究内容包括人民币汇率变动是否能够解决中美之间的贸易不平衡问题，全球失衡问题是否可以用中国人民币汇率的升值问题来解决。如果中国的贸易失衡问题不是由汇率问题引起的，那么有哪些因素可以解释中国的贸易盈余呢？面对持续增长的贸易顺差，中国政府应该如何应付？是贸易平衡主义观点还是持续的贸易顺差有好处的？[2] 因此，本章将使用结构向量自回归模型（Structure Vector Autoregression，SVAR）进行分析并试图回答以上问题。

第一节　模型的设定与数据说明

一、计量模型的设定

为了研究贸易平衡是否会对汇率变化做出响应，主要依据 Blanchard 和 Quah（1989）设置 SVAR 模型的方法，拓展了 Lee 和 Chinn（2006）以及

---

[1]　只有在早期，如 1996 年初，名义有效汇率指数和实际汇率有效指数的表现可能出现较大的偏离。

[2]　新古典经济学家认为经济学强调是的均衡，这种思想在国际经济的体现就是国际收支平衡，贸易收支相抵，但是在实践中，很多国家都是喜欢保持贸易顺差，如重商主义的观点。提出国际收支调节的国家一般都是贸易逆差的国家。

Zhang 和 Sato（2012）模型，加入了供给冲击、需求冲击，并且考虑三大外生工具变量。在这些变量组间的 SVAR 模型的系统中，构建的 SVAR 模型如下：

$$X_t = (\Delta y_t^s, \Delta m_t, \Delta reer_t, \Delta cpi_t, (TB/Y)_t)' \qquad (6.1)$$

其中，五个变量的随机误差项为

$$u_t = (u_t^s, u_t^m, u_t^e, u_t^p, u_t^b)' \qquad (6.2)$$

Δy_t^s 代表一国的产出的差分，经常用来作为供给冲击的代理变量。Δm_t 代表一国的广义货币供给量，常作为一国需求冲击的代理变量。$\Delta reer_t$ 是人民币的实际有效汇率指数，用其差分项作为实际汇率的衡量。Δcpi_t 是中国的居民消费价格指数，用差分项作为通胀率的衡量，因为根据 Kliem 和 Kriwoluzky（2013）观点，用 CPI 衡量的通胀率进入 VAR 和 SVAR 中最好使用差分形式。$(TB/Y)_t$ 是贸易平衡的水平值与一国名义产出的比值，这里只能取水平值，因为贸易盈余可能是负值，所以不能取对数，更重要的是 $(TB/Y)_t$ 本身就已经是平稳变量，无须再经过对数差分转换后进入 SVAR 模型的系统中。

需要注意的是，这里主要构建五个变量的 SVAR 模型来研究贸易平衡与汇率、通胀率、供给冲击以及需求冲击之间的关系，重点是研究汇率与贸易平衡以及汇率与通胀率之间的关系。由于宏观变量之间往往存在相互影响，这导致内生性问题很强，而且该类问题往往是组建一个 VAR 模型的系统。但是 VAR 模型有四个方面的缺点：（1）不考虑内生变量的"同期"相关性，无法呈现内生变量之间的"因果关系"，尤其 VAR 模型的结果对变量的顺序特别敏感；（2）没有严格的经济理论；（3）不对参数施加零约束，无法分析回归参数的经济意义；（4）有太多的参数需要估计，造成估计系数的自由度严重下降以及待估系数的不一致。

总之，向量自回归模型的待估参数个数较多使得经济学家更加愿意使用 SVAR 模型。该模型的优点如下：（1）有经济理论的支持，这也是它的最大的优点，最重要的是可以避免裘氏分解引发内生变量排序对结果的敏感影响；（2）无须对变量间关系进行过多的假设，不存在终点样本偏差的问题；（3）根据相关理论设定变量之间的因果关系，即从经济理论出发，考虑内生变量的"同期"相关性；（4）约束设置的依据是根据 Blanchard 和 Quah（1989）对经济理论的长期约束进行设定，并且这些约束更加符合经济理论的约束设定，一般而言，对于 N 个变量的 SVAR 模型，需要至少 N（N－1）/2 个长期约束才能进行识别；（5）SVAR 模型可以在实践上提高宏观政策的可操作性，更具有实际意义。

对此，如果把式（6.1）重写成矩阵的形式，具体为式（6.3）。

$$X_t = A(L) \times \varepsilon_t = \begin{pmatrix} A(L)_{11} & \cdots & A(L)_{15} \\ \vdots & \ddots & \vdots \\ A(L)_{51} & \cdots & A(L)_{55} \end{pmatrix} \tag{6.3}$$

可以看到必须要对式 (6.3) 施加约束才能得到更为有效的估计。依据实际经济周期理论、货币中性论、货币数量论、长期实际汇率的决定理论以及贸易平衡决定论构建如下五个方程，这些理论对 SVAR 模型的识别条件均来自于潜在的 NOEM – DSGE （New Open Economy Macroeconomics – Dynamic Stochastic General Equilibrium） 的视角，详见式 (6.4)。

$$\begin{cases} y_t^s = y_{t-1}^s + u_t^s \\ m_t = m_{t-1} + \alpha_1 u_t^s + u_t^m \\ cpi_t = cpi_{t-1} + \beta_1 u_t^s + \beta_2 u_t^m + u_t^p \\ reer_t = reer_{t-1} + \gamma_1 u_t^s + \gamma_2 u_t^m + \gamma_3 u_t^p + u_t^e \\ tb_t = tb_{t-1} + \theta_1 u_t^s + \theta_2 u_t^m + \theta_3 u_t^p + \theta_4 u_t^e + u_t^b \end{cases} \tag{6.4}$$

式 (6.4) 本质上是依据了经济理论和经济结构对原有的向量自回归模型的误差项施加了约束，即 SVAR 模型的计量方法使用了经济理论来决定变量之间的同期相关性，这也是 SVAR 模型与 VAR 模型的最大区别。这可以看作是对原有的 VAR 的脉冲响应做了经济结构上的调整，而且这一调整是可靠的和可信的。结合式 (6.3) 和式 (6.4)，可以对式 (6.4) 中的约束设置如下。

$$A(L)_{12} = A(L)_{13} = A(L)_{14} = A(L)_{15} = 0 \tag{6.5}$$

这是依据经济周期理论，因为在长期内，供给冲击往往只受到自身的影响，这是由实际经济周期理论决定，也可以详见 Romer （2011） 的教材。$A(L)_{23} = A(L)_{24} = A(L)_{25} = 0$ 则是依据长期中货币中性论的观点，货币只会受到需求和供给冲击的影响。$A(L)_{34} = A(L)_{35} = 0$ 的依据是货币主义模型的观点，基于货币中性理论。$A(L)_{45} = 0$ 则是依据长期中实际汇率的决定理论。而一国的贸易盈余则是受到国内外产品的竞争、汇率的传递的影响，在长期中，往往假设贸易平衡可以达到均衡并能灵活调整，而不会持久地影响其他变量。可以看到总共 10 个约束，正好符合在 N 等于 5 的情形下，约束等于 10，这说明了本书估计的 SVAR 模型是恰好可以识别的。而且，对于式 (6.4) 属于递归型的 SVAR 型的约束，这种递归的矩阵形式往往就决定了系统内变量的顺序。

在约束设置满足的情况下，使用 stata11.2 对五个变量构建的 SVAR 进行估计，并且考虑三个重要的外生变量。由于使用的是月度数据，跨度时间长，正好可以满足 SVAR 模型对数据的质量要求很高（需要较多的变量和较长的时间序列数据）的条件。而且赵昕东和耿鹏（2010）指出使用季度数据序列做 SVAR 模型时，大概 15 年就可以满足时间序列的长期数据的要求。因此，无论是全部样本数据还是之后考虑汇率改革的分组样本数据，在样本个数方面均可以满足使用 SVAR 模型的要求。

二、估计方法介绍

在这部分主要介绍向量自回归（SVAR）模型的原理以及在实证研究中两个重要部分（脉冲响应函数、方差分解）的原理，这是为了更好地理解实证内容。

1. SVAR 模型：宏观变量之间的关系可以用 SVAR 模型，定义如式（6.6）。

$$B_0 y_t = B_1 y_{t-1} + \cdots + B_p y_{t-p} + \varepsilon_t \tag{6.6}$$

其中 y_t 代表在 t 时期的 $K \times 1$ 的内生变量所构成的列向量，B_i 代表 $K \times K$ 参数矩阵（i = 0，1，…，p），ε_t 代表随机误差项，且满足 $E(\varepsilon_t) = 0$，$E(\varepsilon_t \varepsilon_t') = \sum_\varepsilon$。

SVAR 方法假设 ε_t 满足正交结构冲击，且随机误差项满足无自相关，协方差矩阵 $\sum_\varepsilon$ 是不变的，并且是对角矩阵。式（6.6）中矩阵 B_0 反映了变量之间的同期关系，在各个主对角线上被正规化为 1，这样可以使 SVAR 系统中每一个方程都会有一个指定的因变量。ε_t 反映了一种非系统性因素，它代表了随机变量。

因为式（6.6）中的最重要的问题是无法直接估计变量 ε_t 和系数 $B_0, \cdots,$ B_p，所以，SVAR 参数可以采用二阶段方法进行估计。

在第一阶段，由缩减型 VAR 可以得出式（6.7），

$$y_t = A_1 y_{t-1} + \cdots + A_p y_{t-p} + e_t \tag{6.7}$$

其中，$A_i = B_0^{-1} B_i$，$e_t = B_0^{-1} \varepsilon_t$，$e_t \sim N(0, \sum_e)$，采用最小二乘法对每个方程进行估计，误差项 e_t 实际上是缩减型 VAR 的一个冲击变量。协方差矩阵为 $\sum_e = B_0^{-1} \sum_\varepsilon (B_0^{-1})'$，这也是 SVAR 模型相对于 VAR 模型的创新之处。

在第二阶段，"同期"矩阵 B_0 往往基于某种经济理论来施加某种合适的约束，协方差矩阵 $\sum_\varepsilon$ 是根据第一阶段的 VAR 模型所得到的估计参数，并且对这些待估参数使用条件极大似然函数，就可以得到协方差矩阵。对 SVAR 模型使

用完全信息极大似然函数估计，这可以转变为无约束的情形，详见式（6.8）。

$$\ln L_t = -\frac{K}{2}\ln(2\pi) - \frac{1}{2}\ln\left|B_0^{-1}\sum_\varepsilon B_0^{-1'}\right| - \frac{1}{2}\hat{e}_t'\left(B_0^{-1}\sum_\varepsilon B_0^{-1'}\right)^{-1}\hat{e}_t \quad (6.8)$$

其中 e_t 是在第一阶段的 VAR 估计残差，对数似然函数的样本量 $t = 1,2,\cdots,T$。$\ln L = \sum_{t=1}^{T}\ln L_t$。对式（6.8）使用极大似然函数法就可以进行估计。

在 SVAR 体系中，"同期"矩阵 B_0 有 K^2 个参数，协方差矩阵 $\sum_e$ 有 $K(K+1)/2$ 个不同的值，结构冲击 ε_t 往往小于结构参数 B_0 的个数或者等于缩减型 VAR 的协方差 $\sum_e$ 的待估参数的个数。为了使得 SVAR 模型能够识别，至少要有 $K(K-1)/2$ 个参数约束条件。

2. 脉冲响应函数：一般而言，脉冲响应函数用来评价各种宏观冲击对政策变量和非政策变量的持续性和动态效果。

使用滞后算子 $L^p y_t = y_{t-p}$ 重新改写式（6.7），可以得到式（6.9）。

$$A(L)y_t = B_0^{-1}\varepsilon_t \quad (6.9)$$

其中，$A(L) = I_K - A_1 L - \cdots - A_p L^p$，$B_0^{-1}\varepsilon_t = e_t$。

因此，SVAR 模型的脉冲反映函数也可以从移动平均向量（Vector Moving Average，VMA）得出式（6.10）。

$$y_t = \Theta(L)\varepsilon_t = B_0^{-1}\varepsilon_t + \sum_{s=1}^{\infty}\Theta_s\varepsilon_{t-s} \quad (6.10)$$

其中，$\Theta(L) = (A(L))^{-1}B_0^{-1}$，$\Theta_0 = B_0^{-1}$，同时，$\Theta_s = \sum_{p=1}^{s}A_p\Theta_{s-p}B_0^{-1}$，脉冲响应函数则是追寻这个路径，面对第 j 变量的冲击，第 i 个变量是如何做出响应的。脉冲响应函数图形则可以用式（6.11）连续的表达为 s 期。

$$\frac{\partial y_{t+s,i}}{\partial\varepsilon_{t,j}} = \Theta_{s,i,j}, s = 1,2,\cdots,N \quad (6.11)$$

由于误差项 ε_t 在 SVAR 中具有经济学含义，所以脉冲响应函数可以被解释得更加有意义，所以随后的汇率、贸易盈余等变量的脉冲响应函数图则可以揭示它们受到各种宏观冲击之后如式（6.11）所展现的动态效果。

3. 方差分解。上面介绍的脉冲响应函数是一个内生变量的冲击对其他内生变量造成的影响，方差分解则表明了每一个结构冲击对内生变量的波动的贡献度，以此研究不同结构冲击的重要性。根据 Sims（1980）的观点，依据 VMA 趋向于无穷大的方法，得出式（6.12）。

$$y_{it} = \sum_{j=1}^{k} (\alpha_{ij}^{(0)} \varepsilon_{jt} + \alpha_{ij}^{(1)} \varepsilon_{jt-1} + \alpha_{ij}^{(2)} \varepsilon_{jt-2} + \alpha_{ij}^{(3)} \varepsilon_{jt-3} + \cdots) \qquad (6.12)$$

其中，$i = 1, 2, \cdots, k$；$t = 1, 2, \cdots, T$。

对 y_i 求方差可以得到式（6.13）。

$$\mathrm{var}(y_i) = \sum_{i=1}^{k} \left\{ \sum_{q=0}^{\infty} (\alpha_{jj}^{(q)})^2 \sigma_{jj} \right\} \qquad (6.13)$$

其中，$i = 1, 2, \cdots, k$。

y_i 的方差可以分解成各种不相关的影响，定义式（6.14）可以得到各个扰动项相对 y_i 的方差能够有多大程度的贡献，即 y_i 的波动可以由各个变量解释多少。

$$RVC_{j \to i}(\infty) = \frac{\sum\limits_{q=0}^{\infty} (\alpha_{jj}^{(q)})^2 \sigma_{jj}}{\mathrm{var}(y_i)} = \frac{\sum\limits_{q=0}^{\infty} (\alpha_{jj}^{(q)})^2 \sigma_{jj}}{\sum\limits_{i=1}^{k} \left\{ \sum\limits_{q=0}^{\infty} (\alpha_{jj}^{(q)})^2 \sigma_{jj} \right\}} \qquad (6.14)$$

其中，$i, j = 1, 2, \cdots, k$。

RVC 就是相对方差贡献率，这是根据第 j 个变量（作为冲击变量）对 y_i 的方差（即波动性）的相对贡献度，即通过观测第 j 个变量对第 i 个变量的影响。更进一步地发现，当 $RVC_{j \to i}(\infty)$ 增大时，说明第 j 个变量对第 i 个变量的影响更大。

三、变量选择和数据来源

使用的变量包括 SVAR 模型的五个内生变量和三个外生变量。内生变量分别为：实际工业增加值、货币供给、通胀率、实际有效汇率指数以及贸易平衡与名义工业增加值的比值。外生变量包括：对外贸易依存度、上证综合指数以及货币互换协议。更为具体的介绍如下。

（一）内生变量

供给冲击①：国际上是采用石油价格来反映供给冲击的情况，但是，中国和工业化国家面对的情况是不同的，因为中国政府对石油的价格进行严格管制，所以采用实际工业增加值来作为中国特殊国情下的外部供给冲击。由于中国在

---

① 不仅包括技术冲击，还包括新能源和新材料的发现、石油价格、食品、自然灾害、实际汇率等造成总供给的暂时性变化。这里的技术冲击是指由技术进步、知识累积导致的劳动生产率的永久性提高，这会使得 AS 曲线右移。由于中国科技的进步、新技术引进使得劳动生产率极大提高，所以，以技术进步为代表的供给冲击将会导致总供给增加。能源（石油价格）冲击使得 AS 曲线左移。有利的供给冲击会产生很大的产出但是几乎没有成本的提升，从这个角度来看，中国的供给冲击不是石油冲击而是用实际产出冲击——实际工业增加值来衡量，这是因为中国对石油价格管制且很长一段时期与外部隔绝。

2007 年 1 月之前是汇报名义工业增加值的绝对数，自 2007 年 1 月起国家统计局网站只提供工业增加值的实际同比增长率，因此，使用 1996 年 1 月到 2006 年 12 月的工业增加值的绝对数和对应的通货膨胀（居民消费价格指数，CPI）衡量的环比增长率，即上月等于 100 的情况，这样可以计算出 1996 年 1 月到 2006 年 12 月的实际工业增加值的月度数值。然后基于 2006 年 1 月到 2006 年 12 月的绝对数和 2007 年 1 月到 2007 年 12 月的工业增加值的实际同比增长率求得对应值，求得 2007 年 1 月到 2013 年 12 月的实际工业增加值。另外，2007 年 1 月起，每年 1 月和 2 月的数据一起调查，一起发布，本部分采用寇文红（2012）补齐 2007 年以后的每年 1 月和 2 月的数值，确保数据的可靠性。①

需求冲击：国外学者采用实际汇率作为需求冲击的代理变量，但是，国内学者经常使用货币供给作为需求冲击的代理变量，因为从中国实际情况来看，总需求的波动更多的是来自于投资，但投资主要是通过银行的信贷配给制通道来进行。而且，即使中国在 2001 年 11 月加入 WTO 后，也只是表现在经济开放度有所提高，但中国总需求波动的主要来源还是经济体内部。所以，本书认为总需求的波动主要是来自于投资的波动，在中国目前的融资体系中，超过 70% 以上的资金供给都是通过间接融资（银行融资）完成，本书使用 M2（广义货币供给量）表示需求冲击。②

通货膨胀冲击：使用居民消费者价格指数的月度同比（上年等于 100）作为通货膨胀的衡量指标。需要说明的是，学术界在进行协整和误差修正模型的研究时，往往采用消费者价格指数的定基比，根据赵昕东和耿鹏（2010）的观点，在进行向量自回归模型时，往往是使用 CPI 的同比数据。③

实际汇率冲击：使用人民币实际有效汇率作为汇率冲击，采用 2008—2010 年的进出口额作为权重，与中国进行贸易的 60 个国家（欧元区作为一个整体）进行贸易量的几何加权，使用间接标价法，当人民币实际有效汇率指数增加时，表示实际汇率的升值。④

贸易盈余冲击：使用中国的贸易盈余（中国的出口减进口）与中国的名义工业增加值的比值作为衡量一国的贸易盈余或者经常账户冲击的代理变量。注意，其他变量都是基于月度数据，而中国的 GDP 只有季度数据，尚没有月

---

① 数据来源：中经网统计数据库和国家统计局统计数据。
② 数据来源：中经网统计数据库和中国人民银行网站。
③ 数据来源：同①。
④ 数据来源：国际清算银行（Bank for International Settlements，BIS）。

度数据的统计。高铁梅（2009）提出用二次匹配平均（Quadratic Match Average）将季度数据（低频数据）向月度数据（高频数据）转换，但是这种方法很多学者提出反对，认为中频数转换往往适用于高频数据向低频数据转换。根据江飞涛等（2011）的方法，用名义工业增加值的月度值来替代月度GDP，由于之前已经获得了实际工业增加值的数据，再结合月度环比CPI的数值就可以得出名义工业增加值。[①]

（二）外生变量

对外贸易依存度：王义中和金雪军（2009）认为外部冲击是一国的宏观经济波动中所面临的最重要的来源。而中国自2001年12月加入WTO以来，总体上仍然保持上升趋势。高士成（2010）认为使用对外贸易依存度可以作为中国加入WTO之后对外关系改革的工具变量，用来反映中国对外开放政策的变化。由于无法获得月度数据的GDP，所以仍然使用中国的进出口总额与名义工业增加值的比值作为对外贸易依存度的代理变量。[②]

上证综合指数：使用股价指数（上证综合指数收盘价）反映资产价格的变化，这也在一定程度上衡量中国的金融市场变革。中国股票市场2004年1月实施的股权分置改革，股票市场从2006年开始经历巨大变革，这一时期的房地产市场（1998年取消实物分房，开启住房制度分配的货币化改革）价格也是波动巨大，中国的房地产市场在某种程度上是资本市场，所以，资产价格的变化会间接地传导到实体经济，对贸易平衡以及汇率都会产生影响。所以，依据高士成（2010）的观点，将上证指数作为中国资本市场剧烈波动的工具变量，用来反映中国国内的制度变化的代理变量。另外，王曦和邹文理（2011）研究了政策会对股票市场的价格产生重大影响。因此可以使用上证综合指数的收盘价作为上证综合指数的替代变量。[③]

SWAP（货币互换协议）：中央银行的货币政策会对汇率、贸易盈余产生影响，胡华锋（2012）认为可以使用货币互换协议作为中央银行货币政策反应的代理变量，因为货币互换协议在经济危机中经常被中央银行使用，现在的国际货币体系处于混战中的"牙买加"体系，很多学者都认为该体系实际上不是一个稳定的体系，其脆弱性在危机来临时必定呈现。在新的国际货币体系没有建立之前，各国央行采取签订双边协议作为一种"货币锚"，可以体现它

---

① 数据来源：中经网统计数据库和国家统计局统计数据。

② 数据来源：同①。

③ 数据来源：中经网统计数据库。

的政策具有"告示效应"，最终对人民币实际有效汇率指数产生影响。尤其是亚洲国家缺乏共同的文化信仰以及历史、政治的原因，导致各国之间的互信一直尚未被建立，而签订货币互换协议可以在一定程度危机到来时提供信心支撑，也可以为一国的货币体系的平稳过渡提供时间。这是一个虚拟变量，主要是看中国中央银行当月是否与对手国签订货币互换协议，而无论该月签订的个数，如果有签订协议，就为1，否则就为0。更为具体的货币互换协议详见中国人民银行网站，作者自己也进行了货币互换协议的整理，详见附录A。①

对模型的改进需要引入外生性的变量，因为使用的 SVAR 模型中的变量是相互影响的，内生性的克服是一个需要重点处理的问题，虽然使用 SVAR 模型能够很好地解决系统内变量之间的内生性问题②，但是加入系统外的外生性变量可以最大程度地消除内生性，提高模型估计的无偏性和有效性。而且，从现实情况来看，自1994年以来，中国在转型时期宏观经济政策目标的调整、宏观调控手段的创新、国民经济统计方法的调整以及社会经济制度层面的变革都会影响到宏观变量的稳定性。例如，方颖和郭萌萌（2008）认为中国的宏观变量之间存在着严重的非稳定或非线性问题，基于这些变量的 VAR 或者 SVAR 模型的分析将会得到错误的结论。蔡楠等（2011）则进一步以中国主要月度宏观变量进行双变量稳定性检验，发现70%以上的变量之间的关系是显著不稳定的。Miles 和 Schreyer（2012）发现印度尼西亚、韩国、马来西亚以及泰国四国货币政策均是非线性的（驼峰状）。因此，如果不引入外生性的工具变量，则无法保证本书所研究的变量之间的线性程度。更为重要的是，改革开放的深入和宏观政策的实施都使得经济变量之间的建模需要将这些政策和制度层面对经济的影响考虑在内，只有加入这些控制变量，才能保证模型的线性，也能更好地消除内生性问题。

除了 SWAP 以外，其他变量使用 eviews6.0 的 X12 进行季节调整，所得到的结果，依据给出的报告中的 F3 的汇报结果，通胀率为0.96，对外贸易依存度为0.83，货币供给为0.41，实际有效汇率为0.56，实际工业增加值为0.24，上证综合指数为0.91，贸易盈余为0.80，根据 X12 的要求，只要 F3 的统计量值小于1，就代表季节调整得到了很好的处理。特别说明，这里使用的

① 数据来源：中国人民银行网站。
② 工具变量一般分为系统内和系统外，系统内工具变量一般是把重要解释变量滞后一期或者两期作为重要解释变量的工具变量，而系统外工具变量则是真正意义上的工具变量，类似于截面数据中的工具变量。

数据单位是亿元人民币，如果是比例数据，均乘以 100 进行正规化处理。为了减少可能存在的异方差，除了 SWAP 和贸易盈余没有取自然对数外，其余变量均取了自然对数。

第二节 实证分析结果

一、变量的描述性分析等

（一）偏相关系数分析

在进行正式的实证之前，有必要对重要变量进行偏相关系数检验，在供给冲击和需求冲击的框架下，重点考虑通胀率（cpi）、实际汇率（reer）以及贸易盈余（tb）之间的偏相关系数。另外，为了全面考查实际汇率与贸易盈余，实际汇率与通胀率之间关系，还加入了供给冲击——实际工业增加值 rvadd，需求冲击——广义货币供给量 M2，以及三大外生变量的影响，详见表 6.1。

表 6.1 　　　　　实际汇率与贸易盈余、通胀率的偏相关系数

变量	模型一	模型二	模型三	模型四	模型五
cpi	− 0. 1478 **	0. 1892 ***	0. 25 ***	0. 1911 ***	0. 2494 ***
tb	− 0. 0681	0. 2676 ***	0. 3107 ***	0. 2688 ***	0. 3085 ***
rvadd		− 0. 5967 ***	− 0. 7548 ***	− 0. 5923 ***	− 0. 7508 ***
m2		0. 6542 ***	0. 7854 ***	0. 646 ***	0. 7788 ***
depend			− 0. 7668 ***		− 0. 7622 ***
stock			0. 0791		0. 0857
swap				0. 161 **	0. 0561

注：*、** 及 *** 分别代表在 1%、5% 以及 10% 的显著性水平上显著。以下相同。

在表 6.1 中，模型一只包含实际汇率与 cpi、实际汇率与 tb 之间的关系。模型二还考虑了供给冲击与需求冲击，模型三增加了两个外生变量，这是基于高士成（2010）的观点得到的启发，模型四增加了货币互换协议[①]则是基于胡华锋（2012）的观点，模型五则是考虑了全部外生变量的情况。

———————

① 货币互换协议是笔者参加中国第十三届经济学年会第 55 分会场时点评胡华锋老师的论文时受到的启发。

从表 6.1 中可以看出，实际汇率与通胀率的偏相关系数在模型一中均为负数，而且实际汇率与 tb 之间的偏相关系数还是不显著的，而在加入更多变量之后，偏相关系数均呈现正向且显著的情况。可以发现，考虑供给冲击和需求的情况下，变量之间的关系是不一样的。第一，偏相关系数的显著性得到了明显的提高；第二，tb 与 reer 的偏相关系数符号由负号变为正号。这说明贸易盈余与实际汇率之间的关系确实有待更加精确的研究。以上只是先看看变量之间的大致关系，具体的结果还需要进一步的计量关系来检验。

（二）单位根检验和协整检验

由于 SVAR 模型要求变量必须是平稳的，因此，必须对进入 SVAR 模型的变量进行单位根检验，以此来确定这些变量的平稳性。主要的检验有增广型迪克—富勒（Augmented Dickey – Fuller，ADF 检验）单位根检验以及菲利普斯—佩荣（Phillips – Perron，PP 检验）单位根检验。具体而言，ADF 检验采纳序贯检验方法来确定模型是否包含截距项和时间趋势，基本上是包含截距项，但是不包括趋势项和漂移项。对于 ADF 检验中的自回归的滞后阶数问题，根据 SIC 准则来确定[①]。单位根检验还有 pperron 检验。对于存在单位根的变量，采用一阶差分使其平稳。使用这两种检验对八个变量的水平值和一阶差分项分别做单位根检验，具体的结果详见表 6.2。

表 6.2　　　　　　　　　　单位根检验的结果

	ADF 检验				PP 检验			
	水平值	P 值	一阶差分值	P 值	水平值	P 值	一阶差分值	P 值
rvadd	− 0.181	0.9408	− 28.913	0.0000	0.111	0.9668	− 29.422	0.0000
m2	− 1.094	0.7176	− 20.224	0.0000	− 1.137	0.6999	− 19.792	0.0000
cpi	− 2.473	0.1222	− 13.186	0.0000	− 2.702	0.1737	− 13.438	0.0000
reer	− 0.030	0.9559	− 11.289	0.0000	− 0.437	0.9038	− 11.283	0.0000
tb	− 7.130	0.0000	− 25.596	0.0000	− 7.084	0.0000	− 30.914	0.0000
depend	− 3.650	0.0049	− 26.225	0.0000	− 2.925	0.0426	− 27.548	0.0000
stock	− 2.704	0.0733	− 13.276	0.0000	− 2.714	0.0717	− 13.562	0.0000
swap	− 10.226	0.0000	− 21.054	0.0000	− 10.415	0.0000	− 25.973	0.0000

在表 6.2 中，无论是迪克—富勒检验还是 PP 检验，rvadd、m2、cpi、reer

---

① AIC 准则通常会高估自回归阶数、使得 ADF 检验的功效降低。因此，本书认为 SIC 是更好的选择。

的水平值是在 10% 的水平下都无法拒绝，而一阶差分值在 1% 的显著性水平拒绝了原假设，这验证了四个变量的单位根，说明这四个变量应该以差分项进入 SVAR 模型。而 tb 的水平值无论是经过 ADF 检验还是 PP 检验，都表明 tb 的水平值就是平稳的。① 因此，使用 rvadd、m2、cpi、reer 的一阶差分项和 tb 的水平值构造 SVAR 模型，并且使用 depend、stock 以及 swap 变量的水平值作为外生变量。②

同时对这些变量之间的协整关系也进行了检验，但是并没有找到任何协整关系成立的证据。而且很多研究者都认为根本没有必要进行协整研究，这是因为：（1）Johensen 协整检验的个数对滞后阶数、是否包含趋势项以及漂移项的选择都十分敏感；（2）协整向量没有合理的经济学含义；（3）变量的个数越多，则它们组成的协整系统在进行协整检验更容易找到变量之间存在协整关系，即协整个数与变量的个数有关，但是，实际上这些变量之间往往不存在经济意义上的协整关系，即不存在共同的长期均衡。

二、基于 SVAR 模型的实证结果

（一）选择最佳滞后阶数

由于 SVAR 模型的滞后阶数需要从潜在的缩减型 VAR 模型中确定，所以以下确定最佳滞后系数的方法都是基于缩减型 VAR 模型。根据 AIC（Akaike Information Criterion）和 SBIC（Schwarz's Bayesian Information Criterion）为标准进行滞后阶数的选择，并且在保证残差项的白噪声性质下，经过反复尝试选择的最佳滞后阶数为两阶滞后。由于外生变量的存在也会对缩减型 VAR 模型的最佳滞后阶数造成影响，所以，在考虑三大外生变量的情形下再次检验，发现最佳滞后阶数还是 2 阶。

在选择滞后阶数之后，就可以做 SVAR 模型的研究了，由于 SVAR 模型的重点在于脉冲响应函数和方差分解，这就在以下的内容中详细说明。但是为了检验 SVAR 模型的好坏，需要在做完模型后对随机误差项进行相关检验，也就是要再次确保模型的稳定性，四大检验是必不可少的，它们分别是：

1. 检验各阶滞后系数的联合显著性，即一阶滞后项是否整体上显著，二

---

① 变量 tb 是否平稳存在较大的争议，有很多研究认为 tb 是平稳形式，但是本书对 tb 变量滞后 3 阶，且加漂移项的趋势之后，变量 tb 表现为非平稳。
② 由于很多学者做 VAR 和 SVAR 模型时，并不引入外生变量，所以，这里需要提醒的是：外生变量的平稳性也需要检验。

阶滞后项是否整体上显著。结论是 m2 的差分项的二阶 $p = 0.290$ 以及 reer 的差分项的二阶 $p = 0.538$，其他全部显著，一般而言，是按照系数的 p 值来进行某些变量的删减，但是这些变量的联合显著性检验却是极其显著的，所以，从整体上来看，该 SVAR 模型的表现很好。

2. 对残差自相关进行拉格朗日乘子检验，默认滞后 2 阶。SVAR 模型假设干扰项不存在序列相关，如果模型设定是正确的，则残差不存在序列相关，滞后 1 阶的 p 值等于 0.05862，滞后 2 阶 p 值等于 0.10389，因此，可以发现 2 阶的残差自相关问题是不存在的，同样说明了 SVAR 模型的随机误差项是稳定的。

3. 平稳性检验，即特征根的模（Modulus）介于单位根以内。图 6.4 和图 6.5 给出了两个特征根的倒数的图形，其中，图 6.4 是含有三大外生变量的 SVAR 模型的检验，图 6.5 是不包含三大外生变量的 SVAR 模型的检验。可以很明显地看到，不含有外生变量的图 6.4 特征的根的倒数有些非常接近于 1，表明了模型的估计不稳定，直接的后果就是脉冲响应函数的标准差存在问题，在之后的脉冲响应函数图形上会最终表现出爆炸式（或者不收敛）的情形，这样的结果显然没有任何意义。而图 6.5 中特征根的倒数的最大值为 0.836831，其余都小于 0.5，因此，在加入三大外生变量之后，模型的稳定性在上升，这间接说明了之后的脉冲响应函数图分析的可信性。

4. 正态性检验，若模型设定无误，则残差应服从正态分布，如果强烈拒绝原假设，需要考虑增加滞后阶数或近一步修正模型的设定。估计结果拒绝了原假设，但是根据陈强（2010）的观点，正态性检验对 VAR 模型和 SVAR 模型的影响并不大。上述检验的重点在于第三个稳定性如何检验，目前只需要用根模的倒数就可以。具体而言，使用根模的倒数是否接近于 1，这将关系到导致模型的稳定性与否，更为重要的是，不稳定的情形将导致脉冲响应函数的发散。因此，可以看出上述的四大检验说明了本书估计的 SVAR 模型的结果是可靠的。

（二）脉冲响应函数图形

SVAR 模型的优势在于每一个变量对于该系统中其余变量的动态效果都可以使用脉冲响应函数来表示。在 95% 的置信区间下，分析实际工业增加值、货币供给、通胀率、实际有效汇率指数与贸易平衡五个变量的脉冲响应函数，结果详见图 6.6 ~ 图 6.10。这里所有的脉冲响应函数图形都是基于正交脉冲响应函数视角进行的研究。

图 6.6 中，冲击变量为实际有效汇率指数，响应变量为贸易平衡变量，从

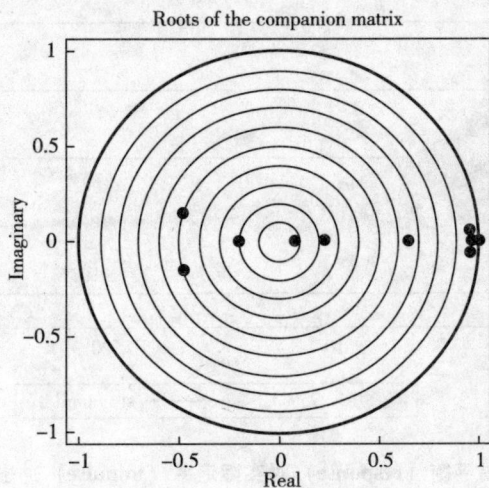

图 6.4 原有的特征根的倒数

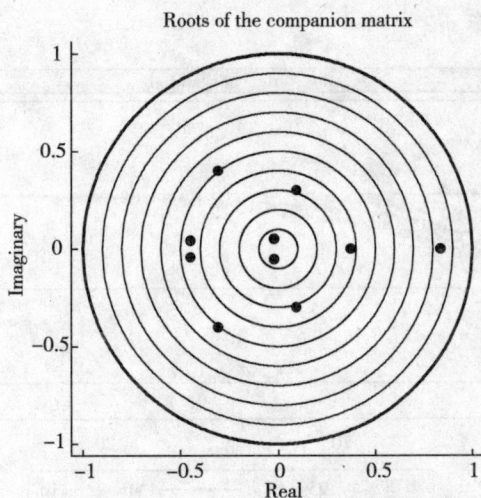

图 6.5 经过改进的特征根的倒数

第 0 期到第 24 期, 使用的是月度数据, 所以 24 期意味着两年 (本章以下图形的脉冲响应图形, 如无特别的说明, 都是指基于 24 期的分析, 不再赘述)。在 24 期内, 95% 的置信区间包含着零值, 说明系数从统计上来看是不显著的, 整体上说明了实际汇率变动根本无法对中国的贸易盈余产生任何影响。从符号方面来看, 在第 0 期, 会有正的影响。在第 2 期开始就有正向影响, 但是, 置信区间包含零, 随后趋于零。即短期内有正的影响, 不具有长期效果, 无论如

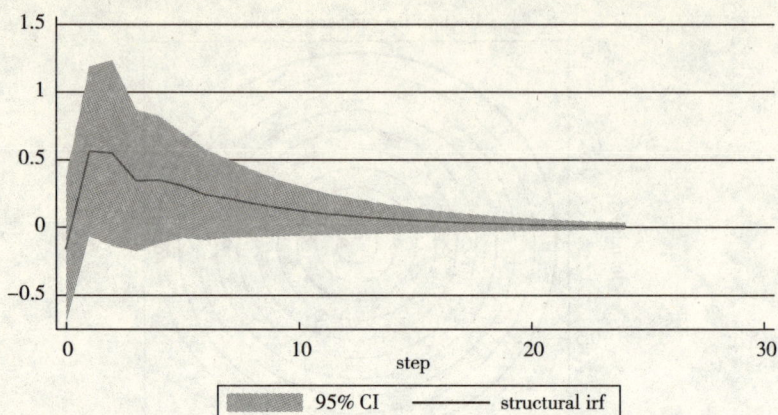

图 6.6　贸易平衡（response）对实际汇率（impulse）冲击的脉冲响应

何，实际汇率的变动所带来的冲击对贸易盈余都不会产生任何效果。这和中国面临的实际汇率升值冲击一样，中国的贸易盈余上升还是下降都和实际汇率升值冲击没有任何关系。[①]

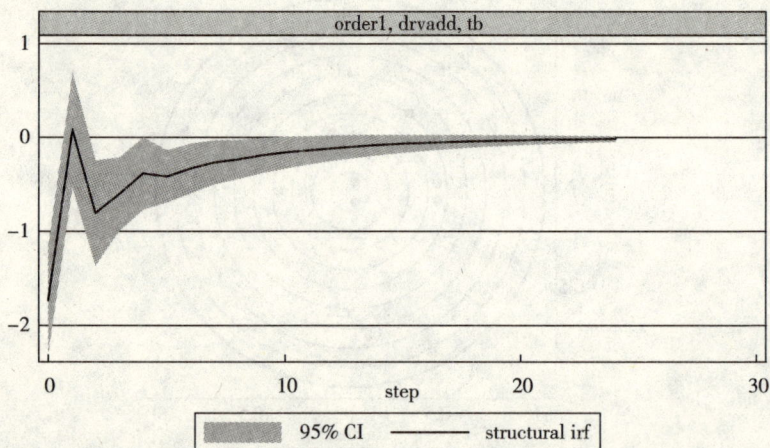

Graphs by irfname，impulse variable and response variable

图 6.7　贸易平衡对供给冲击（实际工业增加值）的脉冲响应

---

① 当然，如果忽略统计上的显著性来看，图 6.6 反映了实际汇率升值导致了贸易盈余逐渐下降的 J 曲线效应，即 reer 上升，说明是升值冲击，TB 先负后正的上升过程，在第二个月达到峰值，从第二期开始，逐步衰弱为零，总体保持为正。这与理论预期相符，验证了 J 曲线效应。reer 升值，导致出口下降，进口上升，当然这需要一定的时间。

图 6.7 表现了实际工业增加值作为供给冲击，贸易平衡作为响应变量的动态效果。从图 6.7 中可以看出，当遇到正向供给冲击时，例如，新技术的产生或者有助于生产力发生变革的管理水平的改进等，这时，贸易平衡将会在初期面临一个正向的极速上升，在第二期有会下降，在随后的 24 期内，逐渐趋向于零值。由于图 6.7 中 95% 的置信区间只有在第 2 期是包含零值，其他区间都是低于零值，因此，可以知道，我国在面临供给冲击时，贸易平衡的所带来的系数显著为负。究其原因，贸易平衡的系数为负的原因可能是，中国面临正向供给冲击，提高了中国的人均收入，从而增加了进口的需求，这时候出现了消费升级，而国内目前还无法生产满足人民群众日益升级的产品需求，或者即使能够生产，也是直接出口到国外去（如中国杭州生产的马桶盖要到日本去才能买到）。这个效应所表现出来的系数是显著的，说明政府需要对此问题加以重视。从短期内来看，贸易平衡的作用会出现一个剧烈变化的倒 U 形，但是长期内来看，效果会逐渐消失，这是符合模型的平稳的基本特性。

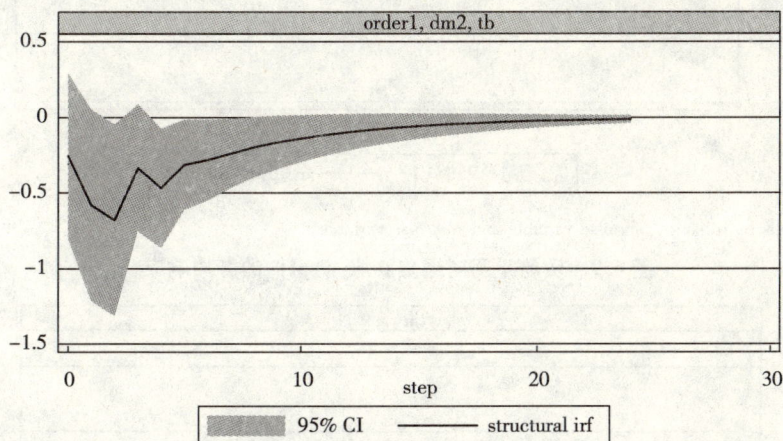

Graphs by irfname, impulse variable and response variable

图 6.8 贸易平衡对需求冲击（货币供给量 M2）的脉冲响应

图 6.8 是货币供给量作为需求冲击，给中国的贸易盈余带来的冲击，整体上的表现是系数不显著，表现的符号是一直为负。贸易盈余的变化趋势是在第 0 期表现出下降，随后也是在振荡中趋于零值。中国的需求冲击的现状就是货币超发，这种货币超发在学术界中经常被归纳为 "外汇占款" 引起的，很多学术界的作者都认为这种通胀在未来还会继续持续。在这里，我们发现贸易平衡在面对货币供给量的正向冲击时，贸易盈余为负的原因可能是：货币供给量投放增加，公众持有太多的货币，就会把手中多余的货币花掉，按照货币主义

的观点，除了购买各种物品以外，还会购买各种进口品来提高自己的生活水平，这就会导致贸易平衡表现为负值。除了贸易平衡的负向效应以外，还存在着正向效应，具体的传导机制为：货币供给量的正向冲击，公众持有较多的超额货币，导致购买力大增，从而企业的产品更好销售，从而带来给企业带来较多的产品销售能力和提高企业竞争能力的机会。对于外贸企业而言，就是他们的出口能力得到了提高。基于这种正向效应和负向效应的加总，所以，可能得到的是一种综合的混合效应，因此，这就解释了在面临需求冲击时，贸易平衡表现出来的动态系数不显著。

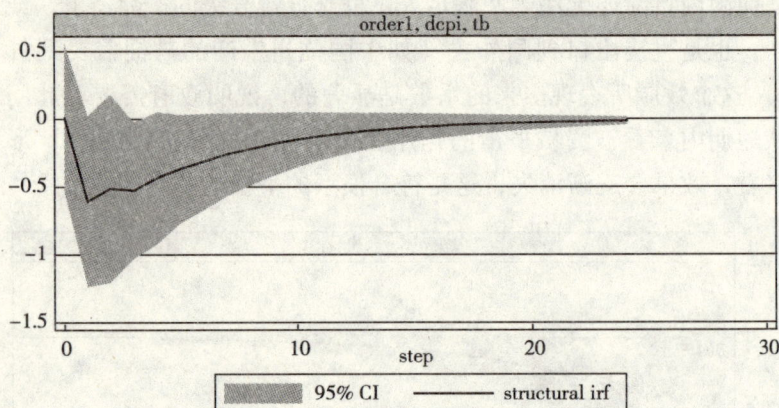

Graphs by irfname, impulse variable and response variable

图6.9   贸易平衡对通货膨胀（cpi）的脉冲响应

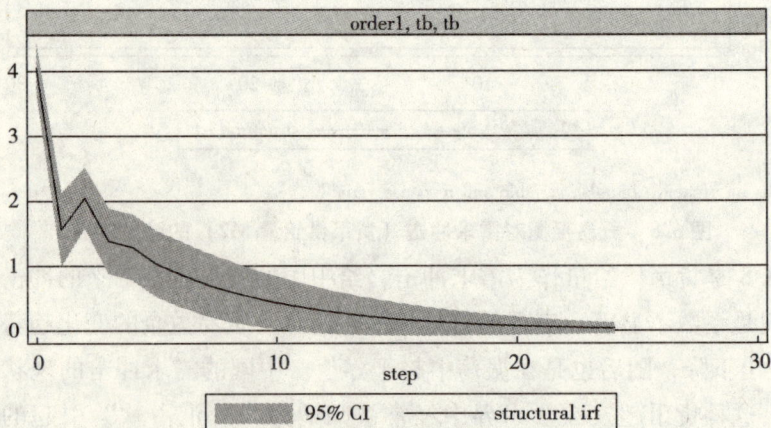

Graphs by irfname, impulse variable and response variable

图6.10   贸易平衡对贸易平衡（自身）的脉冲响应

通过同样的分析方法，我们得出了通货膨胀作为正向冲击以及贸易平衡自身作为正向冲击时，最终给贸易平衡带来的一系列动态效应。这些结果都表现在图6.9中和图6.10中。图6.9中，贸易平衡的表现整体上不显著，系数为负，短期内有一个U形的效应，长期内逐渐趋向于零值。具体的经济传导机制的分析，关于通货膨胀的效应，这和货币供给冲击的原理分析类似，这里不再赘述。图6.10中，在面临贸易平衡自身的冲击时，贸易平衡表现出逐渐下降的效应，而且这种效果是显著的，并且在长期中趋向于零值。

综上所述，供给冲击对贸易盈余的影响，并没有像理论中描述的那样为正，而是在负值的过程中先上升为正，而后在自我纠正机制下逐步下降为负，并一直在负向中逐步上升为零。揭示了我国规模以上企业的产能过剩问题，无法对出口造成正向影响，并且在一定程度上说明了出口往往是由中小企业带来的而非规模以上企业。货币冲击之后，贸易盈余在负值中先下降再上升，并逐步在负值中向零值靠近。间接说明了扩张性的货币政策对贸易盈余起到了反向的作用。通货膨胀冲击，贸易盈余先下降后上升，在负值中趋于零值。贸易盈余对自身的冲击做出迅速并且剧烈的反应，在正值中进行调整，并趋于零值。在图6.7～图6.10中，就其显著性来看，贸易盈余只有在面临供给冲击和自身冲击时才表现出显著性，说明贸易盈余往往受到自身和供给冲击的影响，这种冲击变量对贸易盈余的贡献度的大小将通过方差分解来进一步分析。图6.6所反映出来贸易盈余变量对于汇率的冲击所表现出来的动态效应是不显著的，其中可能的原因是来自于汇率的传递机制是不完全的，即汇率的变动是否会引起进口商品价格的变动情况。当然，也有很多学者除了研究汇率变动对进口商品的价格变动以外，还研究汇率变动对国内价格变化的影响情况，如周杰琦（2010）就同时研究汇率变动对进口商品和国内商品价格的两种影响。

从图6.11中可以看出，中国的实际汇率升值，首先会使得国内通胀率下降，然后上升，在前五期呈现W形，最后趋于零值。在24期之内，面对实际汇率升值，通胀是在小于零的情况下震荡趋于零。这在一定程度上表现出了汇率升值与通胀降低的关系，即短期内汇率升值可以降低通胀，但是这种效应往往只能维持在10期以内，也就是说这种不显著的效应只能在一年不到的时间内发生作用。因此，中国在实行有管理的浮动汇率制度下，如果面临实际汇率的冲击，如果通胀率能呈现显著的为负值，说明浮动汇率制的运行较为正规和有效。当然，本书还会在分组样本的检验中观察2007年7月汇率市场改革之后的情况，以此作为中国汇率改革是否有效的侧面证据。

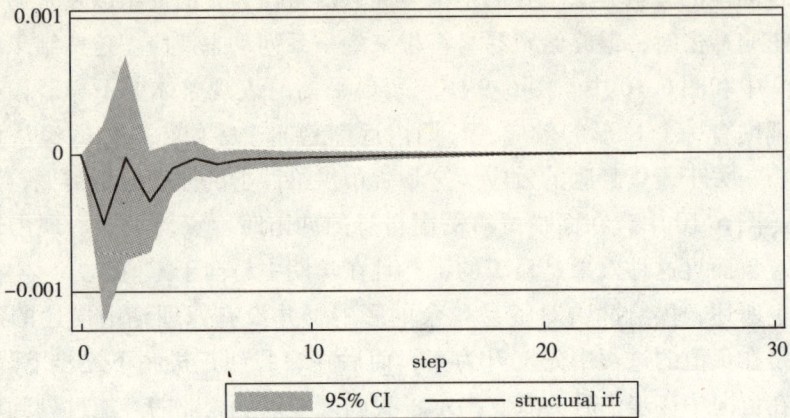

图 6.11　实际汇率传递效应

（三）方差分解

通过方差分解可以评估贸易盈余、实际汇率以及通胀率在面对不同的结构冲击时，各个冲击变量对贸易盈余、实际汇率以及通胀率的相对重要性。具体可见表6.3、表6.4和表6.5。

表 6.3 中的贸易盈余的方差分解，从短期来看，如第一期，贸易盈余本身可以解释 84.15% 的波动，其次是实际工业增加值，解释了贸易盈余的15.39%，这两个变量在短期内可以解释99.54%，说明了其余三个变量（实际有效汇率指数、货币供给量和通胀率）不具有重要作用。值得本书关注的是，实际汇率只解释了中国贸易盈余波动的0.126%，这一数字比 Zhang 和 Sato（2012）的研究结果17%要小得多。而从长期来看，贸易盈余自身和实际工业增加值仍然占据贸易盈余的绝对份额，二者一共可以解释89.03%，其中，贸易盈余自身解释贸易盈余的77.08%，实际工业增加值解释贸易盈余11.95%。而实际汇率因素在长期来看，虽然解释了3.03%的贸易盈余波动，但是比例仍然很小。这说明了人民币汇率对贸易平衡既非必要，也非充分条件，即汇率对贸易盈余的动态效应有限。

表 6.3　　　　　　　　　　　　　贸易盈余的方差分解

step	reer	rvadd	m2	cpi	tb
1	0.00126	0.153936	0.003345	0.000004	0.841455
2	0.014822	0.130977	0.017451	0.016098	0.820652
3	0.0223	0.126846	0.029938	0.021898	0.799018

续表

step	reer	rvadd	m2	cpi	tb
4	0. 024116	0. 127035	0. 030827	0. 028691	0. 789332
5	0. 026106	0. 1226	0. 035145	0. 032222	0. 783927
6	0. 02766	0. 122034	0. 036361	0. 034582	0. 779363
7	0. 028414	0. 121288	0. 037423	0. 036247	0. 776629
8	0. 029042	0. 120617	0. 038156	0. 037307	0. 774879
9	0. 029445	0. 120322	0. 038627	0. 038046	0. 77356
10	0. 029713	0. 12007	0. 038945	0. 038548	0. 772724
11	0. 029906	0. 119895	0. 039176	0. 038895	0. 772128
12	0. 030037	0. 119783	0. 039328	0. 039134	0. 771718
13	0. 030128	0. 119701	0. 039436	0. 039301	0. 771434
14	0. 030191	0. 119644	0. 039512	0. 039417	0. 771235
15	0. 030236	0. 119605	0. 039564	0. 039498	0. 771097
16	0. 030267	0. 119578	0. 039601	0. 039555	0. 771
17	0. 030288	0. 119559	0. 039626	0. 039594	0. 770933
18	0. 030303	0. 119545	0. 039644	0. 039622	0. 770886
19	0. 030314	0. 119536	0. 039656	0. 039641	0. 770853
20	0. 030321	0. 119529	0. 039665	0. 039655	0. 770829
21	0. 030326	0. 119525	0. 039671	0. 039664	0. 770813
22	0. 03033	0. 119521	0. 039676	0. 039671	0. 770802
23	0. 030333	0. 119519	0. 039679	0. 039676	0. 770794
24	0. 030334	0. 119518	0. 039681	0. 039679	0. 770788

无论如何，虽然贸易盈余自身在长期内可以将解释的贸易盈余的波动比例在下降，但是贸易盈余自身仍是解释中国贸易顺差的最重要因素。贸易盈余是由供给冲击、贸易自身的特征所决定的，这种特征不仅表现为劳动力成本低下，更表现为全球一体化进程中的金融结构、金融效率低下，这一点在第一章中已经阐述得很清楚。

同样，对于实际汇率的方差分解的结果呈现在表6.4中，无论是在短期还是长期，实际汇率的波动都是其自身引起的，通胀率和贸易盈余只占很小的一部分，约为0.7194%，即使是汇率改革之后，也只能占到0.4552%，即2005年汇率改革之后，实际汇率的波动贸易盈余只能解释不到1%。

表 6.4　　　　　　　　　　　实际汇率的方差分解

step	reer	rvadd	m2	cpi	tb
1	0.96396	0.031268	0.000312	0.00446	0
2	0.938	0.030283	0.000406	0.027309	0.004002
3	0.924652	0.033756	0.002442	0.034168	0.004982
4	0.92243	0.034889	0.002436	0.034712	0.005533
5	0.921512	0.034858	0.002756	0.034775	0.006099
6	0.92105	0.034952	0.002777	0.034797	0.006424
7	0.92074	0.034993	0.002797	0.034834	0.006637
8	0.920529	0.034995	0.002819	0.034848	0.00681
9	0.920375	0.035013	0.002831	0.034858	0.006923
10	0.920272	0.035019	0.002838	0.034865	0.007005
11	0.9202	0.035024	0.002845	0.034869	0.007062
12	0.920149	0.035028	0.002848	0.034872	0.007102
13	0.920114	0.03503	0.002851	0.034875	0.00713
14	0.920089	0.035032	0.002853	0.034876	0.00715
15	0.920072	0.035033	0.002855	0.034877	0.007163
16	0.920059	0.035034	0.002856	0.034878	0.007173
17	0.920051	0.035035	0.002856	0.034879	0.00718
18	0.920045	0.035035	0.002857	0.034879	0.007184
19	0.920041	0.035035	0.002857	0.034879	0.007188
20	0.920038	0.035036	0.002857	0.034879	0.00719
21	0.920036	0.035036	0.002857	0.03488	0.007192
22	0.920034	0.035036	0.002858	0.03488	0.007193
23	0.920033	0.035036	0.002858	0.03488	0.007193
24	0.920033	0.035036	0.002858	0.03488	0.007194

　　由于通胀在中国经常遇到，而且外汇占款与通胀、货币超发都密切相关。因此，我们对通胀率也进行了同样的方差分解，可以发现，通胀率的影响因素中，最重要的影响因素除了自身因素（自回归）以外，其他的变量排序依次是：实际工业增加值（供给冲击），在短期内大约占 6%，中期内大约占 15%，长期内大约占 15.19%；除此之外，贸易平衡和实际汇率对于通胀率的解释程度无论是在短期内，还是在中期和长期中的作用都差不多，即 1% 左右，详见表 6.5。

表 6.5		通货膨胀率 cpi 的方差分解		

step	reer	rvadd	m2	cpi	tb
1	0.00	0.062311	0.001346	0.936343	0
2	0.007717	0.150659	0.003981	0.836985	0.000658
3	0.007641	0.149942	0.006295	0.831919	0.004202
4	0.010997	0.149764	0.007487	0.824836	0.006915
5	0.011217	0.152361	0.007559	0.820588	0.008275
6	0.011222	0.152128	0.00761	0.819441	0.009599
7	0.01136	0.151975	0.007841	0.818368	0.010455
8	0.011396	0.152017	0.00786	0.817647	0.011081
9	0.011421	0.151961	0.007912	0.817212	0.011494
10	0.011446	0.151933	0.007942	0.816874	0.011805
11	0.011459	0.151921	0.00796	0.816649	0.01201
12	0.011469	0.151907	0.007974	0.816491	0.012159
13	0.011476	0.151898	0.007984	0.81638	0.012261
14	0.011481	0.151893	0.007991	0.816302	0.012333
15	0.011485	0.151888	0.007996	0.816247	0.012384
16	0.011487	0.151885	0.007999	0.816209	0.012419
17	0.011489	0.151883	0.008001	0.816183	0.012444
18	0.01149	0.151882	0.008003	0.816164	0.012461
19	0.011491	0.151881	0.008004	0.816151	0.012473
20	0.011491	0.15188	0.008005	0.816142	0.012482
21	0.011492	0.15188	0.008005	0.816135	0.012488
22	0.011492	0.151879	0.008006	0.816131	0.012492
23	0.011492	0.151879	0.008006	0.816128	0.012495
24	0.011492	0.151879	0.008006	0.816125	0.012497

第三节　分组样本的检验

　　汇率与贸易平衡受到汇率制度差异因素的影响，即发达国家和发展中国家的汇率制度是不同的，更重要的是，特别对于新兴市场国家而言，其汇率制度也在发生着巨大的变化。例如，自 1994 年以来，中国在制度上有重大变革，反映这种制度变化的是哑变量。2005 年 7 月 21 日，对外汇市场进行人民币汇率形成机制改革，人民币从原来的盯住美元改为盯住一篮子货币的汇率制度。因此，在之前已经进行了全部样本数据处理之后，还需要对分组样本再次检验，以 2005 年 7 月 21 日的汇率改革作为分界点，即 1996 年 1 月到 2005 年 6 月为第一个分组样本，2005 年 7 月到 2013 年 12 月为第二个分组样本，由于每个分组样本至少都有 60 个数据，因此用 SVAR 模型进行分析所得到的结果也是非常可靠的。

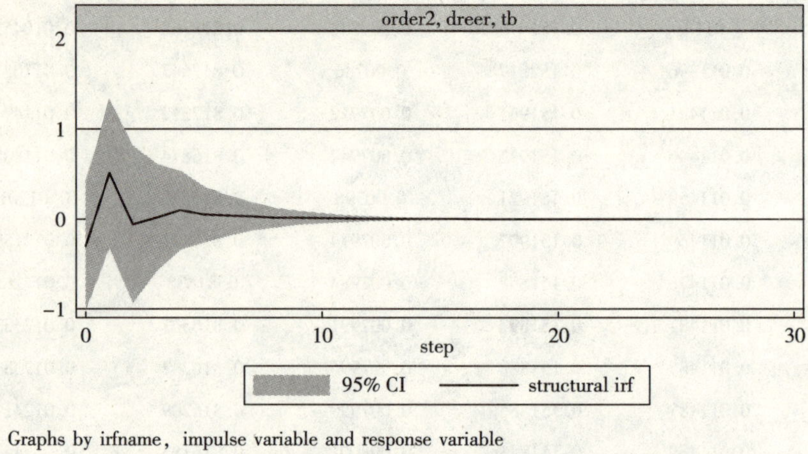
order2, dreer, tb
2
1
0
−1
0
10
20
30
step
95% CI
structural irf
Graphs by irfname, impulse variable and response variable

图 6.12　汇率改革前贸易平衡对实际汇率冲击的脉冲响应

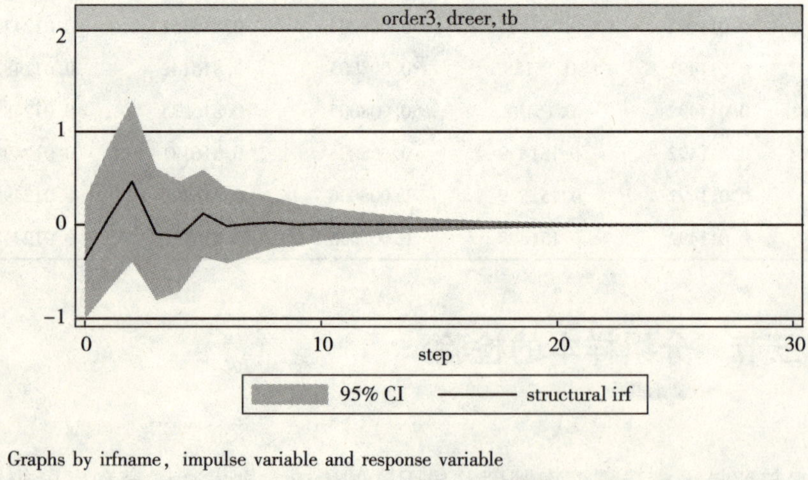
order3, dreer, tb
2
1
0
−1
0
10
20
30
step
95% CI
structural irf
Graphs by irfname, impulse variable and response variable

图 6.13　汇率改革后贸易平衡对实际汇率冲击的脉冲响应

从图 6. 12 和图 6. 13 的对比可以看出，无论是在汇率改革前还是汇率改革后，实际汇率的冲击对贸易盈余的影响都表现的大致相同，即短期内贸易盈余由负值上升，接着在第二期下降，然后贸易盈余在反复震荡中趋向于零值，但是汇率改革之后（图6.13），说明贸易盈余的震荡幅度更大，意味着在汇率改革后，中国的贸易盈余出现的逆差和顺差在未来会出现震荡，不再如汇率改革前（图6.12）那样，震荡幅度较小。但是总体上其系数是不显著的，这和总体样本图6.6所表现的结果类似。

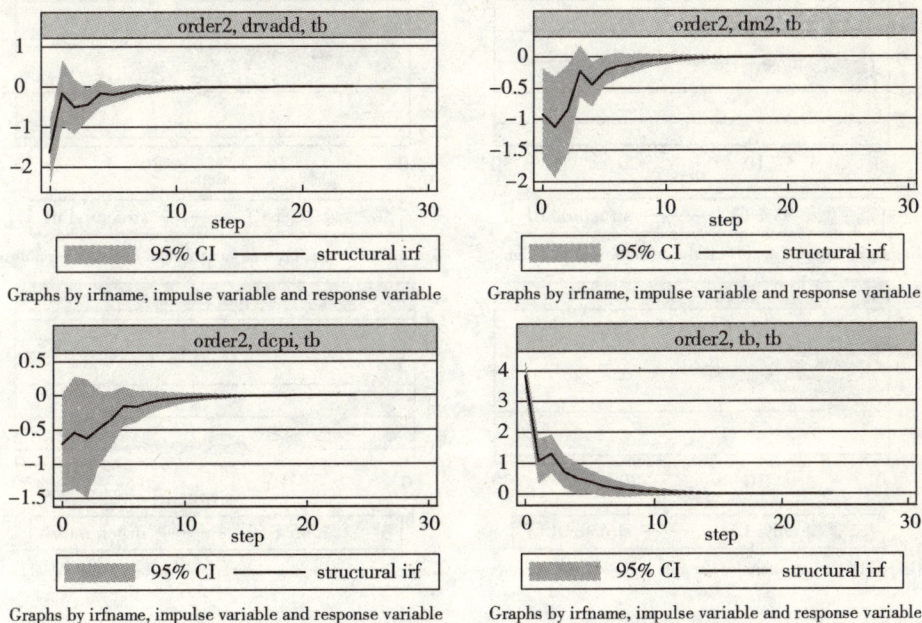

图6.14　汇率改革前其余各个变量对贸易盈余的作用

在分组样本中，我们首先将汇率机制改革形成前的样本数据作为子样本，在图6.14中，每个图形的上方有三个变量，第一个是脉冲响应的文件名，第二个是该图形的脉冲变量，第三个是该图形的响应变量。按照顺时针方向，图6.14中的四个图形依次是贸易盈余对供给冲击的动态效果，贸易盈余对需求冲击的动态效果，贸易盈余对自己本身的动态效果，贸易盈余对通胀率的动态效果。

对于其他变量的冲击使得贸易平衡出现的脉冲响应，以及其他变量和贸易平衡之间的相互作用，由于图形较多，这里就不再一一展现，有需要的读者可以和作者联系。通过观察，发现它们与总体样本的表现类似。

在汇率改革后的子样本，我们运用同样的分析方法，得出的结果显示在图6.15中，即汇率改革后其余各个变量对贸易盈余的作用。具体来说，在图

6.15 中，每个图形的上方有三个变量，第一个是脉冲响应的文件名，第二个是该图形的脉冲变量，第三个是该图形的响应变量。按照顺时针方向，图 6.15 中的四个图形依次是贸易盈余对供给冲击的动态效果，贸易盈余对需求冲击的动态效果，贸易盈余对自己本身，贸易盈余对通胀率的动态效果。

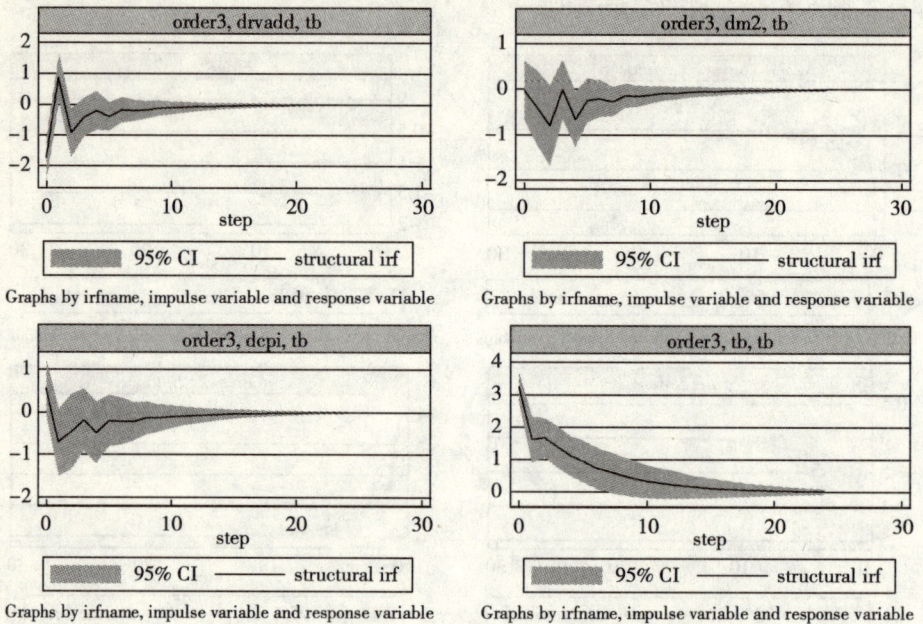

图 6.15   汇率改革后其余各个变量对贸易盈余的作用

对于汇率的传递效应：两个子样本的结果显示在图 6.16 和图 6.17 中。结果发现实际汇率的冲击对国内商品价格的影响，在图 6.16 和图 6.17 中的表现是不一致的。根据传统的国际经济学理论，汇率的升值往往是与通胀的下降相联系的。2007 年和 2008 年中国出现高额的通胀时，国内曾经有很多学者提出加速人民币汇率改革，促进人民币的升值以此来缓解国内的通胀。但是，根据图 6.16 来看，汇率改革之前，实际汇率升值的确可以在短期内降低通胀，但是这一反应的系数是不显著的，这和国内在进行汇率改革之前很少人提出的用升值来缓解通胀是一致的。但是随后便会出现均值反复现象，即很快回复到零值。

即使是汇率改革之后，即图 6.17 中，汇率与通胀率的关系与汇率改革前并不一致，尤其是汇率改革后，面对实际汇率的冲击，通胀率下降的系数是显著的，说明学者提出的汇率改革降低通胀率的思想确实在短期内是可以实现预

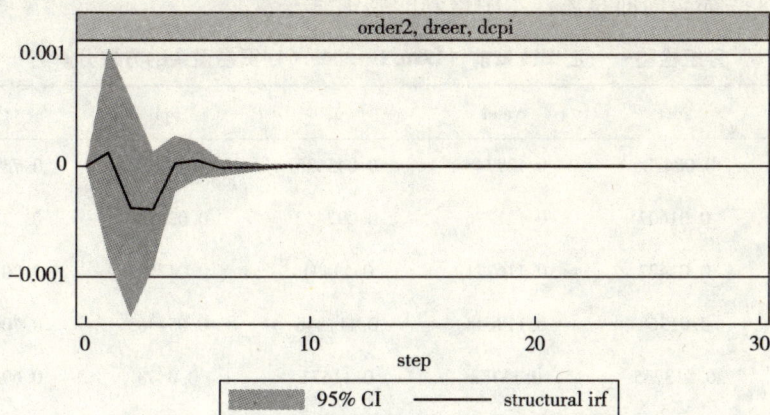

Graphs by irfname, impulse variable and response variable

图 6.16　汇率改革前分组检验：实际汇率传递效应

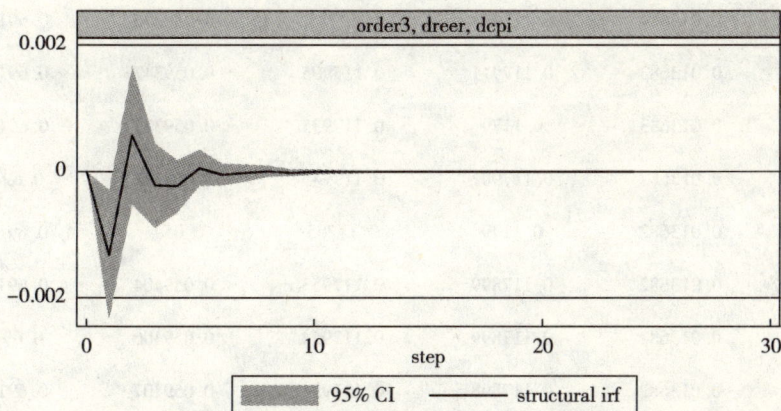

Graphs by irfname, impulse variable and response variable

图 6.17　汇率改革后分组检验：实际汇率传递效应

期目标的，但是在长期中也会出现均值反复，并会在再次出现类似的较弱的震荡中趋于零值。

表 6.6 和表 6.7 中的方差分解，是汇率改革前和汇率改革后的对贸易盈余和实际汇率进行的分解。可以发现，贸易盈余的波动，从短期来看，主要还是由贸易盈余自身引起的，但是汇率改革之后，贸易盈余自身的因素要小些，并且短期内实际工业增加值对贸易盈余的解释力在汇率改革后大幅增强，为21.40%。以长期来看，贸易盈余的波动还是由其自身和实际工业增加值来决

定的。这些都与前面总体样本中得到的结论是一致的。

表6.6　分组检验——汇率改革前（1996.1—2005.6）贸易盈余的方差分解

step	reer	rvadd	m2	cpi	tb
1	0.004786	0.139748	0.045635	0.02635	0.783481
2	0.01607	0.121736	0.097452	0.036137	0.728605
3	0.01422	0.116721	0.11431	0.047503	0.707246
4	0.01368	0.119644	0.111846	0.054463	0.700367
5	0.013745	0.11788	0.11671	0.0578	0.693866
6	0.013709	0.117982	0.1173	0.058153	0.692856
7	0.013691	0.118046	0.117503	0.058863	0.691897
8	0.013693	0.117885	0.117786	0.059165	0.691471
9	0.013684	0.117923	0.11787	0.059276	0.691247
10	0.013683	0.117911	0.117905	0.059347	0.691155
11	0.013683	0.1179	0.117935	0.059377	0.691105
12	0.013682	0.117901	0.117945	0.059392	0.69108
13	0.013682	0.1179	0.11795	0.0594	0.691069
14	0.013682	0.117899	0.117953	0.059404	0.691063
15	0.013682	0.117899	0.117954	0.059406	0.69106
16	0.013682	0.117898	0.117955	0.059407	0.691058
17	0.013682	0.117898	0.117955	0.059407	0.691058
18	0.013682	0.117898	0.117955	0.059407	0.691057
19	0.013682	0.117898	0.117955	0.059407	0.691057
20	0.013682	0.117898	0.117955	0.059407	0.691057
21	0.013682	0.117898	0.117955	0.059407	0.691057
22	0.013682	0.117898	0.117955	0.059407	0.691057
23	0.013682	0.117898	0.117955	0.059407	0.691057
24	0.013682	0.117898	0.117955	0.059407	0.691057

表 6.7 分组检验——汇率改革后
（2005.7—2013.12）贸易盈余的方差分解

step	reer	rvadd	m2	cpi	tb
1	0.009762	0.214029	0.000077	0.021832	0.7543
2	0.007858	0.207404	0.009266	0.044682	0.73079
3	0.015869	0.201612	0.035333	0.044825	0.70236
4	0.014892	0.191018	0.032261	0.042242	0.719587
5	0.014313	0.178366	0.046121	0.04786	0.71334
6	0.014257	0.176377	0.046304	0.047353	0.71571
7	0.013923	0.173301	0.046636	0.047857	0.718283
8	0.013668	0.17137	0.048222	0.048522	0.718219
9	0.013533	0.170463	0.048367	0.048601	0.719036
10	0.013431	0.169625	0.048739	0.048834	0.719371
11	0.013368	0.169167	0.048978	0.04895	0.719538
12	0.013325	0.168856	0.049078	0.049016	0.719725
13	0.013296	0.168634	0.049187	0.049078	0.719805
14	0.013277	0.168499	0.049244	0.049111	0.719869
15	0.013264	0.168405	0.049283	0.049135	0.719914
16	0.013256	0.168342	0.049312	0.049151	0.719939
17	0.01325	0.168301	0.049329	0.049161	0.719958
18	0.013246	0.168273	0.049342	0.049169	0.71997
19	0.013244	0.168255	0.04935	0.049174	0.719978
20	0.013242	0.168243	0.049355	0.049177	0.719984
21	0.013241	0.168235	0.049359	0.049179	0.719987
22	0.01324	0.168229	0.049361	0.04918	0.719989
23	0.01324	0.168225	0.049363	0.049181	0.719991
24	0.013239	0.168223	0.049364	0.049182	0.719992

　　需要特别注意的是，汇率改革后，无论是长期还是短期来看，贸易盈余自身对它的波动解释力度在下降，说明了它的特征可能在丧失，如劳动力比较优势在丧失或者金融结构的比较劣势在下降，金融业的效率由低效率向中高效率转换等。从典型事实来看，人口红利的消失、中国老龄化社会的到来，甚至2014年1月起开放单独生育两孩的政策，说明了中国正在消失劳动力比较优势。而中国各地金融业改革，尤其是2006年11月（加入世界贸易组织5周年）后，中国承诺入世后将加快金融业的改革，提高金融业的效率，这些直接和间接的证据都与本书贸易盈余的方差分解相吻合。

　　而在表6.8和表6.9中，从实际汇率的方差分解中来看，无论是汇率改革前还是汇率改革后，实际汇率自身都是汇率波动的最重要因素。这里不再探讨实际汇率的特征或者实际汇率的决定因素是什么，而是关注实际汇率波动的第二决定因素是什么。汇率改革之前，实际工业增加值对汇率波动的解释力度较大，短期是3.15%，长期来看则是4.57%。而汇率改革之后，实际工业增加值和通胀率的解释力仍然占据汇率改革后的两个重要因素，其中，实际工业增加值在短期内占1.5%，中期内占4.7%，长期内占4.72%，并且维持在这一数值左右。

表6.8　分组检验——汇率改革前（1996.1—2005.6）实际汇率的方差分解

step	reer	rvadd	m2	cpi	tb
1	0.950133	0.031496	0.000213	0.018159	0
2	0.914	0.04388	0.000737	0.029084	0.0123
3	0.907067	0.044025	0.001028	0.035137	0.012743
4	0.90543	0.045339	0.001168	0.035239	0.012825
5	0.904754	0.045661	0.001292	0.035483	0.012811
6	0.904691	0.045666	0.001296	0.035535	0.012811
7	0.904656	0.045664	0.001307	0.035559	0.012813
8	0.904648	0.045669	0.001308	0.035559	0.012816
9	0.904643	0.045672	0.001308	0.035561	0.012816
10	0.904643	0.045673	0.001308	0.035561	0.012816
11	0.904642	0.045673	0.001308	0.035561	0.012816
12	0.904642	0.045673	0.001308	0.035561	0.012816
13	0.904642	0.045673	0.001308	0.035561	0.012816
14	0.904642	0.045673	0.001308	0.035561	0.012816
15	0.904642	0.045673	0.001308	0.035561	0.012816
16	0.904642	0.045673	0.001308	0.035561	0.012816
17	0.904642	0.045673	0.001308	0.035561	0.012816
18	0.904642	0.045673	0.001308	0.035561	0.012816
19	0.904642	0.045673	0.001308	0.035561	0.012816
20	0.904642	0.045673	0.001308	0.035561	0.012816
21	0.904642	0.045673	0.001308	0.035561	0.012816
22	0.904642	0.045673	0.001308	0.035561	0.012816
23	0.904642	0.045673	0.001308	0.035561	0.012816
24	0.904642	0.045673	0.001308	0.035561	0.012816

但是，在长期内，通胀率对汇率波动的解释力度超过实际工业增加值，长期值为 6.44%。可能的原因是 2005 年之前中国一直保持高速的经济增长，使得实际工业增加值成为一个宏观核心变量，影响着实际汇率的波动。而汇率改革后，中国的粗放式改革很难再适应加入世界贸易组织的新形式，但是 2005 年之后一系列的金融改革却带来通胀率的上升，更为糟糕的是，为了应对美国 2007 年次贷危机以及全球金融危机，中国 2008 年开始实行四万亿扩张型财政政策计划，这些扩张性的财政政策使得通胀率成为了核心宏观变量。

表 6.9　分组检验——汇率改革后（2005.7—2013.12）实际汇率的方差分解

step	reer	rvadd	m2	cpi	tb
1	0.976544	0.015038	0.00375	0.004667	0
2	0.93565	0.013679	0.004681	0.044934	0.001057
3	0.857041	0.044609	0.034581	0.062471	0.001298
4	0.853155	0.04708	0.034999	0.063449	0.001317
5	0.850309	0.04702	0.03601	0.064523	0.002138
6	0.849601	0.047251	0.035989	0.064431	0.002729
7	0.849115	0.047227	0.03601	0.064406	0.003241
8	0.848777	0.047209	0.036024	0.064397	0.003593
9	0.8485	0.047194	0.036053	0.064388	0.003865
10	0.848289	0.047202	0.036055	0.064375	0.004078
11	0.848156	0.047199	0.036056	0.06437	0.004218
12	0.848049	0.0472	0.036065	0.064369	0.004317
13	0.847979	0.047202	0.036067	0.064368	0.004384
14	0.84793	0.047203	0.03607	0.064368	0.00443
15	0.847896	0.047204	0.036072	0.064368	0.004461
16	0.847873	0.047204	0.036073	0.064368	0.004482
17	0.847858	0.047205	0.036074	0.064368	0.004496
18	0.847847	0.047205	0.036075	0.064368	0.004505
19	0.847841	0.047205	0.036075	0.064368	0.004511
20	0.847836	0.047205	0.036076	0.064368	0.004515
21	0.847833	0.047205	0.036076	0.064368	0.004518
22	0.847831	0.047205	0.036076	0.064368	0.00452
23	0.847829	0.047206	0.036076	0.064368	0.004521
24	0.847828	0.047206	0.036076	0.064368	0.004522

我们运用同样的方法对通胀率进行方差分解，汇率改革前和汇率改革后的分析结果显示在表 6.10 和表 6.11 中。在汇率改革前，通胀的决定因素除了自身，供给冲击作为最重要的解释因素，其他三个变量的解释力度，无论是在短

期和长期内，所占的比例都差不多，即 1% 左右。但是供给冲击在短期内都可以达到11.96%，中期内约占19%，一直到长期内大概都是维持在 19% 的解释力。在汇率改革后，类似的结果显示在表 6.11 中，发现除了通胀率是影响自身的最重要因素外，我们还可以得到供给冲击仍然是余下的四个变量中解释力度最强的那个变量，从短期 7% 的解释力度到长期的 12.5%。其他三个解释变量的解释力均比汇率改革前的 1% 的解释力有所增强，其中，长期来看，汇率约占 5.7%，需求冲击约占 2.4%，贸易盈余约占 2%。

表 6.10　　分组检验——汇率改革前（1996.1—2005.6）通货膨胀率的方差分解

step	reer	rvadd	m2	cpi	tb
1	0	0.119608	0.000161	0.880231	0
2	0.000511	0.188891	0.000598	0.798328	0.011672
3	0.005261	0.188171	0.007393	0.781871	0.017304
4	0.010227	0.189245	0.007312	0.775241	0.017975
5	0.010218	0.189727	0.007537	0.77437	0.018148
6	0.010294	0.189625	0.007534	0.774321	0.018226
7	0.010299	0.189633	0.007641	0.774148	0.018279
8	0.010302	0.18963	0.00765	0.774077	0.018341
9	0.010304	0.189624	0.007654	0.774061	0.018356
10	0.010304	0.189622	0.00766	0.774051	0.018363
11	0.010304	0.189622	0.00766	0.774045	0.018368
12	0.010304	0.189622	0.007661	0.774043	0.01837
13	0.010304	0.189622	0.007662	0.774041	0.018371
14	0.010304	0.189622	0.007662	0.774041	0.018372
15	0.010304	0.189621	0.007662	0.774041	0.018372
16	0.010304	0.189621	0.007662	0.77404	0.018372
17	0.010304	0.189621	0.007662	0.77404	0.018372
18	0.010304	0.189621	0.007662	0.77404	0.018372
19	0.010304	0.189621	0.007662	0.77404	0.018372
20	0.010304	0.189621	0.007662	0.77404	0.018372
21	0.010304	0.189621	0.007662	0.77404	0.018372
22	0.010304	0.189621	0.007662	0.77404	0.018372
23	0.010304	0.189621	0.007662	0.77404	0.018372
24	0.010304	0.189621	0.007662	0.77404	0.018372

表 6.11　分组检验——汇率改革后（1996.1 – 2005.6）通货膨胀率的方差分解

step	reer	rvadd	m2	cpi	tb
1	0	0.017568	0.000205	0.982227	0
2	0.049169	0.128462	0.006471	0.805313	0.010585
3	0.056097	0.123595	0.006591	0.799309	0.014408
4	0.055657	0.121561	0.022681	0.782438	0.017663
5	0.056676	0.124543	0.022961	0.777054	0.018765
6	0.056616	0.124213	0.023667	0.776059	0.019445
7	0.056553	0.124492	0.024246	0.774865	0.019845
8	0.056544	0.124537	0.024241	0.774598	0.02008
9	0.056523	0.124499	0.024365	0.774428	0.020185
10	0.056522	0.124526	0.024374	0.774308	0.02027
11	0.056518	0.124523	0.024376	0.77427	0.020313
12	0.056515	0.12452	0.024388	0.774234	0.020343
13	0.056514	0.124521	0.024388	0.774215	0.020362
14	0.056513	0.12452	0.02439	0.774204	0.020373
15	0.056512	0.12452	0.024391	0.774196	0.020381
16	0.056512	0.12452	0.024391	0.774191	0.020386
17	0.056512	0.124519	0.024392	0.774188	0.02039
18	0.056511	0.124519	0.024392	0.774185	0.020392
19	0.056511	0.124519	0.024392	0.774184	0.020394
20	0.056511	0.124519	0.024392	0.774183	0.020394
21	0.056511	0.124519	0.024392	0.774182	0.020395
22	0.056511	0.124519	0.024392	0.774182	0.020396
23	0.056511	0.124519	0.024392	0.774182	0.020396
24	0.056511	0.124519	0.024392	0.774182	0.020396

　　当然，由于这些分组样本的结论相对于总体样本的个数较少，这些分组样本的结论是否正确，还有待以下三个方面后续工作的验证。第一，随着时间的推移，可以持续增加汇率改革的样本个数，这样也许对冲击的效应会表现得更加稳健。第二，也许是本书的模型设定过于简单，有些因素还未考虑到，造成估计结果不够准确。第三，实证中还需考虑到非线性估计，即使加入控制变量，其线性程度只能得到一定的保证。所以，非线性估计会成为未来估计的一个研究方向。

第四节   本章小结

本书使用中国 1996—2013 年的月度数据，在供给冲击、需求冲击的框架下构建了包含三个核心变量（贸易盈余、实际汇率及通胀率）的结构向量自回归模型（SVAR）。由于通过检验特征根的倒数表明该模型是不稳定的，因此继续加入三大外生变量（对外贸易依存度、上证综合指数收盘价及央行货币互换协议）对人民币汇率与贸易盈余之间的关系进行分析，得出以下结论：

第一，实际汇率的变动对贸易盈余波动的影响程度有限。中国的贸易盈余主要是受自身因素的影响，其次是实际工业增加值。在分组样本（根据 2005 年 7 月的汇率市场机制改革进行样本分组）中，本书发现贸易自身占贸易盈余的波动从全样本的 77.08% 下降到汇率改革后的 71.99%，实际工业增加值对于贸易盈余的贡献度则从 11.95% 上升到 16.82%，说明汇率改革后的中国贸易盈余波动仍然主要受自身和实际工业增加值的影响。这些发现充分说明影响贸易盈余的主要决定因素并不是实际汇率。

第二，实际汇率升值无法降低通货膨胀率。从实际汇率冲击造成的国内商品价格的传递率来看，全样本的数据和汇率改革前的数据均表明，实际汇率升值并没有带来显著的通胀率下降，即使存在下降也是短暂的，很快就均值反转，并在震荡中趋于零值。而对于汇率改革后的样本，则可以说明汇率升值与通胀在短期内确实存在替代关系，即汇率升值可以缓解通货膨胀率，并且这种关系是显著的，但是这种短期效应也会存在均值反转现象，在震荡中趋于零值。实际汇率对国内商品价格的作用在一定程度上进一步解释了贸易盈余波动的主要因素不是实际汇率。

第三，实际汇率是由其自身的特征决定的，与贸易盈余无关，即贸易盈余无法对汇率的升值或者贬值造成决定性的影响，而外汇市场中的供求或者订单流（Order Flow）对实际汇率起到了决定性作用。

第七章
研究结论与政策建议

第一节　研究结论

本书对全球失衡进行研究时考虑时间属性，分别定义以经常账户为中期视角，以一国对外净资产为长期视角和以贸易盈余为短期视角，对全球失衡进行了中期与长期视角分析，并且以中国为例进行了短期视角的全球失衡分析。基于不同视角分析时分别采用最合适的实证方法，得出结论为金融结构、金融全球化进程以及交互项分别对经常账户和一国对外净资产起决定性影响作用，最后基于 SVAR 模型对中国的贸易盈余与实际汇率之间的关系进行分析，证实了中国的贸易盈余产生的根源是金融结构。具体而言，本书的结论体现在以下三点。

第一，本书以经常账户分析为中期视角，使用全球 91 个国家（地区）1990—2011 年的数据，基于 Driscoll 和 Kraay（1998）所提出的方法，得出结论认为金融结构起主要作用，金融全球化起次要作用。银行集中度体现了一国（地区）的金融中介的总体结构，但是银行集中度与经常账户的关系在不同类型的国家（地区）中是不同的，在发达国家（地区）二者是正相关关系，在发展中国家（地区）二者是负相关关系。人均 GDP 与经常账户呈现特殊的关系。总抚养比与经常账户呈现显著的负向关系。

第二，本书以一国（地区）对外净资产为长期视角，使用 131 个国家（地区）1970—2011 年的年度数据，基于动态面板最小二乘法对基准模型和扩展模型分别进行了研究。在基准模型中，使用一国（地区）对外净资产的三大控制变量（人均 GDP、总抚养比及政府支出），在发达国家（地区）和发展

中国家（地区）设置不同的计量方程形式进行实证检验，结论得出人均 GDP
与一国（地区）对外净资产呈线性结构，而人均 GDP 与一国（地区）对外净
资产在发展中国家（地区）却是非线性的倒 U 形结构。而在扩展模型中，加
入了金融结构、金融全球化以及二者的交互项之后进行分析，并且分为发达国
家（地区）和发展中国家（地区）两组进行实证研究，实证检验结果表明：
从系数的绝对值来看，金融三大变量（金融结构、交互项及金融全球化）的
系数在发达国家（地区）总体表现要比在发展中国家（地区）的系数更大，
原因是发达国家（地区）不仅金融市场效率高而且股票市场的规模要比发展
中国家（地区）要大，并且发达国家（地区）在经济活动中所遇到的金融摩
擦也较发展中国家（地区）小。总体来说，发达国家（地区）的金融因素对
一国（地区）对外净资产的传导机制的效率要比发展中国家（地区）更高。
金融全球化具有双刃剑作用，其在不同样本类型的国家（地区）中的表现不
同，这说明了发达国家（地区）金融全球化进程提高，会吸引更多资本流入
增加，而根据古典经济学理论，资本总是流向边际报酬较高的国家（地区），
所以，发达国家（地区）会在金融全球化进程中不断地向国外输出资本，但
是其金融市场（金融结构）的优势又吸引资本不断流回国内，这在一定意义
上对目前出现的资本流动怪圈现象作出了解释。

第三，关于中国的贸易盈余与汇率的关系，本书基于 1996—2013 年的月
度数据，使用包含五个变量的 SVAR 模型进行研究，结论发现模型的特征根是
不稳定的，所以继续加入三个外生变量（对外贸易依存度、上证综合指数及
货币互换）作为控制变量，继续检验发现模型的特征根表现得很好，并且从
脉冲响应函数和方差分解上可以得知：汇率因素无法解决贸易平衡问题，中国
也无须对美国和其他发达国家的"汇率操控"评论过于担忧，因为这种言论
更多是基于政治因素而非经济因素。对于中国的贸易盈余，无论是单月值、月
度累计值还是年度累计值，都表现了持续的增长，从全球均衡的视角来看，这
种增长会对其他国家造成影响，因为全球各国的目标毕竟是全球均衡。

第二节　政策建议

通过本书的分析可以得知，在 1990 年以来的全球一体化进程中，以及发
展中国家的金融市场的大发展的情形下，金融结构、金融全球化进程及交互项

成为影响全球失衡的重要因素。① 因此，本书基于当前形势提出以下政策建议。

第一，针对中期视角的经常账户。（1）从金融结构来看。政府在制定政策时，不仅要考虑到外部失衡的影响，还要寻找内部原因，如本书提到的金融结构问题。而解决方案绝不能是"一刀切"。（2）从银行集中度来看。对中国的金融业结构进行分析，在宏观层面上，金融业集中度过高会增加经常账户盈余的可能性，但是中国有关银行业集中度的各种研究都表明，自 1998 年进行全面市场化改革以来，银行业的集中度已经连续多年呈下降趋势，从 1998 年 90% 以上的集中度下降到 2012 年的 52%（基于贷款量计算）和 60%（基于储蓄量计算），而银行业集中度下降的趋势也会不断加大经常账户赤字的压力。（3）从经济发展阶段论（人均 GDP）角度看。从全球来看，不仅经常账户逆差国需要主动调整，经常账户的盈余国也应该主动调整，如经常账户的盈余国也要进行国内金融结构的改革，提升金融业的竞争力。因此，中国应该对国内金融结构进行改革，包括金融规模、金融效率及提升金融的竞争力。由于全球失衡的本质是商品和服务贸易的失衡，因此必须要通过国际协调和合作来解决失衡问题，虽然说中美经济失衡是两国的国际分工协作和利益分配上的失衡，但如果只是中国单方面进行调整，意义不大，需要中美基于结构性的和多边协议共同进行调整与国际合作才能顺利完成失衡向均衡的调整。（4）从总抚养比角度来看。人口结构的变迁导致中国正在步入老龄化阶段，同时人口红利也在逐渐消失，这些现象使得中国政策必须要正视人口结构对经常账户的影响。尤其是在未来中国步入老龄化社会阶段之后，会大大提高经常账户赤字增加的可能性，而 2014 年开始放松的人口生育政策在一定程度上可以减少经常账户赤字的可能性。

第二，针对长期视角的一国对外净资产。（1）从金融结构来看。应该完善金融市场制度建设，使其发挥消化储蓄的重要作用，如果金融市场可以吸收这些巨额的储蓄资金，那么一国对外净资产才有可能回归到均衡值。特别是对于中国而言，对外净资产水平的持续上升的原因，一方面是国内的储蓄过多，另一方面是国内的投资渠道太少，回报率太低，资本不得不大量流出，从而引起对外净资产水平的上升。因此对国内金融市场进行改革，拓宽居民的投资渠道，提高投资回报率迫在眉睫。（2）从金融全球化进程来看。对于发展中国

---

① 需要说明的是，影响全球失衡还有多种因素，在满足一定的条件下，其他因素也可能变成一种主要因素。因此政策建议仅仅是基于本书的分析结论得出。

家而言，由于金融全球化进程对一国对外净资产水平有显著的负向作用，所以中国在面临全球金融全球化的冲击时，与其被动等待全球一体化进程对其产生影响，不如主动进行资本管制制度改革，加速人民币国际化的进程，这样可以使一国对外净资产早日达到均衡状态。（3）从总抚养比来看，基于全球视角，人口结构对一国对外净资产并没有显著的影响，因此在进行一国净资产头寸的均衡值分析时，可以暂不考虑一国步入老龄化阶段对于一国净资产的影响。就中国目前的现状而言，中国人口红利逐渐消失以及老龄化时代也即将到来，因此国内学者在进行任何问题研究时都喜欢联系人口结构，然而本书的实证结论表明在分析一国对外净资产问题时，人口结果并不是一个显著的影响因素。（4）从政府支出的角度来看，生产型的政府支出往往会导致一国对外净资产的积累，这与非生产型的政府支出与一国对外净资产的关系为负显然是不同的。因此，中国需要加快政府体系改革，要逐步退出市场经济领域，以"大市场、小政府"为目标，政府如果无所不管，就会越位、错位，有效的政府是法治政府，政府要为市场建立规章制度，依法行政，公正司法，有力维护市场秩序，不断提高行政效率和服务质量，推动经济健康发展。

第三，针对短期视角的贸易盈余而言。（1）对于中国的贸易盈余调整，本书认为应该重点对贸易盈余的特征进行改革，如劳动力具有比较优势和金融业具有比较劣势。目前中国国内金融市场不发达，导致很多贸易盈余在强制结售汇的背景下无法实现有效投资，最终还是通过各种途径流向发达国家的金融市场。因此可以通过金融结构对经常账户产生影响，金融市场效率的提高不仅是让中国成为世界强国的必要条件，还可以起到消除目前贸易顺差的作用。（2）从汇率与通胀率的关系来看，通胀率在短期确实会受到实际汇率的影响，但是这种效应很快会趋于零值。这说明了中国通胀问题的解决不能依靠通货膨胀目标制所说的那样，把汇率作为一种"名义锚"，因此货币政策的传导机制还是要依靠利率传导，依靠以货币存量为中心的政策。（3）实际汇率因素对贸易盈余波动的解释力很小，汇率改革后的这一数值更小，为1.32%，说明即使从汇率改革后的数据来看，中国的汇率改革也不能以贸易盈余为参照系，而是要走自己的道路，应和现有的资本账户开放以及人民币一体化进程相联系。汇率的决定则主要基于微观外汇市场的订单流（Order Flow）进行研究，培育微观市场主体，不断加强外汇市场的主体决定力量，使外汇市场中的经济代理人以市场为信号进行外汇买卖，同时也要逐步取消外汇的结售汇制度等。

最后，由于中国当前的经常账户盈余和一国对外净资产的持续增长现象较为严峻，同时中国银行业以及金融市场进行改革也是大势所趋，这些都会导致经常账户的赤字和一国对外净资产的消耗。而其他控制变量对经常账户和一国对外净资产的影响并不需要政府政策进行干预，而应该采用一种更加开放的政策，以此融入到全球化的进程中去。尤其是在这个过程中，我们也确实需要经常账户的盈余和一国对外净资产的巨额数量作为"蓄水池"，然而这个期限不能太长。总而言之，中国要全力以赴地进行金融业结构改革，提高金融市场的融资能力，全面提高银行业和金融市场的竞争力。

参 考 文 献

[1] 奥伯斯特弗尔德, 肯尼思·罗格夫. 国际宏观经济学基础 [M]. 北京: 中国金融出版社, 2010.

[2] 白宇飞, 孙俊新, 陈建. 全球价值链视角下经济失衡再分析 [J]. 教学与研究, 2015, (05): 53-61.

[3] 蔡楠, 蔡宗武, 方颖. 中国主要宏观变量的非参数稳定性检验 [R]. 厦门大学王亚楠经济研究中心工作论文, No: 20111008, 2011.

[4] 曹强. 金融发展促进了经济增长吗?——基于半参数模型的分析 [J]. 南京师大学报 (社会科学版), 2014a, (2): 65-75.

[5] 曹强. 全要素生产率、政府支出与实际汇率的关系研究——基于亚洲国家的面板误差修正模型的分析 [J]. 国际商务 (对外经济贸易大学学报), 2014b, (6): 77-87.

[6] 陈强. 高级计量经济学及 stata 应用 [M]. 北京: 高等教育出版社, 2010.

[7] 丁志杰, 谢峰. 美元过度特权、经济暗物质与全球治理变革 [J]. 国际金融研究, 2014, (11): 3-10.

[8] 樊纲, 张晓晶, 魏强, 刘鹏, 吕焱. 中国经济再平衡之路——内外均衡与财税改革 [M]. 上海: 上海远东出版社, 2010.

[9] 范从来, 邢军峰. 全球失衡的新解释: "资产短缺" 假说 [J]. 学术月刊, 2013, (02): 82-89.

[10] 方颖, 郭萌萌. 中国主要宏观变量的稳定性检验: 基于非参数估计与 bootstrapping 的一个方法 [R]. 厦门大学王亚楠经济研究中心工作论文, No: WISEWP0804, 2008.

[11] 高士成. 中国经济波动的结构分析及其政策含义: 兼论中国短期总供给和总需求曲线特征 [J]. 世界经济, 2010, (09): 122-133.

[12] 高铁梅. 计量经济分析方法与建模——Eviews 应用及实例 (第二版) [M]. 北京: 清华大学出版社, 2009.

[13] 韩剑, 李林艳. 金融发展不平衡与全球贸易失衡——基于跨时贸易模型的研究 [J]. 世界经济研究, 2012, (2): 33-38.

[14] 何新华. 当前应用经济学论文中存在的一些基础问题 [J]. 世界经济, 2014, (1): 134-147.

[15] 胡华锋. 中国货币互换协议的动因分析 [J]. 国际金融研究, 2012, (06): 12-19.

[16] 黄海洲，李志勇，王慧. 全球再平衡新特点 [J]. 国际经济评论,2012，(5)：9 - 30.

[17] 黄晓龙. 全球失衡、流动性过剩与货币危机——基于非均衡国际货币体系的分析视角 [J]. 金融研究，2007，(8)：31 - 46.

[18] 江飞涛，张莉，李捷瑜. 银行信贷对我国对外贸易的影响及机制 [J]. 经济管理，2011，(04)：144 - 150.

[19] 寇文红. 补齐工业增加值序列中每年 1 月的缺失值 [EB/OL]. http：// blog. sina. com. cn/s/blog_6ee5069601010vhv. html.

[20] 雷达，赵勇. 中美经济失衡的性质及调整：基于金融发展的视角 [J]. 世界经济，2009，(1)：62 - 71.

[21] 李宏，陆建明、杨珍增，施炳展. 金融市场差异与全球失衡：一个文献综述 [J]. 南开经济研究，2010，(4)：3 - 20.

[22] 李扬，张晓晶. 失衡与再平衡——塑造全球治理新框架 [M]. 北京：中国社会科学出版社，2013.

[23] 李子奈等. 计量经济学模型方法论 [M]. 北京：清华大学出版社，2011.

[24] 林珏，曹强. 也论银行、股票市场与经济增长：1992—2012 年的实证分析 [J]. 世界经济研究，2014，(3)：80 - 86.

[25] 鲁保林. 资本积累、新自由主义与 20 世纪 70 年代以来的全球经济失衡 [J]. 教学与研究，2015，(10)：57 - 64.

[26] 陆建明，李宏，朱学彬. 金融市场发展与全球失衡：基于创新与生产的垂直分工视角 [J]. 当代财经，2011，(1)：49 - 63.

[27] 陆建明，杨珍增. 创新和生产的垂直分工与全球失衡：金融发展与金融开放的影响 [J]. 世界经济文汇，2011，(4)：1 - 16.

[28] 路风，余永定. "双顺差"、能力缺口与自主创新——转变经济发展方式的宏观和微观视野 [J]. 中国社会科学，2012，(6)：91 - 114.

[29] 茅锐，徐建炜，姚洋. 经常账户失衡的根源——基于比较优势的国际分工 [J]. 金融研究，2012，(12)：23 - 37.

[30] 谭人友，葛顺奇，刘晨. 全球价值链分工与世界经济失衡——兼论经济失衡的持续性与世界经济再平衡路径选择 [J]. 世界经济研究，2015，(02)：32 - 42 + 127.

[31] 谭之博，赵岳. 银行集中度、企业储蓄与经常账户失衡 [J]. 经济研究，2012，(12)：55 - 68.

[32] 田丰，徐建炜，杨盼盼，茅锐. 全球失衡的内在根源：一个文献综述 [J]. 世界经济，2012，(10)：143 - 160.

[33] 王栋贵. 全球经济失衡原因论争综述——被忽视的基于美国视角的解释 [J]. 经济评论，2013，(01)：152 - 160.

[34] 王君斌，郭新强. 人民币升值、经常账户失衡和中国技术进步 [J]. 金融研究，

2011, (11): 47-61.

[35] 王曦, 邹文理. 货币政策对股票市场的冲击 [J]. 统计研究, 2011, (12): 55-65.

[36] 王义中, 金雪军. 中国经济波动的外部因素: 1992—2008 [J]. 统计研究, 2009, (08): 10-15.

[37] 王昱, 成力为. 金融市场效率、企业投资行为与经常账户失衡 [J]. 大连理工大学学报 (社会科学版), 2012, (3): 18-23.

[38] 肖立晟, 陈思翀. 中国国际投资头寸表失衡与金融调整渠道 [J]. 经济研究, 2013, (07): 20-34.

[39] 肖立晟, 王博. 全球失衡与中国对外净资产: 金融发展视角的分析 [J]. 世界经济, 2011, (2): 57-86.

[40] 徐建炜, 姚洋. 国际分工新形态、金融市场发展与全球失衡 [J]. 世界经济, 2010, (3): 3-30.

[41] 徐忠, 张雪春、丁志杰、唐天. 公共财政与中国国民收入的高储蓄倾向 [J]. 中国社会科学, 2010, (6): 93-107.

[42] 杨盼盼, 徐建炜. "全球失衡"的百年变迁——基于经验数据与事实比较的分析 [J]. 经济学 (季刊), 2014, (02): 625-646.

[43] 杨珍增, 陆建明. 金融发展、国际分工与全球失衡 [J]. 世界经济研究, 2011, (3): 21-27.

[44] 余永定. 见证失衡——双顺差、人民币汇率和美元陷阱 [J]. 国际经济评论, 2010, (3): 7-44.

[45] 余永定, 覃东海. 中国的双顺差: 性质、根源和解决办法 [J]. 世界经济, 2006, (3): 31-41.

[46] 虞文美, 杜亚斌, 曹强. 金融发展与经济增长研究述评与未来展望 [J]. 北京工商大学学报 (社会科学版), 2014a, (3): forthcoming.

[47] 虞文美, 杜亚斌, 曹强. 人力资本对实际汇率的影响——基于跨国面板数据的实证研究 [J]. 当代财经, 2014b, (3): 40-51.

[48] 翟晓英, 刘维奇. 中国经常账户失衡问题研究——基于金融发展程度—消费—经常账户路径 [J]. 国际金融研究, 2012, (8): 38-49.

[49] 张成思, 陈曦. 中国经济学应用研究的可信性分析 [J]. 世界经济, 2014, (1): 120-133.

[50] 张淑芹, 王玉凤. 全球失衡与财政货币冲击——基于战争视角 [J]. 财经科学, 2014, (10): 52-63.

[51] 赵春明, 郭界秀. 金融发展与比较优势关系研究评述 [J]. 经济学动态, 2010, (4): 126-131.

[52] 赵梦楠, 周德群. 动态广义最小二乘法在面板协整中的应用研究 [J]. 统计研

究，2010，(04)：96－102.

［53］赵昕东，耿鹏．中国通货膨胀成因分解研究［J］.数量经济技术经济研究，2010，(10)：78－89.

［54］中国经济增长与宏观稳定课题组，张晓晶，汤铎铎，林跃勤．全球失衡、金融危机与中国经济的复苏［J］.经济研究，2009，(5)：4－20.

［55］周杰琦．人民币汇率变动对国内价格水平的传递效应［J］.统计研究，2010，(08)：33－40.

［56］朱超，张林杰．人口结构能解释经常账户平衡吗［J］.金融研究，2012，(5)：30－44.

［57］祝丹涛．金融体系效率的国别差异和全球经济失衡［J］.金融研究，2008，(8)：29－38.

［58］Abbas, S. M. A. , Bouhga－Hagbe, J. , Fata' S, A. J. , Mauro, P. , Velloso, R. C. Fiscal Policy and the Current Account［J］. IMF Economic Review, 2011, 59 (603－629) .

［59］Abiad, A. , Detragiache, E. , Tressel, T. A New Database of Financial Reforms［J］. Imf Staff Papers, 2010, 57 (2)：281－302.

［60］Abiad, A. , Leigh, D. , Mody, A. International Finance and Income Convergence：Europe Is Different［R］. IMF Working Paper, No. 64, 2007.

［61］Abiad, A. , Leigh, D. , Mody, A. Financial Integration, Capital Mobility and Income Convergence［J］. Economic Policy, 2009, 24 (58)：241－305.

［62］Abiad, A. , Mody, A. Financial Reform：What Shakes It? What Shapes It?［J］. The American Economic Review, 2005, 95 (1)：66－88.

［63］Adedeji, O. Consumption－Based Interest Rate and the Present－Value Model of the Current Account－Evidence from Nigeria［R］. IMF Working Paper, No. 01/93 2001.

［64］Aguiar, M. , Amador, M. Growth in the Shadow of Expropriation［J］. The Quarterly Journal of Economics, 2011, 126 (2)：651－697.

［65］Ahn, S. C. , Schmidt, P. Efficient Estimation of Models for Dynamic Panel－Data［J］. Journal of Econometrics, 1995, 68 (1)：5－27.

［66］Aizenman, J. Large Hoarding of International Reserves and the Emerging Global Economic Architecture［J］. The Manchester School, 2008, 76 (5)：487－503.

［67］Aizenman, J. , Sengupta, R. Global Imbalances：Is Germany the New China? A Skeptical View［J］. Open economies review, 2011, 22 (3)：387－400.

［68］Akdogan, K. Threshold Adjustment in the Current Account：Sustainability for Danger Zone Economies?［J］. Applied Economics Letters, 2014, 21 (14)：1006－1009.

［69］Alfaro, L. , Kalemli－Ozcan, S. , Volosovych, V. Why Doesn't Capital Flow from Rich to Poor Countries? An Empirical Investigation［J］. Review of Economics and Statistics,

2008, 90 (2): 347 – 368.

[70] Allegret, J. – P., Sallenave, A. The Impact of Real Exchange Rates Adjustments on Global Imbalances: A Multilateral Approach [J]. Economic Modelling, 2014, 37: 149 – 163.

[71] Allen, F., Gale, D. Comparing Financial Systems [M]. cambridge: The MIT Press, 2001.

[72] Anderson, T. W., Hsiao, C. Estimation of Dynamic – Models with Error – Components [J]. Journal of the American Statistical Association, 1981, 76 (375): 598 – 606.

[73] Anderson, T. W., Hsiao, C. Formulation and Estimation of Dynamic Models Using Panel Data [J]. Journal of Econometrics, 1982, 18 (1): 47 – 82.

[74] Antras, P., Caballero, R. J. Trade and Capital Flows: A Financial Frictions Perspective [J]. Journal of Political Economy, 2009, 117 (4): 701 – 744.

[75] Arellano, M. Computing Robust Standard Errors for within – Groups Estimators [J]. Oxford Bulletin of Economics and Statistics, 1987, 49 (4): 431 – 434.

[76] Arellano, M. A Note on the Anderson – Hsiao Estimator for Panel Data [J]. Economics Letters, 1989, 31 (4): 337 – 341.

[77] Arellano, M., Bover, O. Another Look at the Instrumental Variable Estimation of Error – Components Models [J]. Journal of Econometrics, 1995, 68 (1): 29 – 51.

[78] Baltagi, B. H., Griffin, J. M. Pooled Estimators Vs. Their Heterogeneous Counterparts in the Context of Dynamic Demand for Gasoline [J]. Journal of Econometrics, 1997, 77 (2): 303 – 327.

[79] Baltagi, B. H., Griffin, J. M., Xiong, W. W. To Pool or Not to Pool: Homogeneous Versus Heterogeneous Estimators Applied to Cigarette Demand [J]. Review of Economics and Statistics, 2000, 82 (1): 117 – 126.

[80] Baltagi, B. H., Song, S. H., Koh, W. Testing Panel Data Regression Models with Spatial Error Correlation [J]. Journal of Econometrics, 2003, 117 (1): 123 – 150.

[81] Banerjee, A. Panel Data Unit Roots and Cointegration: An Overview [J]. Oxford Bulletin of Economics and Statistics, 1999, 61 (S1): 607 – 629.

[82] Barro, R., Sala – I – Martin, X. Economic Growth [M]. Cambridge: MIT Press, 2003.

[83] Baxter, M. International Trade and Business Cycles [M]. in Grossmann, G. M., K. Rogoff, N. – H. (eds), Handbook of International Economics: 1985 Amsterdam: Elsevier, 1995.

[84] Bayoumi, T., Saborowski, C. Accounting for Reserves [J]. Journal of International Money and Finance, 2014, 41 (0): 1 – 29.

[85] Beck, N., Katz, J. N. What to Do (and Not to Do) with Time – Series Cross – Section Data [J]. The American Political Science Review, 1995, 89 (3): 634 – 647.

[86] Beck, T. Financial Development and International Trade: Is There a Link? [J].

Journal of International Economics, 2002, 57 (1): 107 – 131.

[87] Beck, T., Demirguc – Kunt, A., Levine, R. E., Cihak, M., Feyen, E. H. B. Financial Development and Structure Dataset [EB/DB]. [Nov, 2013]. http: //econ. worldbank. org/WBSITE/EXTERNAL/EXTDEC/EXTRESEARCH/0, contentMDK: 20696167 ~ pagePK: 64214825 ~ piPK: 64214943 ~ theSitePK: 469382, 00. html.

[88] Beetsma, R., Giuliodori, M., Klaassen, F. The Effects of Public Spending Shocks on Trade Balances and Budget Deficits in the European Union [J]. Journal of the European Economic Association, 2008, 6 (2 – 3): 414 – 423.

[89] Belke, A., Dreger, C. Current Account Imbalances in the Euro Area: Does Catching up Explain the Development? [J]. Review of International Economics, 2013, 21 (1): 6 – 17.

[90] Benhima, K. Financial Integration, Capital Misallocation and Global Imbalances [J]. Journal of International Money and Finance, 2013, 32 (0): 324 – 340.

[91] Benhima, K., Havrylchyk, O. When Do Long – Term Imbalances Lead to Current Account Reversals? [J]. World Economy, 2010, 33 (1): 107 – 128.

[92] Bernanke, B. Federal Reserve Bank of San Francisco's Conference on Asia and the Global Financial Crisis [C]. Santa Barbara, California, 19 October 2009.

[93] Bernanke, B. S. Financial Reform to Address Systemic Risk [EB/OL]. March 10, 2009 http: //www. federalreserve. gov/newsevents/speech/bernanke20090310a. htm.

[94] Bhattacharyya, S. Political Origins of Financial Structure [J]. Journal of Comparative Economics, 2013, 41 (4): 979 – 994.

[95] Bianchi, P., Deschamps, B., Kiani, K. M. Fiscal Balance and Current Account in Professional Forecasts [J]. Review of International Economics, 2013, 23 (2): 361 – 378.

[96] Blanchard, O. Current Account Deficits in Rich Countries [J]. Imf Staff Papers, 2007, 54 (2): 191 – 219.

[97] Blanchard, O., Giavazzi, F. Current Account Deficits in the Euro Area: The End of the Feldstein – Horioka Puzzle? [J]. Brookings Papers on Economic Activity, 2002, 2: 147 – 186.

[98] Blanchard, O. J., Quah, D. The Dynamic Effects of Aggregate Demand and Supply Disturbances [J]. The American Economic Review, 1989, 79 (4): 655 – 673.

[99] Bosworth, B., Bryant, R., Burtless, G. The Impact of Aging on Financial Markets and the Economy: A Survey [R]. Brookings Institution Working Papers, No. SSRN 1147668, 2004.

[100] Breuss, F. Benefits and Dangers of Eu Enlargement [J]. Empirica, 2002, 29 (3): 245.

[101] Bulut, L. Current Account Dynamics and Degree of Capital Mobility [J]. Applied Economics Letters, 2013, 20 (7): 697 – 701.

[102] Bussière, M., Fratzscher, M., Müller, G. J. Productivity Shocks, Budget Deficits and the Current Account [J]. Journal of International Money and Finance, 2010, 29 (8): 1562 –

1579.

[103] Bussiere, M., Fratzscher, M., Mueller, G. J. Productivity Shocks, Budget Deficits and the Current Account [J]. Journal of International Money and Finance, 2010, 29 (8): 1562 – 1579.

[104] Caballero, R. J., Farhi, E., Gourinchas, P. – O. An Equilibrium Model of "Global Imbalances" and Low Interest Rates [J]. American Economic Review, 2008a, 98 (1): 358 – 393.

[105] Caballero, R. J., Farhi, E., Gourinchas, P. – O. Financial Crash, Commodity Prices and Global Imbalances [R]. NBER Working Papers, No. 14521, 2008b.

[106] Campa, J. M., Gavilan, A. Current Accounts in the Euro Area: An Intertemporal Approach [J]. Journal of International Money and Finance, 2011, 30 (1): 205 – 228.

[107] Campbell, J. Y., Mankiw, N. G. Consumption, Income, and Interest Rates: Reinterpreting the Time Series Evidence [J]. NBER Macroeconomics Annual, 1989, 4: 185 – 216.

[108] Caprio, G., Klingebiel, D. Episodes of Systemic and Borderline Financial Crises [R]. World Bank Working Paper, No. 01/2003, 2003.

[109] Chamon, M., Prasad, E. Why Are Saving Rates of Urban Households in China Rising? [R]. IMF Working Paper, No. WP/08/145, 2008.

[110] Chen, S. – W., Xie, Z. Testing for Current Account Sustainability under Assumptions of Smooth Break and Nonlinearity [J]. International Review of Economics & Finance, 2015, 38: 142 – 156.

[111] Cheung, C., Furceri, D., Rusticelli, E. Structural and Cyclical Factors Behind Current Account Balances [J]. Review of International Economics, 2013, 21 (5): 923 – 944.

[112] Cheung, Y. – W., Chinn, M. D., Fujii, E. The Overvaluation of Renminbi Undervaluation [J]. Journal of International Money and Finance, 2007, 26 (5): 762 – 785.

[113] Cheung, Y. – W., Chinn, M. D., Fujii, E. China's Current Account and Exchange Rate [R]. NBER Working Paper, No. 14673, 2009.

[114] Chihi, F., Normandin, M. External and Budget Deficits in Some Developing Countries [J]. Journal of International Money and Finance, 2013, 32 (0): 77 – 98.

[115] Chinn, D. M. Doomed to Deficits? Aggregate U. S. Trade Flows Re – Examined [J]. Review of World Economics, 2005a, 141 (3): 460 – 485.

[116] Chinn, M. Getting Serious About the Twin Deficits [R]. Special Council Report No. 10, 2005b.

[117] Chinn, M., Ito, H. The Chinn – Ito Index: A De Jure Measure of Financial Openness [EB/DB]. [April 23, 2013]. http: //web. pdx. edu/ ~ ito/Chinn – Ito _ website. htm.

[118] Chinn, M. D., Ito, H. Current Account Balances, Financial Development and

Institutions: Assaying the World "Saving Glut" [J] . Journal of International Money and Finance, 2007, 26 (4): 546 – 569.

[119] Chinn, M. D. , Lee, J. Three Current Account Balances: A "Semi – Structuralist" Interpretation [J] . Japan and the World Economy, 2009, 21 (2): 202 – 212.

[120] Chinn, M. D. , Prasad, E. S. Medium – Term Determinants of Current Accounts in Industrial and Developing Countries: An Empirical Exploration [J] . Journal of International Economics, 2003, 59 (1): 47 – 76.

[121] Chinn, M. D. , Wei, S. – J. A Faith – Based Initiative: Does a Flexible Exchange Rate Regime Really Facilitate Current Account Adjustment? [R] . NBER Working Paper, No. 14420, 2008.

[122] Chinn, M. D. , Wei, S. J. A Faith – Based Initiative Meets the Evidence: Does a Flexible Exchange Rate Regime Really Facilitate Current Account Adjustment? [J] . Review of Economics and Statistics, 2013, 95 (1): 168 – 184.

[123] Chiu, Y. – B. , Lee, C. – C. , Sun, C. – H. The U. S. Trade Imbalance and Real Exchange Rate: An Application of the Heterogeneous Panel Cointegration Method [J] . Economic Modelling, 2010, 27 (3): 705 – 716.

[124] Chiu, Y. – B. , Sun, C. – H. D. The Role of Savings Rate in Exchange Rate and Trade Imbalance Nexus: Cross – Countries Evidence [J]. Economic Modelling, 2016, 52, Part B: 1017 – 1025.

[125] Clarida, R. H. Japan, China, and the U. S. Current Account Deficit [J] . CATO Journal, 2005, 25 (1): 111 – 114.

[126] Clower, E. , Ito, H. The Persistence of Current Account Balances and Its Determinants: The Implications for Global Rebalancing [R] . ADBI Working Papers No. 400, Asian Development Bank Institute, 2012.

[127] Corden, W. M. China's Exchange Rate Policy, Its Current Account Surplus and the Global Imbalances [J] . Economic Journal, 2009, 119 (541): F430 – F441.

[128] Coyle, C. , Turner, J. D. Law, Politics, and Financial Development: The Great Reversal of the Uk Corporate Debt Market [J] . Journal of Economic History, 2013, 73 (3): 810 – 846.

[129] Craighead, W. D. , Hineline, D. R. As the Current Account Turns: Disaggregating the Effects of Current Account Reversals in Industrial Countries [J]. The World Economy, 2013, 36 (12): 1516 – 1541.

[130] Croke, H. , Kamin, S. B. Financial Market Developments and Economic Activity During Current Account Adjustments in Industrial Economies [R] . Federal Reserve Board, International Finance Discussion Papers, No. 827, 2005.

[131] De Santis, R. A. , Lührmann, M. On the Determinants of Net International Portfolio

Flows: A Global Perspective [J]. Journal of International Money and Finance, 2009, 28 (5): 880 – 901.

[132] Debelle, G., Galati, G. Current Account Adjustment and Capital Flows * [J]. Review of International Economics, 2007, 15 (5): 989 – 1013.

[133] Deer, L., Song, L. International Financial Adjustment for China: A Financial Valuation Approach [J]. China & World Economy, 2013, 21 (1): 1 – 25.

[134] Demirgüç – Kunt, A., Feyen, E., Levine, R. The Evolving Importance of Banks and Securities Markets [J]. The World Bank Economic Review, 2013, 27 (3): 476 – 490.

[135] Demirgüç – Kunt, A., Levine, R. Financial Structure and Economic Growth: A Cross – Country Comparison of Banks, Markets, and Development [M]. Cambridge: The MIT Press, 2004.

[136] Devereux, M. B., Sutherland, A. Valuation Effects and the Dynamics of Net External Assets [J]. Journal of International Economics, 2010, 80 (1): 129 – 143.

[137] Dollar, D., Kraay, A. Neither a Borrower nor a Lender: Does China's Zero Net Foreign Asset Position Make Economic Sense? [J]. Journal of Monetary Economics, 2006, 53 (5): 943 – 971.

[138] Dooley, M. P., Garber, P. M., Folkerts – Landau, D. The Two Crises of International Economics [R]. NBER Working Paper, No. 13197, 2007.

[139] Driscoll, J. C., Kraay, A. C. Consistent Covariance Matrix Estimation with Spatially Dependent Panel Data [J]. Review of Economics and Statistics, 1998, 80 (4): 549 – 560.

[140] Durdu, C. B., Mendoza, E. G., Terrones, M. E. Precautionary Demand for Foreign Assets in Sudden Stop Economies: An Assessment of the New Mercantilism [J]. Journal of Development Economics, 2009, 89 (2): 194 – 209.

[141] Durdu, C. B., Mendoza, E. G., Terrones, M. E. On the Solvency of Nations: Cross – Country Evidence On the dynamics of External Adjustment [J]. Journal of International Money and Finance, 2013, 32 (0): 762 – 780.

[142] Edwards, S., A. Frankel, J. Preventing Currency Crises in Emerging Markets [M]. Chicago University of Chicago Press, 2002.

[143] Egert, B., Halpern, L., Macdonald, R. Equilibrium Exchange Rates in Transition Economies: Taking Stock of the Issues [J]. Journal of Economic Surveys, 2006, 20 (2): 257 – 324.

[144] Eichengreen, B. Global Imbalances: The New Economy, the Dark Matter, the Savvy Investor, and the Standard Analysis [J]. Journal of Policy Modeling, 2006, 28 (6): 645 – 652.

[145] Eicker, F. Limit Theorems for Regressions with Unequal and Dependent Errors [M]. in Lecam, L., Neyman, J. (eds), The Fifth Berkeley Symposium on Mathematical Statistics and Probability, Berkeley, CA: University of California Press, 1967.

[146] Endegnanew, Y., Amo – Yartey, C., Turner – Jones, T. Fiscal Policy and the Current Account: Are Microstates Different? [J]. Applied Economics, 2013, 45 (29): 4137 – 4151.

[147] Engel, C., Rogers, J. H. The U. S. Current Account Deficit and the Expected Share of World Output [J]. Journal of Monetary Economics, 2006, 53 (5): 1063 – 1093.

[148] Erauskin, I. The Impact of Financial Openness on the Size of Utility – Enhancing Government [J]. Economics: The Open – Access, Open Assessment E – Journal, 2013, 7 (2013 – 7).

[149] Fan, J., Morck, R. Capitalizing China [M]. Chicago: University of Chicago Press, 2012.

[150] Faruqee, H. Long – Run Determinants of the Real Exchange – Rate – a Stock – Flow Perspective [J]. International Monetary Fund Staff Papers, 1995, 42 (1): 80 – 107.

[151] Forbes, K. J. Why Do Foreigners Invest in the United States? [J]. Journal of International Economics, 2010, 80 (1): 3 – 21.

[152] Fotourehchi, Z., Panahi, D. Reviewing of Effective Factors on Current Account Imbalance: A Case Study on Iran [J]. Life Science Journal, 2012, 9 (4): 4684 – 4694.

[153] Frenkel, J. A., Razin, A. Fiscal Policies and Growth in the World Economy [M]. Cambridge: MIT Press, 1996.

[154] Freund, C. Current Account Adjustment in Industrial Countries [J]. Journal of International Money and Finance, 2005, 24 (8): 1278 – 1298.

[155] Friedman, M. The Case for flexible Exchange Rates [M]. in Friedman, M. (eds), Essays in Positive Economics, Chicago: The University of Chicago Press, 1953.

[156] Froot, K. A. Consistent Covariance – Matrix Estimation with Cross – Sectional Dependence and Heteroskedasticity in Financial Data [J]. Journal of Financial and Quantitative Analysis, 1989, 24 (3): 333 – 355.

[157] Gagnon, J. Current Account Imbalances Coming Back [R]. Peterson Institute for International Economics Working Paper, No. 11 – 1, 2011.

[158] Gagnon, J. E. Global Imbalances and Foreign Asset Expansion by Developing Economy Central Banks [R]. Working Paper Series, No. WP12 – 5, 2012.

[159] Gavin, M. Terms of Trade, the Trade Balance and Stability: The Role of Savings Behavior [R]. International Finance Discussion Papers, No. 137, 1991.

[160] Ge, W. The Chinese Currency and Global Rebalancing: A Discussion [J]. China: An International Journal, 2013, 11 (1): 55 – 74.

[161] Gehringer, A. Growth, Productivity and Capital Accumulation: The Effects of Financial Liberalization in the Case of European Integration [J]. International Review of Economics & Finance, 2013, 25: 291 – 309.

[162] Gehringer, A. New Evidence on the Determinants of Current Accounts in the Eu [J]. Empirica, 2015, 42 (4): 769 - 793.

[163] Ghironi, F., Iscan, T. B., Rebucci, A. Net Foreign Asset Positions and Consumption Dynamics in the International Economy [J]. Journal of International Money and Finance, 2008a, 27 (8): 1337 - 1359.

[164] Ghironi, F., Iscan, T. B., Rebucci, A. Net Foreign Asset Positions and Consumption Dynamics in the International Economy [J]. Journal of International Money and Finance, 2008b, 27 (8): 1337 - 1359.

[165] Ghosh, A. R., Qureshi, M. S., Tsangarides, C. G. Friedman Redux: External Adjustment and Exchange Rate Flexibility [R]. IMF Working Paper No. 14/146, 2014.

[166] Ghosh, R. A., Terrones, M., Zettelmeyer, J. Exchange Rate Regimes and External Adjustment: New Answers to an Old Debate [M]. in Wyplosz, C. (eds), The New International Monetary System: Essays in Honor of Alexander Swoboda, Routledge: 2010.

[167] Gibson, H. D., Hall, S. G., Tavlas, G. S. The Greek Financial Crisis: Growing Imbalances and Sovereign Spreads [J]. Journal of International Money and Finance, 2012, 31 (3): 498 - 516.

[168] Gnimassoun, B., Mignon, V. Persistence of Current - Account Disequilibria and Real Exchange - Rate Misalignments [J]. Review of International Economics, 2015, 23 (1): 137 - 159.

[169] Goldsmith, R. W. Financial Structure and Development [M]. New Haven: Yale University Press, 1969.

[170] Gourinchas, P. - O., Jeanne, O. Capital Flows to Developing Countries: The Allocation Puzzle [J]. Review of Economic Studies, 2013, 80 (4): 1484 - 1515.

[171] Gourinchas, P. - O., Rey, H. International Financial Adjustment [J]. Journal of Political Economy, 2007, 115 (4): 665 - 703.

[172] Groenewold, N., He, L. The Us - China Trade Imbalance: Will Revaluing the Rmb Help (Much)? [J]. Economics Letters, 2007, 96 (1): 127 - 132.

[173] Gruber, J., Kamin, S. Do Differences in Financial Development Explain the Global Pattern of Current Account Imbalances? [J]. Review of International Economics, 2009, 17 (4): 667 - 688.

[174] Gruber, J. W., Kamin, S. B. Explaining the Global Pattern of Current Account Imbalances [J]. Journal of International Money and Finance, 2007, 26 (4): 500 - 522.

[175] Guiso, L., Sapienza, P., Zingales, L. Does Culture Affect Economic Outcomes? [J]. Journal of Economic Perspectives, 2006, 20 (2): 23 - 48.

[176] Guo, K., Jin, K. Composition and Growth Effects of the Current Account: A Synthesized Portfolio View [J]. Journal of International Economics, 2009, 79 (1): 31 - 41.

[177] Halaby, C. N. Panel Models in Sociological Research: Theory into Practice [J]. Annual Review of Sociology, 2004, 30 (2004): 507 – 544.

[178] He, X. H. , Cao, Y. F. Understanding High Saving Rate in China [J]. China & World Economy, 2007, 15 (1): 1 – 13.

[179] Henisz, W. The Political Constraint Index (Polcon) Dataset [EB/DB] . [2013]. http: //www – management. wharton. upenn. edu/henisz/.

[180] Herrmann, S. Do We Really Know That Flexible Exchange Rates Facilitate Current Account Adjustment? Some New Empirical Evidence for Cee Countries [J] . Applied Economics Quarterly, 2009, 55 (4): 295 – 311.

[181] Herrmann, S. , Winkler, A. Real Convergence, Financial Markets, and the Current Account – Emerging Europe Versus Emerging Asia [J] . The North American Journal of Economics and Finance, 2009, 20 (2): 100 – 123.

[182] Herz, B. , Hohberger, S. Fiscal Policy, Monetary Regimes and Current Account Dynamics [J] . Review of International Economics, 2013, 21 (1): 118 – 136.

[183] Hoechle, D. Robust Standard Errors for Panel Regressions with Cross – Sectional Dependence [J] . Stata Journal, 2007, 7 (3): 281 – 312.

[184] Hoffmann, M. What Drives China's Current Account? [J] . Journal of International Money and Finance, 2013, 32 (0): 856 – 883.

[185] Hsiao, C. , Pesaran, M. H. , Tahmiscioglu, A. K. Bayes Estimation of Short – Run Coefficients in Dynamic Panel Data Models [M] . in Hsiao, C. , Lahiri, K. , Lee, L. – F. , H. Pesaran, M. (eds), Analysis of Panels and Limited Dependent Variables: A Volume in Honour of G S Maddala, Cambridge, U. K. : Cambridge University Press, 1999.

[186] Hsiao, C. , Tahmiscioglu, A. K. A Panel Analysis of Liquidity Constraints and Firm Investment [J] . Journal of the American Statistical Association, 1997, 92 (438): 455 – 465.

[187] Huang, C. – H. International Capital Mobility: An Alternative Test Based on Intertemporal Current Account Models [J] . International Review of Economics & Finance, 2010, 19 (3): 467 – 482.

[188] Huber, P. J. The Behavior of Maximum Likelihood Estimates under Nonstandard Conditions [M] . in Lecam, L. , Neyman, J. (eds), The Fifth Berkeley Symposium on Mathematical Statistics and Probability, Berkeley, CA: University of California Press, 1967.

[189] Ilzetzki, E. , Reinhart, C. M. , Rogoff, K. S. Exchange Rate Arrangements Entering the 21st Century: Which Anchor Will Hold? Updated Country Chronologies: 1946: 1 – 2010: 12 with Additional Countries Added to Reinhart and Rogoff (2004) [EB/DB] . [March 15, 2011]. http: //personal. lse. ac. uk/ilzetzki/IRRBack. htm.

[190] Im, K. S. , Pesaran, M. H. , Shin, Y. Testing for Unit Roots in Heterogeneous Panels [J] . Journal of Econometrics, 2003, 115 (1): 53 – 74.

［191］Jeanne, O. , Rancière, R. The Optimal Level of International Reserves for Emerging Market Countries: A New Formula and Some Applications ［J］. The Economic Journal, 2011, 121 (555): 905 – 930.

［192］Jin, K. Industrial Structure and Capital Flows ［J］. American Economic Review, 2012, 102 (5): 2111 – 2146.

［193］Ju, J. , Wei, S. – J. Endowment Versus Finance: A Wooden Barrel Theory of International Trade ［R］. IMF Working Paper, No. 05123, 2005.

［194］Ju, J. , Wei, S. – J. Domestic Institutions and the Bypass Effect of Financial Globalization ［J］. American Economic Journal: Economic Policy, 2010, 2 (4): 173 – 204.

［195］Ju, J. , Wei, S. – J. When Is Quality of Financial System a Source of Comparative Advantage? ［J］. Journal of International Economics, 2011, 84 (2): 178 – 187.

［196］Kaminsky, G. L. , Reinhart, C. M. The Twin Crises: The Causes of Banking and Balance – of – Payments Problems ［J］. American Economic Review, 1999, 89 (3): 473 – 500.

［197］Kano, T. A Structural Var Approach to the Intertemporal Model of the Current Account ［J］. Journal of International Money and Finance, 2008, 27 (5): 757 – 779.

［198］Kao, C. , Chiang, M. – H. On the Estimation and Inference of a Cointegrated Regression in Panel Data ［J］. Advances in Econometrics 15, 2001, (15): 179 – 222.

［199］Kapoor, M. , Kelejian, H. H. , Prucha, I. R. Panel Data Models with Spatially Correlated Error Components ［J］. Journal of Econometrics, 2007, 140 (1): 97 – 130.

［200］Kaufmann, D. , Kraay, A. , Mastruzzi, M. Governance Matters Viii: Aggregate and Individual Governance Indicators 1996 – 2008 ［R］. World Bank Policy Research Working Paper No. WPS4978, 2009.

［201］Keane, M. P. , Runkle, D. E. On the Estimation of Panel – Data Models with Serial Correlation When Instruments Are Not Strictly Exogenous ［J］. Journal of Business & Economic Statistics, 1992, 10 (1): 1 – 9.

［202］Keefer, P. E. Database of Political Institutions ［EB/DB］. ［January, 2013］. http: // econ. worldbank. org/WBSITE/EXTERNAL/EXTDEC/EXTRESEARCH/0, contentMDK: 20649465 ~ pagePK: 64214825 ~ piPK: 64214943 ~ theSitePK: 469382, 00. html.

［203］Kim, G. , An, L. , Kim, Y. The Behaviour of the Real Exchange Rate and Current Account ［J］. Macroeconomics and Finance in Emerging Market Economies, 2012, 5 (2): 139 – 160.

［204］Kim, S. , Lee, J. – W. Demographic Changes, Saving, and Current Account: An Analysis Based on a Panel Var Model ［J］. Japan and the World Economy, 2008, 20 (2): 236 – 256.

［205］Kim, S. , Roubini, N. Twin Deficit or Twin Divergence? Fiscal Policy, Current Account, and Real Exchange Rate in the U. S ［J］. Journal of International Economics, 2008, 74

(2): 362 – 383.

[206] Kliem, M. , Kriwoluzky, A. Reconciling Narrative Monetary Policy Disturbances with Structural Var Model Shocks? [J] . Economics Letters, 2013, 121 (2): 247 – 251.

[207] Kmenta, J. Elements of Econometrics [M] . New York: Macmillan, 1986.

[208] Kollmann, R. Us Trade Balance Dynamics: The Role of Fiscal Policy and Productivity Shocks and of Financial Market Linkages [J] . Journal of International Money and Finance, 1998, 17 (4): 637 – 669.

[209] Kopcke, R. , Tootell, G. , Triest, R. The Acroeconomics of Fiscal Policy [M]. Cambridge, London: MIT Press, 2006.

[210] Kumhof, M. , Laxton, D. Fiscal Deficits and Current Account Deficits [J] . Journal of Economic Dynamics and Control, 2013, 37 (10): 2062 – 2082.

[211] Lane, P. , Milesi – Ferretti, G. M. Exchange Rates and External Adjustment: Does Financial Globalization Matter? [R] . IIIS Discussion Paper, No. 129, 2006.

[212] Lane, P. R. Updated and Extended " External Wealth of Nations" Dataset, 1970 – 2011 [EB/DB] . [2012] . http: //www. philiplane. org/EWN. html.

[213] Lane, P. R. , Milesi – Ferretti, G. M. The External Wealth of Nations: Measures of Foreign Assets and Liabilities for Industrial and Developing Countries [J] . Journal of International Economics, 2001, 55 (2): 263 – 294.

[214] Lane, P. R. , Milesi – Ferretti, G. M. External Wealth, the Trade Balance, and the Real Exchange Rate [J] . European Economic Review, 2002a, 46 (6): 1049 – 1071.

[215] Lane, P. R. , Milesi – Ferretti, G. M. Long – Term Capital Movements [M] . in Bernanke, B. S. , Rogoff, K. (eds), Nber Macroeconomics Annual 2001, Cambridge, MA: MIT Press, 2002b.

[216] Lane, P. R. , Milesi – Ferretti, G. M. The External Wealth of Nations Mark Ii: Revised and Extended Estimates of Foreign Assets and Liabilities, 1970—2004 [J] . Journal of International Economics, 2007, 73 (2): 223 – 250.

[217] Lane, P. R. , Milesi – Ferretti, G. M. The Drivers of Financial Globalization [J]. American Economic Review, 2008, 98 (2): 327 – 332.

[218] Leamer, E. E. Let's Take the Con out of Econometrics [J] . The American Economic Review, 1983, 73 (1): 31 – 43.

[219] Lee, J. , Chinn, M. D. Current Account and Real Exchange Rate Dynamics in the G7 Countries [J] . Journal of International Money and Finance, 2006, 25 (2): 257 – 274.

[220] Lee, R. , Mason, A. What Is the Demographic Dividend? [J]. Finance & Development, 2006, 43 (3) .

[221] Levin, A. , Lin, C. – F. , James Chu, C. – S. Unit Root Tests in Panel Data: Asymptotic and Finite – Sample Properties [J] . Journal of Econometrics, 2002, 108 (1):

1 – 24.

[222] Levine, R. , Loayza, N. , Beck, T. Financial Intermediation and Growth: Causality and Causes [J] . Journal of Monetary Economics, 2000, 46 (1): 31 – 77.

[223] Levy – Yeyati, E. , Sturzenegger, F. Classifying Exchange Rate Regimes: Deeds Vs. Words [J] . European Economic Review, 2005, 49 (6): 1603 – 1635.

[224] Liang, Y. Global Imbalances and Financial Crisis: Financial Globalization as a Common Cause [J] . Journal of Economic Issues, 2012, 46 (2): 353 – 362.

[225] Liberti, J. M. , Mian, A. R. Collateral Spread and Financial Development [J] . Journal of Finance, 2010, 65 (1): 147 – 177.

[226] Lindley, D. V. , Smith, A. F. M. Bayes Estimates for the Linear Model [J] . Journal of the Royal Statistical Society Series B, 1972, 34 (1): 1 – 41.

[227] Ma, G. , Zhou, H. China's Large and Rising Net Foreign Asset Position [J] . China & World Economy, 2009a, 17 (5): 1 – 21.

[228] Ma, G. N. , Zhou, H. W. China's Large and Rising Net Foreign Asset Position [J] . China & World Economy, 2009b, 17 (5): 1 – 21.

[229] Macdonald, R. What Determines Real Exchange Rates?: The Long and the Short of It [J] . Journal of International Financial Markets, Institutions and Money, 1998, 8 (2): 117 – 153.

[230] Maddala, G. S. , Srivastava, V. K. , Li , H. Shrinkage Estimators for the Estimation of Short – Run and Long – Run Parameters from Panel Data Models [R] . Ohio State University, Columbus, 1994.

[231] Maddala, G. S. , Trost, R. P. , Li, H. Y. , Joutz, F. Estimation of Short – Run and Long – Run Elasticities of Energy Demand from Panel Data Using Shrinkage Estimators [J] . Journal of Business & Economic Statistics, 1997, 15 (1): 90 – 100.

[232] Maddala, G. S. , Wu, S. A Comparative Study of Unit Root Tests with Panel Data and a New Simple Test [J] . Oxford Bulletin of Economics and Statistics, 1999, 61 (S1): 631 – 652.

[233] Mann, C. L. , Plück, K. The Us Trade Deficit: A Disaggregated Perspective [R] . Peterson Institute for International Economics Working Paper, No. WP05 – 11, 2005.

[234] Marquez, J. , Schindler, J. Exchange – Rate Effects on China's Trade [J] . Review of International Economics, 2007, 15 (5): 837 – 853.

[235] Mckibbin, W. J. The Global Macroeconomic Consequences of a Demographic Transition [J] . Asian Economic Papers, 2006, 5 (1): 92 – 134.

[236] Mckinnon, R. , Schnabl, G. China's Financial Conundrum and Global Imbalances [R] . BIS Working Papers, No. 277, 2009.

[237] Mckinnon, R. I. The Unloved Dollar Standard: From Bretton Woods to the Rise of

China [M] . New York: Oxford University Press, 2012.

[238] Mendoza, E. G. , Quadrini, V. , Rios - Rull, J. V. Financial Integration, Financial Development, and Global Imbalances [J] . Journal of Political Economy, 2009, 117 (3): 371 - 416.

[239] Miles, W. , Schreyer, S. Is Monetary Policy Non - Linear in Indonesia, Korea, Malaysia, and Thailand? A Quantile Regression Analysis [J]. Asian - Pacific Economic Literature, 2012, 26 (2): 155 - 166.

[240] Monacelli, T. , Perotti, R. Fiscal Policy, the Trade Balance, and the Real Exchange Rate: Implications for International Risk Sharing [R] . Manuscript, IGIER, Universita Bocconi, 2006.

[241] Mu, X. Y. , Ye, H. C. Current Account Adjustment in Developing Countries: The Role of Exchange Rate Regimes [J] . Economic Inquiry, 2013, 51 (2): 1566 - 1581.

[242] Mundell, R. A. The Monetary Dynamics of International Adjustment under Fixed and Flexible Exchange Rates [J] . Quarterly Journal of Economics, 1960, 74 (2): 227 - 257.

[243] Nadenichek, J. The Japan - Us Trade Imbalance: A Real Business Cycle Perspective [J] . Japan and the World Economy, 2000, 12 (3): 255 - 271.

[244] Narayan, P. K. Examining the Relationship between Trade Balance and Exchange Rate: The Case of China's Trade with the USA [J] . Applied Economics Letters, 2006, 13 (8) .

[245] Nason, J. M. , Rogers, J. H. The Present - Value Model of the Current Account Has Been Rejected: Round up the Usual Suspects [J] . Journal of International Economics, 2006, 68 (1): 159 - 187.

[246] Newey, W. K. , Powell, J. L. , Vella, F. Nonparametric Estimation of Triangular Simultaneous Equations Models [J] . Econometrica, 1999, 67 (3): 565 - 603.

[247] Newey, W. K. , West, K. D. A Simple, Positive Semi - Definite, Hete-roskedasticity and Autocorrelation Consistent Covariance Matrix [J] . Econometrica, 1987, 55 (3): 703 - 708.

[248] Nyblom, J. , Harvey, A. Tests of Common Stochastic Trends [J]. Econometric Theory, 2000, 16 (02): 176 - 199.

[249] Obstfeld, M. International Risk Sharing and the Costs of Trade [EB/OL] . http: // gg2. jsylhs. com/url? url = http: //eml. berkeley. edu/ ~ obstfeld/Ohlin_show. pdf&rct = j&frm = 1&q = &esrc = s&sa = U&ved = 0ahUKEwjvsp Hqhr7PAhWMipQKHcpZDFYQFggZMAA&usg = AFQjCNEzQ_RpBRNVoZo5Gx7k_ qlMP58zzQ.

[250] Obstfeld, M. Financial Flows, Financial Crises, and Global Imbalances [J] . Journal of International Money and Finance, 2012, 31 (3): 469 - 480.

[251] Obstfeld, M. , Rogoff, K. Exchange Rate Dynamics Redux [J]. Journal of Political Economy, 1995, 103 (3): 624 - 660.

［252］Obstfeld, M., Rogoff, K. The Intertemporal Approach to the Current Account［R］. NBER Working Paper No. 4893 1996.

［253］Obstfeld, M., Rogoff, K. S. The Unsustainable U. S. Current Account Position Revisited［M］. in Clarida, R. H. (eds), G7 Current Account Imbalances: Sustainability and Adjustment, Chicago: University of Chicago Press, 2007.

［254］Obstfeld, M., Shambaugh, J. C., Taylor, A. M. Financial Stability, the Trilemma, and International Reserves［J］. American Economic Journal: Macroeconomics, 2010, 2 (2): 57 –94.

［255］Oksteil, B. Why Deficits Matter (Condensed Version)［J］. Council on Foreign Relations, 2006.

［256］Pakravan, K. Global Financial Architecture, Global Imbalances and the Future of the Dollar in a Post – Crisis World［J］. Journal of Financial Regulation and Compliance, 2011, 19 (1): 18 –32.

［257］Parks, R. W. Efficient Estimation of a System of Regression Equations When Disturbances Are Both Serially and Contemporaneously Correlated［J］. Journal of the American Statistical Association, 1967, 62 (318): 500 –509.

［258］Pedroni, P. Fully Modified Ols for Heterogeneous Cointegrated Panels［J］. Nonstationary Panels, Panel Cointegration and Dynamic Panels, 2001, (15): 93 – 130.

［259］Peng, X. Demographic Shift, Population Ageing Andneconomic Growth in China: A Computable General Equilibrium Analysis［J］. Pacific Economic Review, 2008, 13 (5): 680 – 697.

［260］Pesaran, M., Shiny., H., Smith, R. J. Bounds Testing Approaches to the Analysis of Long – Run Relationships［R］. 1999a.

［261］Pesaran, M. H., Shin, Y., Ron, P. S. Pooled Mean Group Estimation of Dynamic Heterogeneous Panels［J］. Journal of the American Statistical Association, 1999b, 94 (446): 621 –634.

［262］Pesaran, M. H., Smith, R. Estimating Long – Run Relationships from Dynamic Heterogeneous Panels［J］. Journal of Econometrics, 1995, 68 (1): 79 –113.

［263］Phillips, P. C. B., Moon, H. R. Linear Regression Limit Theory for Nonstationary Panel Data［J］. Econometrica, 1999, 67 (5): 1057 –1111.

［264］Pistor, K. A Legal Theory of Finance［J］. Journal of Comparative Economics, 2013, 41 (2): 315 –330.

［265］Porta, R. L., Lopez – De – Silanes, F., Shleifer, A., Vishny, R. W. Law and Finance［J］. Journal of Political Economy, 1998, 106 (6): 1113 –1155.

［266］Ravn, M. O., Schmitt – Grohe, S., Uribe, M. Explaining the Effects of Government Spending Shocks on Consumption and the Real Exchange Rate［R］. Unpublished

Manuscript, Duke University, 2007.

[267] Robertson, D. , Symons, J. Some Strange Properties of Panel Data Estimators [J].
Journal of Applied Econometrics, 1992, 7 (2): 175 – 189.

[268] Rodrik, D. The Real Exchange Rate and Economic Growth [J]. Brookings Papers on
Economic Activity, 2008, 2008 (Fall, 2008): 365 – 412.

[269] Rogers, W. H. Sg17: Regression Standard Errors in Clustered Samples [J] . Stata
Technical Bulletin Reprints, 1993, 3 (13): 88 – 94.

[270] Romer, D. H. Advanced Macroeconomics (Fourth Edition) [M] . New York:
McGraw Hill Higher Education, 2011.

[271] Sachs, J. D. The Current Account and Macroeconomic Adjustment in the 1970s [J].
Brookings Papers on Economic Activity, 1981, 12 (1): 201 – 282.

[272] Saikkonen, P. Asymptotically Efficient Estimation of Cointegration Regressions [J].
Econometric Theory, 1991, 7 (1): 1 – 21.

[273] Salter, W. A. Internal and External Balance: The Role of Price and Expenditure
Effects [J] . Economic Record, 1959, 35: 226 – 238.

[274] Sandri, D. Growth and Capital Flows with Risky Entrepreneurship [R]. IMF Working
Paper, No. February 15, 2013, 2013.

[275] Schmidt – Eisenlohr, T. Towards a Theory of Trade Finance [J]. Journal of
International Economics, 2013, 91 (1): 96 – 112.

[276] Schmitt – Grohe, S. , Uribe, M. Closing Small Open Economy Models [J] . Journal
of International Economics, 2003, 61 (1): 163 – 185.

[277] Schmitz, B. , Von Hagen, J. Current Account Imbalances and Financial Integration in
the Euro Area [J] . Journal of International Money and Finance, 2011, 30 (8): 1676 – 1695.

[278] Sims, C. A. Macroeconomics and Reality [J] . Econometrica, 1980, 48 (1):
1 – 48.

[279] Singh, T. Intertemporal Optimizing Models of Trade and Current Account Balance: A
Survey [J] . Journal of Economic Surveys, 2007, 21 (1): 25 – 64.

[280] Song, Z. , Storesletten, K. , Zilibotti, F. Growing Like China [J] . American
Economic Review, 2011, 101 (1): 196 – 233.

[281] Steiner, A. Current Account Balance and Dollar Standard: Exploring the Linkages
[J] . Journal of International Money and Finance, 2014, 41 (0): 65 – 94.

[282] Stewart, C. , Wood, R. The Distance from External Balance: Pacific Island States
[J] . Asian – Pacific Economic Literature, 2012, 26 (2): 121 – 132.

[283] Stiglitz, J. Stiglitz on China and Why U. S. Economic Advice Is Discounted [EB/OL].
http: //economistsview. typepad. com/economistsview/2005/07/stiglitz_on_chi. html.

[284] Swamy, P. Efficient Inference in a Random Coefficient Regression Model [J].

Econometrica, 1970, 38 (2): 311 – &.

［285］Thorbecke, W. How Would an Appreciation of the Renminbi Affect the U. S. Trade Deficit with China? ［J］. Topics in Macroeconomics, 2006, 6 (3): 1 – 15.

［286］Vanhoose, D. A Model of International Trade in Banking Services ［J］. Open economies review, 2013, 24 (4): 613 – 625.

［287］Vermeulen, R., De Haan, J. Net Foreign Asset (Com) Position: Does Financial Development Matter? ［J］. Journal of International Money and Finance, 2014, 43 (0): 88 – 106.

［288］Voghouei, H., Azail, M., Law, S. H. The Effect of Dynamic Legal Tradition on Financial Development: Panel Data Evidence ［J］. European Journal of Law and Economics, 2013, 35 (1): 109 – 136.

［289］Voghouei, H., Azali, M., Jamali, M. A. A Survey of the Determinants of Financial Development ［J］. Asian – Pacific Economic Literature, 2011, 25 (2): 1 – 20.

［290］Wagner, M., Hlouskova, J. The Performance of Panel Cointegration Methods: Results from a Large Scale Simulation Study ［J］. Econometric Reviews, 2009, 29 (2): 182 – 223.

［291］Wang, C. – H., Lin, C. – H. A., Yang, C. – H. Short – Run and Long – Run Effects of Exchange Rate Change on Trade Balance: Evidence from China and Its Trading Partners ［J］. Japan and the World Economy, 2012, 24 (4): 266 – 273.

［292］Wei, S. – J., Ju, J. Current Account Adjustment: Some New Theory and Evidence ［R］. NBER Working Paper, No. 13388, 2007.

［293］Wei, S. – J., Zhang, X. The Competitive Saving Motive: Evidence from Rising Sex Ratios and Savings Rates in China ［J］. Journal of Political Economy, 2011, 119 (3): 511 – 564.

［294］Wei, S. J. Comments On: David Dollar and Aart Kraay, Neither a Borrower nor a Lender: Does China's Zero Net Foreign Asset Position Make Economic Sense?" ［J］. Journal of Monetary Economics, 2006, 53 (5): 973 – 979.

［295］Westerlund, J. Testing for Error Correction in Panel Data ［J］. Oxford Bulletin of Economics and Statistics, 2007, 69 (6): 709 – 748.

［296］White, H. A Heteroskedasticity – Consistent Covariance Matrix Estimator and a Direct Test for Heteroskedasticity ［J］. Econometrica, 1980, 48 (4): 817 – 838.

［297］White, H. Asymptotic Theory for Econometricians ［M］. Orlando, FL: Academic Press, 1984.

［298］Williamson, J. The Exchange Rate System – Institute for International Economics ［M］. Cambridge, MA: MIT Press, 1983.

［299］Williamson, J. G., Higgins, M. The Accumulation and Demography Connection in

East Asia ［M］. in Mason, A. （eds）, Population Change and Economic Development in East Asia - Challenges Met and Opportunities Seized, Palo Alto: Stanford University Press, 2001.

［300］ Wilson, P., Tat, K. C. Exchange Rates and the Trade Balance: The Case of Singapore 1970 to 19961 ［J］. Journal of Asian Economics, 2001, 12 （1）: 47 - 63.

［301］ Zhang, Y. The Role of Monetary Shocks and Real Shocks on the Current Account, the Terms of Trade and the Real Exchange Rate Dynamics: A Svar Analysis ［J］. Applied Economics, 2009, 41 （16）: 2047 - 2063.

［302］ Zhang, Z., Sato, K. Should Chinese Renminbi Be Blamed for Its Trade Surplus? A Structural Var Approach ［J］. The World Economy, 2012, 35 （5）: 632 - 650.

附 录

中国与世界各国（地区）
签订的货币互换协议

时间 / 类别	签订国家（地区）	金额大小	期限	目的和作用
2001 年 12 月 6 日	泰国	20 亿美元	根据需要决定	当签订货币互换的国家存在国际收支问题时提供临时的帮助，这样可以维护金融的稳定
2002 年 3 月 27 日	日本	30 亿美元		
2002 年 6 月 24 日	韩国	20 亿美元		
2002 年 10 月 9 日	马来西亚	15 亿美元		
2003 年 8 月 30 日	菲律宾	10 亿美元		
2003 年 12 月 30 日	印度尼西亚	10 亿美元		
2005 年 5 月 27 日	韩国	40 亿美元		
2005 年 10 月 17 日	印度尼西亚	20 亿美元		
2007 年 9 月 20 日	日本	30 亿美元		
2008 年 12 月 12 日	韩国	1800 亿元人民币/38 万亿韩元	三年	金融稳定和贸易发展
2009 年 1 月 12 日	中国香港	2000 亿元人民币/2270 亿港元		解决流动性的短期支持，促进中国大陆与中国香港的贸易结算
2009 年 2 月 08 日	马来西亚	800 亿元人民币/400 亿林吉特		双边贸易和投资的发展、促进国家的经济增长以及区域内的金融稳定
2009 年 3 月 11 日	白俄罗斯	200 亿元人民币/8 万亿白俄罗斯卢布		
2009 年 3 月 23 日	印度尼西亚	1000 亿元人民币/175 万亿印尼卢比		
2009 年 4 月 2 日	阿根廷	700 亿元人民币/380 亿阿根廷比索		
2010 年 6 月 9 日	冰岛	35 亿元人民币的双边本币互换协议		
2010 年 7 月 23 日	新加坡	1500 亿元人民币/约 300 亿新加坡元		
2011 年 4 月 18 日	新西兰	250 亿元人民币		
2011 年 4 月 19 日	乌兹别克斯坦	7 亿元人民币		
2011 年 5 月 6 日	蒙古	50 亿元人民币		

续表

时间 ＼ 类别	签订国家（地区）	金额大小	期限	目的和作用
2011 年 10 月 26 日	韩国	3600 亿元人民币/64 万亿韩元		这次是续签的货币互换，促进贸易发展和投资、经济的增长
2011 年 11 月 22 日	中国香港	4000 亿元人民币/4900 亿港元		这次是续签的货币互换，对中国香港人民币离岸市场进行研究
2011 年 12 月 22 日	泰国	700 亿元人民币/3200 亿泰铢	三年	中国与签订货币互换的国家进行金融合作，这样可以促进国家间的贸易和投资，维护区域金融的稳定
2011 年 12 月 23 日	巴基斯坦	100 亿元人民币/1400 亿卢比		
2012 年 1 月 17 日	阿联酋	350 亿元人民币/200 亿迪拉姆		
2012 月 2 月 8 日	马来西亚	1800 亿元人民币/900 亿林吉特		
2012 年 2 月 21 日	土耳其	100 亿元人民币/30 亿土耳其里拉		
2012 年 3 月 20 日	蒙古	100 亿元人民币/2 万亿图格里特		
2012 年 3 月 22 日	澳大利亚	2000 亿元人民币/300 亿澳大利亚元		
2012 年 6 月 22 日	乌克兰	150 亿元人民币/190 亿格里夫纳		
2013 年 3 月 7 日	新加坡	3000 亿元人民币/600 亿新加坡元		
2013 年 3 月 26 日	巴西	1900 亿元人民币/600 亿巴西雷亚尔		
2013 年 4 月 22 日	新加坡	《关于人民币业务的清算协议》	暂无	中国和新加坡可以进行人民币的跨境交易，对两国间的贸易和投资有促进作用

时间 ＼ 类别	签订国家（地区）	金额大小	期限	目的和作用
2013 年 6 月 22 日	英格兰	2000 亿元人民币/200 亿英镑		加强中国和签订国的金融结构、金融市场的合作，促进贸易和投资的发展，维护区域金融的稳定
2013 年 9 月 9 日	匈牙利	100 亿元人民币/3750 亿匈牙利福林		
2013 年 9 月 12 日	阿尔巴尼亚	20 亿元人民币/358 亿阿尔巴尼亚列克		
2013 年 9 月 30	冰岛	35 亿元人民币/660 亿冰岛克朗		
2013 年 10 月 9 日	欧洲央行	3500 亿元人民币/450 亿欧元		可以为欧元区的人民币离岸外汇市场提供流动性，促进国家间的贸易和投资的增长
2014 年 7 月 18 日	阿根廷央行	700 亿元人民币/900 亿阿根廷比索		有利于便利双边贸易和投资，加强两国金融合作
2014 年 7 月 21 日	瑞士央行	1500 亿元人民币/210 亿瑞郎	三年	进一步加深了瑞中两国央行在货币金融市场的合作，为瑞士发展人民币市场提供了重要条件。中国人民银行将向瑞士国家银行提供 150 亿元人民币（约合 20 亿瑞郎）的额度用于投资中国债券市场。瑞士国家银行表示将继续实施多元化的外汇储备战略
2014 年 8 月 21 日	蒙古央行	150 亿元人民币/4.5 万亿蒙古图格里克		有利于便利双边贸易和投资，加强两国金融合作

续表

时间＼类别	签订国家（地区）	金额大小	期限	目的和作用
2014 年 9 月 16 日	斯里兰卡	100 亿元人民币		
2014 年 10 月 11 日	韩国央行	3600 亿元人民币/64 万亿韩元		
2014 年 10 月 13 日	俄罗斯央行	1500 亿元人民币/8150 亿卢布		
2014 年 11 月 3 日	卡塔尔央行	350 亿元人民币/208 亿里亚尔		
2014 年 11 月 8 日	加拿大	2000 亿元人民币	三年	有利于便利双边贸易和投资，加强两国金融合作
2014 年 12 月 23 日	泰国央行	700 亿元人民币/3700 亿泰铢		
2015 年 3 月 18 日	苏里南共和国央行	10 亿元人民币/5.2 亿苏里南元		
2015 年 3 月 25 日	亚美尼亚央行	10 亿元人民币/770 亿亚美尼亚元		
2015 年 4 月 10 日	南非储备银行	300 亿元人民币/540 亿南非兰特		

续表

时间 \ 类别	签订国家（地区）	金额大小	期限	目的和作用
2015 年 5 月 10 日	白俄罗斯央行	70 亿元人民币/16 万亿白俄罗斯卢布		有利于便利双边贸易和投资，加强两国金融合作
2015 年 5 月 25 日	智利央行	220 亿元人民币/22000 亿智利比索		
2015 年 9 月 2 日	塔吉克斯坦央行			
2015 年 10 月 20 日	英格兰银行续签	由原来的 2000 亿元人民币/200 亿英镑扩大至 3500 亿元人民币/350 亿英镑	三年	伦敦市场人民币业务快速发展，与英格兰银行续签双边本币互换协议并扩大互换规模，可为伦敦人民币市场进一步发展提供流动性支持，促进当地人民币资产交易、资产管理等领域的业务发展，也有利于贸易和投资便利化。中英续签双边本币互换协议并扩大互换规模，是中国人民银行与英格兰银行在货币金融领域进一步深化合作的体现
2016 年 5 月 11 日	摩洛哥央行	互换规模为 100 亿元人民币/150 亿摩洛哥迪拉姆		有利于便利双边贸易和投资，加强两国金融合作

续表

时间＼类别	签订国家（地区）	金额大小	期限	目的和作用
2016 年 6 月 17 日	塞尔维亚国家银行	15 亿元人民币/270 亿塞尔维亚第纳尔		有利于便利双边贸易和投资，加强两国金融合作
2016 年 9 月 27 日	欧洲中央银行	互换规模仍为 3500 亿元人民币/450 亿欧元	三年	中欧双边本币互换安排，将为双方金融市场的进一步发展提供流动性支持，有利于双边贸易和投资的便利化，标志着双方货币金融合作取得新进展

注：此表格系作者自己收集资料得到，数据来源主要是中国人民银行网站。

后 记

自从 2014 年 6 月博士毕业至今已经跨越三个年度，回到之前工作单位安徽财经大学也已经有三年了。回首博士毕业的三年时间，感慨最多的还是自己没有把全部时间用于学术研究，尽管我在博士毕业后的三年时间中也发表了许多论文。在论文完成之际，我依然记得在 2014 年 6 月上海财经大学博士学位授予典礼上，校长樊丽明教授对我们的谆谆教诲：厚德博学，经济匡时。在毕业后的这三年中，我对原有的博士论文又增加了大约三分之一的内容，以此作为补充。这本专著是我的第一本著作，我心中充满着对许多人的感激，纵然有千言万语，却不能足以表达我的心情。

首先感谢我的恩师林珏教授，感谢她对我之前博士论文的严格要求和悉心指导，特别是林老师严谨的治学态度和为人处世之道深深地影响着我，是我人生的宝贵财富。恩师使我在学术上受益匪浅，也给予我继续学术道路的莫大支持与鼓励，在此，学生表示衷心感谢！

感谢曾经在上海财经大学教授我高级计量经济学的老师：高级计量经济学 1 的周琼助理教授、高级计量经济学 2 的孙琦助理教授、高级计量经济学 3 的朱东明教授，高级计量经济学基础理论 2 的周亚虹教授。正是这些老师教授的计量经济学的基础知识，使得我在以后做实证研究时，具备了自学的能力。感谢这些任课老师在我博士课程学习阶段给予我的知识馈赠！在计量经济学的实践方面，我要特别感谢中山大学连玉君老师，他为人随和，在人大经济论坛讲授 stata 的使用，我也是非常幸运的人，能够有幸当年第一批看到他讲的视频，在 2015 年 1 月，在北京的面授课上与他见面，还学习到除了计量之外的东西。在国际工商管理学院的四年来，我印象最为深刻的就是王根蓓老师，王老师在宏观建模方面给的一些有关 DSGE 的文献，虽然当年学得不是很明白，但是，随着对中国经济学研究的不断深入，当年所学的知识让我对宏观体系有了进一步的深刻理解。

感谢安徽财经大学金融学院院长任森春教授，我于 2007 年 1 月硕士毕业后一直在经济学院工作。2014 年 1 月，随着院系专业调整，我调整到了金融学院，院长任森春非常支持学院的青年教师从事学术研究，在他的大力支持下，我有机会在很多学术会议上宣讲自己的论文，还得以学习前沿的研究方法，并且成功申报了国家社科基金青年项目。

感谢我的岳父母，对我充满着耐心与爱心，总是给予我莫大的精神鼓励和生活上的帮助。感谢我的妻子和我的宝贝女儿曹子晴，由于我大部分时间在从事学术研究，所以家务活几乎都是我妻子在承担，她在 2015 年 6 月也从南京大学商学院博士毕业。一个家庭两个经济学博士，其中的艰辛也只有我们自己能够体会。幸运的是，女儿也非常懂事和乖巧。这本专著是献给妻子和女儿的礼物。

最后，我要感谢我的父亲和母亲，我们虽然住在一个城市，但是见面的时间并不多，因为我总是很忙，有时候我也怀疑这样的人生，但是想到我当年读博士是为了更好地从事学术研究，更好地从事教书育人的工作，有时候我也会给父母解释：等我忙完了这段时间，我就可以抽空陪陪他们。在此，我真心祝愿我的父母亲健康常在。

作者
2017 年 1 月

金融博士论丛

书　名	作　者	定价(元)

第二辑

凯恩斯主义货币政策研究	陈银娥	16.00
跨国银行风险管理	宗　良	19.00
银行危机论	苏同华	24.50
关于货币本质及货币政策目标问题的讨论	王素珍	16.00

第三辑

金融工程与风险管理	周　立	17.00
金融契约、资本结构与公司治理	潘　敏	23.00
现代信用风险量化度量和管理研究	李志辉	18.50
金融深化理论发展及其微观基础研究	杨咸月	25.50

第四辑

现代合作金融制度研究	岳　志	28.00
住房抵押贷款证券化	宾　融	19.00
创业板证券市场研究	周民源	18.00
中国金融安全问题研究	陈松林	20.00
现代金融中介论	秦国楼	14.00
现代西方汇率决定理论研究	崔孟修	14.50

第五辑

国际收支结构研究	杨柳勇	18.00
股票市场功能演进与经济结构调整研究	王兰军	18.00
金融业混业经营的发展途径研究	张　艳	20.00
存款保险制度研究	何光辉	27.00
要约收购的理论与实证研究	王苏生	25.00